河南省哲学社会科学研究重大课题攻关项目"中国当代重要作家年谱的编制与出版"（WZ01）阶段性成果

国家社会科学基金重大招标课题"期刊史料与20世纪中国文学史"（11&ZD110）阶段性成果

河南省高等学校哲学社会科学创新团队支持计划"报刊史料与20世纪中国文学史"（2012-CXTD-02）阶段性成果

河南大学中国现代文学研究中心项目资助

黄河文明传承与现代文明建设河南省协同创新中心资助

中国当代重要作家年谱丛书 武新军 主编

铁凝年谱

沈红芳 著

中国社会科学出版社

图书在版编目(CIP)数据

铁凝年谱/沈红芳著. —北京：中国社会科学出版社，2021.10
（中国当代重要作家年谱丛书）
ISBN 978-7-5203-8582-4

Ⅰ.①铁⋯ Ⅱ.①沈⋯ Ⅲ.①铁凝—年谱 Ⅳ.①K825.6

中国版本图书馆 CIP 数据核字（2021）第 110053 号

出 版 人	赵剑英
责任编辑	王 曦
责任校对	殷文静
责任印制	戴 宽

出　　版	中国社会科学出版社
社　　址	北京鼓楼西大街甲 158 号
邮　　编	100720
网　　址	http://www.csspw.cn
发 行 部	010-84083685
门 市 部	010-84029450
经　　销	新华书店及其他书店

印刷装订	北京君升印刷有限公司
版　　次	2021 年 10 月第 1 版
印　　次	2021 年 10 月第 1 次印刷

开　　本	710×1000　1/16
印　　张	22
插　　页	2
字　　数	328 千字
定　　价	118.00 元

凡购买中国社会科学出版社图书，如有质量问题请与本社营销中心联系调换
电话：010-84083683
版权所有　侵权必究

总　序

武新军

任何种类的历史研究，都离不开史料的积累，编订各类"年谱"则是积累史料的好方法。唯其如此，许多著名的学者才会把"年谱"视为史学研究的重要基础。梁启超曾把年谱视为"国史取材之资"；王瑶先生在新时期之初，也曾提出"由年谱入手，钩稽资料，详加考核，为科学研究提供必要的条件"的设想与规划。

在中国当代文学研究领域，史料建设和作家年谱编撰工作的整体滞后，严重影响着文学史研究整体水平的提高。几年前，我在《关于中国当代重要作家年谱的编制的几点想法》一文中曾指出：充分借鉴古代、现代作家年谱编撰的经验，有计划地推进当代重要作家年谱的编制工作，编撰出版一批高质量的作家年谱，可以突破制约当代文学史料建设的"瓶颈"，使其进入良性发展的轨道，可以为中国当代文学史研究的进一步深化奠定坚实的史料基础，并深入论证了系统地编撰作家年谱对于中国当代文学学科发展的意义。

近几年来，也有一些学者开始意识到编撰当代作家年谱的重要性，林建法先生在《东吴学术》杂志持续不断地推出当代作家、批评家年谱，并与复旦大学出版社合作，先后出版了苏童、余华、阎连科、范小青、阿来等当代作家的文学年谱。尽管这些已出版的年谱还存在不少问题，但无疑是中国当代文学史料建设工作的一个突出的亮点。

我们是在 2011 年开始着手"中国当代重要作家年谱丛书"的编撰工作的。在课题组反复沟通的过程中，我们逐渐达成了一些基本的共识：作家年谱应该是高水平的研究论著，是在长期梳理、消化史料的基础上浓缩的精华。作家年谱首先应该是对作家本人的研究成果，要通过对史料的精心编排，较为完整地复原作家的生平与创作经历，清晰地呈现出作家思想、文学观念发展转变的轨迹，准确地把握不同时段作家的生活方式、精神状态与写作方式，从而推进和深化对于作家作品的理解。同时，年谱又不仅是对谱主本人的研究，好的作家年谱应该是了解一个时代文学整体风貌的窗口，应该能够通过一个作家的成长环境与成长经历、社会活动和文学活动，整理出尽可能多的文学史发展演变的信息，复原当时文坛复杂的网络结构。只有如此，才能确保本丛书的学术质量和文献参考价值。

围绕上述目标，课题组经过几年的努力，多次聚集开封，召开年谱改稿会，终于完成"中国当代重要作家年谱丛书"（第一辑）的编撰工作。由于研究者学术个性、兴趣的差异，几本年谱在个性和风格上虽略有不同，但在研究内容、方法和整体目标上，却有着以下几个共同的基本特征：

（1）尽可能地拓展了年谱史料采集的来源。章学诚曾说：年谱是"有补于知人论世之学，不仅区区考一人文集已也"，征引史料的范围狭小，容易导致年谱的内容贫乏。在编制年谱时，我们除了遍寻作家本人的著述外，还广泛查阅与其关系密切的人物（家人、亲友、同事、编辑、研究者）的论著和回忆文章。条件许可的，还围绕相关问题对知情者进行采访，把书面与口述材料结合起来。同时把作家生活、工作所在地的地方史志、文学年鉴、地方文学发展文献、地方文学研究成果等，也纳入了史料采集的范围。面对庞大而散乱的著述，我们也有所侧重：重视作家自述与访谈、书信、日记，这里面有着更多的有价值的历史细节和闪光的碎片；更为重视文章发表的原始刊物和初版本，而不是简单地抄录选集、文集、回忆录、研究论著等。一方面，可以避免以讹传讹，最大限度地减少史料的错误；另一方面，也是为了能有新的发现，发表在刊物上的作品和初版本，带有更多的原初形态，它们是与诞生时的复杂的社会语境联系在一起的，在刊发作品时往往会附有编者按、作家创作谈、批评家与读者评价等，从中更容易发掘出有价值的文学史的信息。

我们也看重各类电子文本，充分利用"中国知网""维普""报刊目录索引""超星发现系统""读秀学术搜索""全国报刊索引数据库"等现代电子检索工具，可以使史料的检索工作事半功倍。但也不能过分依赖电子检索，因为20世纪90年代之前的大量图书文献、许多地方文学报刊，甚至某些名刊大刊，尚未录入上述检索系统。有些"作家传略""作品目录""作品系年"包括部分已经出版的当代作家年谱，更多依赖上述电子检索系统，收入检索系统的篇目，大多被收入，而未录入检索系统的，则只能付之阙如。许多年谱或"准年谱"，20世纪90年代之后的材料较为充分，而此前的材料较为薄弱。因此，在编撰当代作家年谱时，要处理好翻阅原始报刊与借用电子检索的关系，使其相互补充，相互资益。

（2）在描述作家的个人行迹和著述时，力求做到"详尽细致""选精择粹"。所谓"详尽细致"，就是在"考订事迹之详""排定年月之细"上见功力。特别是对于作家重要的成长经历，对于作家思想和文学观念的重大转换的过程，要想尽一切办法，逐年逐月乃至逐日进行排查，尽量使其完整，不留空白。作家早年的经历，一般材料比较少，可以简要交代人文、地理、语言环境对作家的影响。对于作家的重要经历，也有穷尽了一切办法，还是不能解决问题的情况，这就需要按照统一的规范"存疑"：具体日期考订不清者，则列于该月之末；具体月份不详者，则列于季节之末；季节考订不清者，则列于该年之末。细致地排定年月日，是为了有利于后继者的拾遗补阙。

"详尽细致"并非"巨细靡遗"，有些不成功的年谱，过分罗列生活起居等琐碎的事实，反而淹没了作家思想、文学观念变迁的次序。为了避免这一缺陷，我们突出强调对史料要"选精择粹"：不能反映作家成长经历的材料，要尽量舍弃；在辑录作家、评论者的著作时，除非具有珍贵的史料价值，一般不做大段的引述；对能够反映出作者思想、文学观念变革的重要文章，则坚持"择要摘录，分年编入"的原则。在摘录时，或仅摘取其一两段，或只摘录几个精彩的句子，旨在深化对作家的理解，并保证年谱不失钩玄提要的功效。

（3）高度重视作家与同时代的作家、批评家的关系。考究师友渊源、生徒授受，是传统年谱编撰工作的重中之重，我们对此也有所借鉴。在录用同时代作家、批评家的材料时，尽可能简短精练，力避"喧宾夺主"。凡有所征引，必须有助于理解谱主本人成长的环境、社会风气和文学风尚，或者能展示作家、批评家与谱主相互影响、相互促进的关系。为更清晰地呈现谱主思想、文学观念演进的轨迹，当年刊发的重要研究论著，以存目的方式列于该年之末，并遴选最具褒贬之意的观点，摘要录于该年年谱之中。

（4）高度重视重大政治、历史、文化事件，尤其是文学事件对作家的影响。"文变染乎世情"，在作家的生存方式、精神状态、文学观念与时代潮流之间，存在着相互影响、相互制约与相互促进的复杂的纠缠关系，要想理清作家思想和文学观念演变的轨迹及其原因，必须对"时事"与"作家"关系进行全方位的深度挖掘。中国古代和现代作家年谱，凡具有较高史料价值与文献价值的，往往都能够把政治史、文化史与文学的整体风貌勾连起来，使其他研究领域的学者，也能从作家年谱中受益。

（5）高度重视作家与各类文学传媒的关系。如今有过30年以上创作经历的作家，在创作起步、发展乃至成名之后，都对文学出版和文学报刊这类传统媒体有着强烈的依赖关系，出版社和文学报刊的约稿、改稿、刊稿行为，以及他们所召开的笔会、改稿会、研讨会、座谈会、评奖等文学活动，都会对作家的文学观念、写作方式、文学文体、表达方式等产生极其深刻的影响，对此我们予以高度关注，期盼能从这个角度打捞出更多的有意义的历史碎片，为研究者重建文学史的整体性提供重要的材料。当然，我们也没有忽视新兴媒体对作家的影响：在20世纪90年代之前，广播电台是一种强势媒体，许多作家是通过广播而扬名立万的，许多作品是通过空中电波而被广泛认可的。90年代以后，网络影视的迅猛发展，深刻地改变了作家的生存方式与写作方式。在年谱丛书的编撰中，我们对各类传媒与作家的关系进行了深入的发掘，期望能够积少成多，在广泛搜求这类史料的基础上，揭示出文学传媒结构的变革与文学历史发展之间的内在关联。

在整理当代重要作家年谱时，我们都会遭遇一个难题：在20世纪90年代中后期媒体批评崛起之后，作家们频繁地对各类媒体发言，往往会"新见"与"旧识"杂陈，而各类媒体对作家的"访谈"，不顾"创新"而相互"套用"几成普遍现象。对此我们既不能回避，也不能简单地套用，我们更需要在泥沙俱下的媒体批评中"披沙拣金"，寻找作家思想、文学观念发展演变的轨迹。媒体批评的泛滥给史料整理工作所带来的挑战，我们必须认真地面对。

作家年谱的编撰是件非常艰苦的工作，要想一下子做到翔实完整、无所错讹，是非常困难的。许多成功的年谱，都是在反复补充和修订中完成的。唯其如此，中国古代和现代的年谱编撰，才会不断地出现"年谱补编""年谱新编""年谱改编"之类的著作。因此，呈现在大家面前的这套年谱丛书，都可以说是年谱"初稿"或"初编"，遗漏或者失误之处在所难免，我们诚挚地欢迎学界同人批评指正，欢迎在此基础上钩沉补遗，考订错讹，增益完善。就中国当代文学学科而言，作家年谱编撰是一项最基础的工作，只有具有一定的规模，才能够产生良好的效益，我们也期待能够有更多的朋友加入到这项工作中来。

2016年2月18日

目 录

1957 年　出生年 …………………………………………（1）
1962 年　5 岁 ……………………………………………（4）
1964 年　7 岁 ……………………………………………（7）
1965 年　8 岁 ……………………………………………（8）
1966 年　9 岁 ……………………………………………（10）
1967 年　10 岁 …………………………………………（12）
1968 年　11 岁 …………………………………………（14）
1969 年　12 岁 …………………………………………（18）
1970 年　13 岁 …………………………………………（20）
1971 年　14 岁 …………………………………………（22）
1972 年　15 岁 …………………………………………（24）
1973 年　16 岁 …………………………………………（25）
1974 年　17 岁 …………………………………………（26）
1975 年　18 岁 …………………………………………（29）
1976 年　19 岁 …………………………………………（36）
1977 年　20 岁 …………………………………………（39）
1978 年　21 岁 …………………………………………（41）
1979 年　22 岁 …………………………………………（44）
1980 年　23 岁 …………………………………………（50）

1981 年	24 岁	(57)
1982 年	25 岁	(60)
1983 年	26 岁	(64)
1984 年	27 岁	(73)
1985 年	28 岁	(80)
1986 年	29 岁	(94)
1987 年	30 岁	(101)
1988 年	31 岁	(106)
1989 年	32 岁	(110)
1990 年	33 岁	(117)
1991 年	34 岁	(122)
1992 年	35 岁	(126)
1993 年	36 岁	(130)
1994 年	37 岁	(134)
1995 年	38 岁	(139)
1996 年	39 岁	(146)
1997 年	40 岁	(149)
1998 年	41 岁	(153)
1999 年	42 岁	(157)
2000 年	43 岁	(162)
2001 年	44 岁	(168)
2002 年	45 岁	(174)
2003 年	46 岁	(179)
2004 年	47 岁	(184)
2005 年	48 岁	(188)
2006 年	49 岁	(192)
2007 年	50 岁	(204)
2008 年	51 岁	(211)

2009 年	52 岁	（220）
2010 年	53 岁	（230）
2011 年	54 岁	（244）
2012 年	55 岁	（256）
2013 年	56 岁	（268）
2014 年	57 岁	（281）
2015 年	58 岁	（287）
2016 年	59 岁	（297）
2017 年	60 岁	（306）
2018 年	61 岁	（313）
2019 年	62 岁	（319）

附录　重要研究论著 …………………………………（324）

参考文献 ……………………………………………（337）

1957 年　出生年

9月18日[①]　铁凝生于北京。家中长女。祖籍河北省石家庄市赵县赵州镇停住头村。

停住头村位于冀中平原赵州桥东六里，已有2000多年历史，风景秀丽，民风淳朴，文化底蕴深厚。据史料记载，该村在东汉前名为"杨家窖"。后因东汉光武帝刘秀被王郎追赶住宿于此而改名"停住头"。停住头村的经济以农业为主，曾经盛产棉花。抗战期间，停住头村建立了赵县最早的村级党组织，素有赵县"小延安""小陕甘宁"之称，涌现出了于胜珍等一批革命烈士。小说《笨花》就是以该村为原型创作的。2016年赵县赵州镇停住头村获批市级风情小镇。该县把建设"笨花小镇"作为重头戏，还原《笨花》中的场景，打造精品旅游线路。

铁凝祖上姓屈。据《明史·成祖纪》载，乃明永乐年由湖、广移民至此。屈家祖宅位于停住头村屈家巷3号，建于清初，1912年由屈春霆购地扩建，成为二门三院毗连外园（居连）一处的宅第，面积约3000平方米。

曾祖父屈得意（1878—1952），字春霆。1902年弃农从军，保定武备学堂毕业后，经过军中各阶级，后任陆军第十三混成旅旅长（少将）、浙江全省警务处长、吴淞口炮台司令（中将）等职。1928年告老

[①] 李杨杨在《铁凝》中说是8月10日。李杨杨：《铁凝》，阎纯德主编：《20世纪中国著名女作家传》（下册），中国文联出版公司1995年版，第502页。

还乡。抗日战争开始后，因拒绝为日寇供职而避居西安，后病逝于西安。他有两位太太，共育有四子一女。保定北城的"双彩五道庙"里有他的宅院。

祖父屈清辰（1898—1962），字润芳，屈春霆长子。幼年因伤寒致左眼失明，右眼也仅有微弱视力，仅凭一点私塾底子，自学成才。他爱书如命，藏书甚丰，不仅通读历史和文学，还研读线装《伤寒论》、日本汉方医学古方派宗师汤本求真的代表作《皇汉医学》。他精通中西医，尤其擅长妇科和精神病学，是当地名医和知名文化人士。早年积极创办国民小学，推行教育新制度，传播科学文化，提倡妇女解放。1928年参加国民党，同年加入中国共产党。抗日战争爆发后，担任赵县抗日政府参议员、赵县中苏友好协会会长，并办抗日学校一所，自任校长，兼政治、历史、地理教员。赵县解放后，他先后担任赵县民生医院的中医部主任、院长，是当地新医学科学及国民教育奠基人之一，为赵县新型医院的创建、医药卫生工作的发展做出了贡献。曾任第一、第二、第三届河北省省人大代表。

祖母姓姜，是一位普通农村妇女，没有读过书，与祖父感情甚笃，育有三子二女。

大爷爷屈保生（1913—1965），屈春霆次子。毕业于北京市私立志成中学，一表人才，善表演，尤其擅长京剧余派。抗战开始后，他由西安进入山西根据地，1943年被任命为山西省文水县平川武工队队长、第二区区长。屈保生于1949年担任中共湟源县县委书记兼县长，1956年调任青海省移民垦荒局副局长，后任西宁市委书记处书记、青海省委宣传部长兼《青海日报》副总编辑。

二爷爷屈鄂生（1921—1981），又名屈英杰，化名杨戈，屈春霆三子。早年投笔从戎，通过西安七贤庄八路军办事处赴山西抗日前线。1940年赴延安鲁迅艺术学院学习，参加过延安文艺座谈会，毕业后在贺龙领导的120师战斗剧社任副社长和副政治指导员，兼作曲。他创作的《新旧光景》等乐曲被后人编写为《葬礼进行曲》（后改称《哀乐》）和《翻身的日子》的主旋律，流传至今。后任中共中央西北局计划局局长、陕西省科委主任等职。黄宗英在报告文学《大雁情》中写到他支持她的创作。

大伯屈尚武（1918—1988），化名姜英岩，屈清辰长子。就读于邢台第四师范，曾任山西沁源县抗日政府公安局局长、运城市市长、四川剑阁专员公署专员，后任浙江省农业厅厅长、党组书记。

父亲铁扬（1935.9—　），原名屈铁扬，屈清辰次子。1948年参加革命，次年进入位于河北正定的华北大学学习。1955年进入中央戏剧学院学习舞台美术设计专业，其毕业设计《克里姆林宫的钟声》就是在齐牧冬①的指导下完成的。1960年毕业时，受邀回河北筹建河北艺术学院美术系。两年后，河北艺术学院下马，铁扬调入河北省歌舞剧院任舞台设计。1982年入河北画院任专业画家，一级美术师。作品被中国美术馆及欧、美、亚洲多国艺术博物馆收藏。作品《夏日馈赠》获第七届全国美术作品展览铜牌奖。出版有《铁扬画集》及散文集《母亲的大碗》等。

铁凝的太外公姓徐，浙江绍兴人，青年时期曾在英国勤工俭学，学习土木工程。回国后在南京做电政监督，后在北平某印刷局做高级英文翻译，并在北京东城名为二十四间房的胡同里购置了一所中西合璧的四合院。他为人耿直，知识渊博，兴趣广泛，常用"人应有一技之长"来教育后代。

外公，生于天津，曾就读于复旦大学，学习经济，迷恋足球与汽车，常代表校足球队出征。五十多岁便因病去世。

外婆，祖籍浙江，生于一个旧官吏家庭，肄业于南京某大学。做过教师。育有二子二女。

母亲许志英，河北某大学声乐教授。曾在教会学校学习英语，后在天津音乐学院学习声乐。非常擅长织毛衣和猜谜语。

---

① 齐牧冬（1922—　），别名顾望，浙江宁波人，中央戏剧学院舞美系主任，教授，享受政府特殊津贴。擅长油画、舞台艺术。1942年参加抗日演剧宣传队，从事美术宣传和舞台美术设计。20世纪50年代初任华南文工团美术部主任。1957年苏联列宾美术学院舞美专业研究生毕业，获艺术家称号。毕业回国后，一直在中央戏剧学院舞台美术系任教，历任中国舞美学会副会长、名誉会长。中国美术家协会会员，中国戏剧家协会艺术委员会副主任。舞美设计有：芭蕾舞剧《天鹅湖》《海侠》《鱼美人》；民族舞剧《雷峰塔》《文成公主》《红楼梦》《仿唐乐舞》《东方红》《中国革命之歌》等。话剧《黎尔王》获荣誉奖，舞剧《冬兰》获特别奖。编著有《舞台设计构思》等。

1962 年　5 岁

本年　铁凝从北京到河北省保定市,入全日制幼儿园①。

此前,铁凝在北京一位大约五十岁的保姆家住了三年,铁凝称她为"奶奶"。那时工薪阶层的父母花很少一点钱,就可以放心地把孩子放在别人家中。

她是一位粮栈老板的遗孀,却粗手大脚,喜爱劳作。和她同住的还有那老板的二房,我管她叫里屋奶奶。我和两位寡妇住在一起,对我负有责任的是外屋奶奶。奶奶十分疼爱我,遇我高兴或不高兴时,便从一个齐腰高的大缸里拿点心给我吃。我很得意,生活得也很踏实。因为我以为那青石缸盖下一定有满满一缸点心。一缸点心总能使一个人的情绪稳定吧。我常因此而忘掉不在身边的父母。

奶奶有些惧怕里屋奶奶,我却不顾里屋奶奶因敌视外屋奶奶而对我生出的敌意,常常肆无忌惮地闯进里屋骚扰。两位寡妇之间便因此而发生争吵。里屋奶奶言语刻薄,我的奶奶常因此暗自流泪。②

铁凝有时被奶奶领着去看望外婆。

---

① 李杨杨在《铁凝》中说铁凝是 4 岁时回保定。李杨杨:《铁凝》,阎纯德主编:《20 世纪中国著名女作家传》(下册),中国文联出版公司 1995 年版,第 502 页。
② 铁凝:《我的小传》,《女人的白夜》,江苏文艺出版社 1996 年版,第 461 页。

1962年 5岁

外婆家的胡同地处北京西城，胡同不长，有几个死弯。外婆的四合院是一所坐北朝南的两进院子，院子不算宽敞，院门的构造却规矩齐全，大约属屋宇式院门里的中型如意门。门框上方雕着"福""寿"的门簪，垂吊在门扇上用作敲门之用的黄铜门钹，以及迎门的青砖影壁和大门两侧各占一边的石头"抱鼓"，都有。或者，厚重的黑漆门扇上还镌刻着"总集福荫，备致嘉祥"之类的对联吧。[1]

外婆"是一位非常漂亮的女人，有工作，还有一个宽大的梳妆台，配有丝绒包厢的机凳。我记得她常常坐在梳妆台前的机凳上等我。那房间的阔大、梳妆台散发的香气却从来没有给过我奶奶家那般的欢乐。……我需要保姆奶奶的那种感情一直延续到长大后去农村插队，当我生病躺在土炕上，最渴望的便是一双粗糙的、老年妇女的手的抚慰。在乡村，这样的'奶奶'很多很多，她们那泥土般朴实的纯情，给了我对生活永远的爱和感激，如同保姆奶奶给我的一样"。

在"大跃进"期间，铁凝和奶奶一同被联合进街道幼儿园。由于不习惯那里的一切，铁凝经常趁阿姨不备逃跑。有一次逃出来后走投无路，到了外婆家。阿姨也尾随而来。铁凝蹲在梳妆台的机凳后面，紧闭双眼。阿姨笑着请她出来[2]。

铁凝去保定与父母团聚前，曾与奶奶合影留念：

照相前我们都哭过：我的脸上有一种没着没落的哀伤；奶奶虽然强作高兴，但下眼泡还肿着。……

我确信五岁时与奶奶的分别是我记事以来初次最真切的悲伤。[3]

铁凝在奶奶家时，还得到同院大荣和二华两姐妹的喜爱。她们抢着抱

---

[1] 铁凝：《想象胡同》，《女人的白夜》，江苏文艺出版社1996年版，第15页。
[2] 铁凝：《我的小传》，《女人的白夜》，江苏文艺出版社1996年版，第461—462页。
[3] 铁凝：《铁凝影记》，河北教育出版社1998年版，第5页。

铁凝，给她讲故事。那时候的大荣是个中学生，有一张圆脸，两只细长眼睛，鼻梁两侧生些雀斑，经常在中午来到保姆奶奶家，自愿哄她睡午觉，一边讲些啰唆又漫长的故事，也不顾铁凝是否听得懂。[①]

铁凝画了一幅黄眼黑猫的画，父亲把那巴掌大的灰纸精心托裱后，一直收藏在他的书橱里。

---

① 铁凝：《共享好时光》，《女人的白夜》，江苏文艺出版社1996年版，第73页。

1964年　7岁

7月　由父亲带着去考小学。老师问了她一些问题，铁凝毫无惧色地回答了，很快便出了考场。不久学校发榜，铁凝是甲班第三名。父亲为此很得意。

9月　入保定市河北小学学习。这是当时河北省唯一一所条件优越的寄宿制小学。"以现在的眼光看，差不多算一所全封闭的'贵族小学'了。校舍虽是一排排红砖瓦房，但有几个大小不同的操场和假山点缀其间。开饭时八个学生一桌吃着四菜一汤。课外的一切则有生活老师管理，与学生宿舍相匹配的还有男女浴室和理发室。"[①]

本年　铁凝所在的小学播放电影《小铃铛》。铁凝和同学们被这个叫小铃铛的木偶弄得如醉如痴，常常把床单和枕头绑成"小铃铛"的样子，在宿舍里重演电影里的情节。一次铁凝用圆珠笔在她枕头上画了小铃铛的五官，却再也洗不掉了。

[①]　铁凝：《铁凝影记》，河北教育出版社1998年版，第31页。

1965 年　8 岁

5 月 28 日　妹妹铁婷出生。

暑假　在北京外婆家，被表姑欺骗。表姑嫌铁凝和隔壁一个叫世香的女孩子太闹腾，哄骗她们说攒够 1000 张糖纸可以换一只电动狗。暑假结束时，铁凝和世香每个人都辛辛苦苦地收集了 1000 张平平展展的透明玻璃糖纸，却被表姑告知是骗她们的。"我长大了，在读了许多书识了许多字之后，每逢看见'欺骗'这个词，总是马上联想起'表姑'这个词。两个词是如此紧密地在我意识深处挨着，岁月的流逝也不曾将它们彻底分离，让我相信大人轻易之间就能够深深伤害孩子，而那深深的伤害会永远藏进孩子的记忆。"[①]

外婆的院里有两棵丁香树，两棵枣树。秋日寂静的中午，每当院子里响起沉实的枣子落在青砖地上溅起的卟卟声，铁凝便箭一般地蹿出屋门，去寻找那些落地的大枣。

秋　上小学二年级，开始记日记。"妈妈让我去买菜，我买了一个胖冬瓜……"父亲很看重铁凝用的这个"胖"字，觉得这个"胖"字更具象、更幽默。

本年　铁凝和父亲合影。照片上"父亲很得意，我却很'深沉'……我

[①]　铁凝：《一千张糖纸》，《女人的白夜》，江苏文艺出版社 1996 年版，第 79—80 页。

父亲笑得很好,他始终对我充满希望,从那时起对我的前途没有讲过一句悲观的话。我相信,即使我终归一事无成,他也有办法让我对自己充满信心"①。

---

① 铁凝:《铁凝影记》,河北教育出版社1998年版,第43页。

1966 年　9 岁

1月25日　河北省委决定将省委、省人委及所属机关由天津迁回保定市。河北省委认为，这不仅是一项重要的备战措施，而且通过搬迁，要更好地解决面向基层、面向前线、实行精简、改进领导、促进省级机关进一步实现革命化这个问题。同时，通过搬迁，省委、省人委逐步成为亦工亦农的机关，从而扎扎实实地领导好三大革命运动。搬迁时间从4月开始。搬迁顺序：省委、省人委、省军区等领导机关先搬，其他单位根据实际情况陆续搬迁。同时，保定市的地直、市直的许多单位，也相继迁移到了农村，并先在新城、定兴、定县搞了三个试点。

5月1日　河北省委、省人委及省直各机关先后搬回保定。

5月16日　政治局扩大会议通过毛泽东主持起草的关于"文化大革命"的纲领性文件。中共中央发出了关于"文化大革命"的通知。

5月　河北省人委被非法夺权，河北省地方政权进入了无政府状态。

暑假　去北京看望保姆奶奶和大荣姨。保姆奶奶添了不少白发，大荣姨是个大人了，在副食店卖酱油。这次见面时，大荣姨正在为身边一位姑娘编玻璃丝网兜，铁凝认为自己和大荣姨更亲近，非要让大荣姨把手中的半成品完成后先给她，遭到拒绝后还为此怄气。大荣姨连夜编了一个网兜送给铁凝，其大小正好可以装下一本四十八开的《毛主席语录》。奶奶则教育铁凝凡事要讲个先来后到，自家人不该和外人"嚼清"。[1]

---

[1] 铁凝：《共享好时光》，《女人的白夜》，江苏文艺出版社1996年版，第75页。

铁凝将这个网兜珍藏多年,直到它老化得又硬又脆。①

后来,铁凝和奶奶就失去了联系。只知道她已经搬家,随一个侄子过日子去了。

下半年 长篇小说《欧阳海之歌》风靡一时。铁凝买了一本,手不释卷地读了起来。因为她不安心午睡,书被一位姓兰的生活老师没收了。兰老师读得入迷,没有像往常那样在学生们午休时靠着门织毛衣。很快,这本书因为内容和装帧而"犯了案"。一时间,人们都在看封面,撕封面,有的人干脆将书焚毁,以绝后患。铁凝虽然庆幸书被老师收走而不至于给家人带来麻烦,但仍心有余悸,经常梦见那封面变得狰狞起来。她发着冷汗被惊醒,不敢再合眼。②

---

① 铁凝:《共享好时光》,《女人的白夜》,江苏文艺出版社1996年版,第74—75页。
② 铁凝:《书的等级》,《女人的白夜》,江苏文艺出版社1996年版,第150—151页。

1967 年　10 岁

夏　铁凝就读的小学停课。父母带两岁的妹妹去"五七干校"劳动，铁凝单独到北京外婆家寄居。

临行前，全家人到保定公园，铁凝与妹妹合影告别。"我对前途心中无数，脸上强作自然；我妹妹更是满脸难忍的惶惑……我珍惜的是她自幼在感情上和我这种默默的配合。"[①]

铁凝在外婆家的四合院里开始了作为寄居者的生活。外婆家门外的对联换成了红纸黑字的"四海翻腾云水怒，五洲震荡风雷激"。胡同的北口有个春生副食店，简称"春生"，"笔管儿"则是指挨着胡同西口的笔管胡同副食店。"笔管儿"有时会卖猫鱼，猫鱼是商店专为养猫人家准备的小杂鱼，一角钱一堆，够两只猫吃两天。铁凝在外婆家长住以后，经常去"春生"买雪里蕻，去"笔管儿"买猫鱼，剩下零钱可以买果丹皮和粽子糖。

外婆隔壁院里有位旗人大妈，外婆院子的西屋住着一对没有子女的中年夫妇。崔先生是个傲慢的孤僻男人，早年曾经留学日本，当时是某自动化研究所的高级工程师。崔太太是一位个子偏高、鼻头有些发红的善净女人，按辈分，铁凝应该称她为崔姥姥。崔先生在"文化大革命"中被抓走，崔太太精神失常后病死。十年后崔先生回来也疯了。铁凝以此为素材

[①]　铁凝：《铁凝影记》，河北教育出版社1998年版，第33页。

创作了散文《想象胡同》和短篇小说《死刑》。

外婆家被"全面专政"。"外婆此刻的境遇也十分地狼狈,我和她之间似有一种天然生成的别扭。如今回首往事,那回忆大半是不愉快的。但我仍然要感谢我的外婆,毕竟她在自顾不暇的情况下收留过我。"①

这段寄居岁月对铁凝影响深远,"我最初的、也是最重要的文学启蒙便是少年时在外婆四合院里的那段生活。那院子本是一部微缩的人生景观,该看与不该看的趁我不备都摊在了我的眼前"②。

陈映实把这段寄居岁月称为铁凝人生旅途中"巨大的人生落差":

> 铁凝悲凉地感到,自由的天地对她是越来越小了。一种鲜明的等级观念带着灼人心痛的屈辱感,袭上她的心头。周围世界越发不可琢磨。生活过早地将严峻、残忍、滑稽、虚伪一古脑摆在铁凝面前,叫她真假难辨,困惑不解。③
>
> 铁凝饱尝了寄人篱下之苦。多年之后,当她能用那只探索人生的笔来解剖社会,解剖人的灵魂,揭示人间的种种辛酸和难言之苦时,她最初的人生体味恰恰是从外婆家开始的,从这冷飕飕的屋檐下开始的。④

铁凝在外婆家像个小保姆一样承担了许多家务。她仍然坚持写日记,每天在日记里检讨自己所犯的错误,期盼自己能够成为一个"纯粹的人",实在没有错误,甚至会编造一点写下来。就是在这样的日子里,她读到了罗曼·罗兰的《约翰·克里斯朵夫》等一些残破不全的中外名著,唤起了她对文学的热爱。⑤

---

① 铁凝:《我的小传》,《女人的白夜》,江苏文艺出版社1996年版,第463页。
② 铁凝:《我的小传》,《女人的白夜》,江苏文艺出版社1996年版,第463页。
③ 陈映实:《铁凝及其小说艺术》,河北人民出版社1990年版,第17页。
④ 陈映实:《铁凝及其小说艺术》,河北人民出版社1990年版,第19页。
⑤ 铁凝:《文学给予我的》,陈涛等编:《专家作家谈语文学习》,语文出版社1985年版,第268—269页。

1968 年　11 岁

1 月　北京军区在北京召开河北省革命委员会筹备会议。会议认为，"石家庄市的文化大革命走在全省的前头，工人阶级队伍比较坚强，又是重要的交通枢纽，可以形成全省的政治、经济、文化中心"。建议河北省省会由保定市迁至石家庄市。

2 月 3 日　河北省革委会在石家庄成立。石家庄遂成为河北省新省会。实际上，省会迁往石家庄还有客观的因素：其一，省会刚从天津迁回保定才一两年，工作等还没有完全安定下来，容易继续搬迁；其二，到 1967 年年底，包括地、市委的保定两派矛盾激化，冲突四起，社会环境极其混乱，也严重影响了作为省会领导全省开展"文化大革命"的作用。因此，才有了省会迁往石家庄之举。

本年　妹妹铁婷被送到北京外婆家与铁凝同住。

铁凝在《没有钮扣的红衬衫》[①] 中写到过妹妹在干校时的生活：

　　我妹妹吃东西也有着惊人的速度。这速度是她小时候跟父母在"五七干校"，在集体宿舍草铺上养成的。

[①]《没有钮扣的红衬衫》由于时间跨度长、选集多、版本多等原因，出现了另一个名称《没有纽扣的红衬衫》。总体来说，中国青年出版社 1984 出版的《没有钮扣的红衬衫》、吉林文史出版社 2006 年出版的《铁凝小说》等中使用的是"钮扣"，有些小说选集和相关研究著作使用的是"纽扣"。不再一一注明。

1968年 11岁

那时她才三岁,每当宿舍里的妈妈们下地干活时,草铺上的一群孩子就立刻实现了世界大同。他们有福共享,有难同当,各取所需,大孩子瞧见小不点手中的吃食,会蜂拥而上把它们抢走。我妹妹在这个大同世界里慢慢总结出经验:东西要想不被别人抢去,就得快吃,柿饼、黑枣常常把嘴填塞得难以蠕动。这使得她老是闹病,不是肠炎就是胃疼。妈妈发现这点,只好把她送到北京外婆家,那时,我早已寄居在外婆家了。记得那是一个下雪天,她穿着一身辨不出颜色的棉衣,穿着一双紧挤着脚的单鞋,焦黄的头发上沾着干校草铺上的草籽儿,脸蛋儿叫野地里的风给吹得粗糙、通红。她就那样跟在妈妈身后走进了外婆的四合院,扑进了我的怀里。①

在《玫瑰门》中,父亲还为此写信给眉眉:

爸的信封很大信纸也很大,但信很短。关于自己他什么也没说,他只告诉她,小玮要住北京,会给婆婆增加更多的麻烦,小玮住北京,眉眉将同时负起三个人的责任:爸爸、妈妈、姐姐。最后爸说:"我已经看见了这个懂得怎样照顾小妹妹的大孩子,她随时随地都站在我的眼前。"②

在某种意义上,妹妹的到来成就了铁凝。"在两年多寄人篱下的岁月里,如果没有妹妹在她身边,激起她的也许更多的仅仅是忧患与悲伤,却难以唤起深挚的同情,难以唤起女性的慈爱,难以唤起崇高的保护弱者的责任感。恰恰是因为身旁有了个小妹,使她思想感情的彩河异乎寻常地丰富而开阔了。"③ 在难堪、困窘的生活境遇中,铁凝充当了妹妹的保护者的角色。她在《没有钮扣的红衬衫》中甚至写道:"尽管那时我也是孩

---

① 铁凝:《没有钮扣的红衬衫》,《埋人》,江苏文艺出版社1996年版,第7—8页。
② 铁凝:《玫瑰门》,春风文艺出版社2003年版,第277—278页。
③ 陈映实:《铁凝及其小说艺术》,河北人民出版社1990年版,第40页。

子，我也需要人的保护，可是想到我能去保护一个人，这又是一件多么骄傲的事啊。我敢说，我和一切欺侮安然的大人和孩子较量过；我敢说，那时在我小小的心灵中孕育着的爱是伟大的。"[1] 陈映实指出，无论从哪个角度讲，要认识铁凝，研究铁凝，都难以脱开她和妹妹的关系。否则，一部《没有钮扣的红衬衫》怎么会出自铁凝之手？

妹妹的到来激发了铁凝的长女意识，进而影响到她日后的小说创作。"长女作为一个艺术形象，在铁凝的作品中一再地出现，这就构成了作家创作的一种情结，可称之为长女情结。……长女身份不仅仅是家庭和社会身份的认同，还是一定文化身份的认同，它既体现着中国儒家文化的精华，是呵护、责任与承担，同时还体现着现代社会女性的自我主体意识，是自尊、自爱与自强。铁凝小说中的长女情结在叙事上表现出的这种大爱与自爱，在当代社会中有着独特的意义，并构成一种中国形象的表征。"周雪花进而指出："她笔下的女性不是咄咄逼人的女强人形象，而是寻找情感依靠的女性。她们事业的成功不是通过职场上的争夺，而是通过恋爱的失败来表现。这样，具有长子意识的长女们不是强有力的，而是带着女性的柔弱、美丽与骄傲。强者的形象被遮掩了，突显的是在泪水中顽强站立起来的令人怜爱的成功的现代女性，从而有着既感人又深沉的美学意味。"[2]

铁凝在外婆家读到了一些残破不全的文学书籍，如《白洋淀纪事》《长长的流水》《静静的顿河》等。其中有一本书脊破烂、作者不详、没头没尾的厚书，她胡乱翻起这本破书，不料却被其中的一段叙述所吸引，那是对一个农村姑娘出场的描写：

> 作者写她"哧哧地笑"，写她抱着一个小孩用青秫秸打枣，细长身子，乌黑明亮的头发披在肩上，红线白线紫花线合织的方格子上衣，下身是一条短裤，光脚穿着薄薄的新做的红鞋。她仰头望着树

---

[1] 铁凝：《没有钮扣的红衬衫》，《埋人》，江苏文艺出版社1996年版，第8页。
[2] 周雪花：《铁凝小说中的长女情结与多种文化认同》，《文艺争鸣》2013年第8期。

尖,脸在太阳地里是那么白,目光是那么流动……细看,她脸上擦着粉,两道眉毛那么弯弯的,左边的一道却只有一半,在眼睛上边,秃秃的断了……以我当时的年龄,还看不懂这小说的时代背景是"土改"时期,不知道这双眉因为相貌出众,因为爱说爱笑,常遭村人的议论。吸引我的是被描绘成这样的一个姑娘本身。特别是她流动的眼和突然断掉一半的弯眉,留给我既暧昧又神秘的印象,使我本能地感觉这类描写与我周围发生的那场革命是不一致的,正因为不一致,对我更有一种"鬼祟"的美的诱惑。(《怀念孙犁先生》)

但是,这样的阅读是被禁止的。外婆担心她看那些"旧书"会招来麻烦,就把当初隐匿下来的旧书全部清理出来,逼着铁凝去卖掉。铁凝在废品收购站,利用排队的时间还在如饥似渴地阅读,她一次次地让排在她后边的人站到她前边去,但最后还是恋恋不舍又无奈地把书卖掉了。陈映实敏锐地发现了这种处境与铁凝日后小说创作的关联:"铁凝的童年生活获得了如此痛彻的体验,也就奠定了她后来通向山村少女香雪心灵的基础。她对台儿沟山民们精神生活的饥渴,对于香雪那样热烈向往着一只文具盒以及北京的校园生活,对于停车'一分钟'时姑娘可能展开的多姿多彩的遐想,也就能从生命的欲望上予以充分的理解和把握。就这层意义上讲,《哦,香雪》的诞生其久远的因子应该是植根于作家童年生活的遭遇之中的。"[1]

---

[1] 陈映实:《铁凝及其小说艺术》,河北人民出版社1996年版,第23页。

1969 年　12 岁

冬初　父亲从"五七干校"回家养病（阵发性心房纤颤），铁凝和妹妹得以从北京回到保定①。铁凝继续上小学。

铁凝回来后不久，父亲为铁凝和她的好友在一个桥头照相。桥身上写有"敌人不投降就叫它灭亡！"的标语，写标语的组织叫"夺取最后胜利战斗队"。

这个戴着红领巾、与我手拉手的女孩子是我同院的好友。她大我一岁，她开朗、泼辣，也比我热心"革命"，经常神出鬼没地弄来一些某组织的传单邀我一起上街散发。那时她骑着自行车，我手拿传单坐在车大梁上见人就扔。她说骑车撒传单对立面追不上我们，我却还没弄清对立面是谁，危险到底离我们有多远。但街上被流弹打死的已不乏其人。武斗再升级时，家长终于制止了我们的勇敢。我们的兴趣才又转向别处，我们就养蚕。

后来，这位女友成了保定一家地毯厂的业务厂长。

铁婷头发不好，母亲形容她那乱糟糟的后脑勺像破棉袄。铁凝听说吃核桃对头发有好处，就常常用自己的零花钱给妹妹买核桃。后来妹妹终于

---

①　铁凝在《面包祭》中说是 1970 年庐山会议之后，但是这与铁凝后来小学毕业升初中时间有冲突。

有了很好的头发,她坚信是因为小时候吃了姐姐给她买的核桃。

有一段时间,父亲和妹妹同时住院,铁凝给母亲连拍了三封电报,但干校领导不准妈妈请假回家。铁凝第一次承担起家庭责任,开始按照一个强者的标准要求自己。

铁凝在家里偷偷地阅读了《大卫·科波菲尔》《静静的顿河》《父与子》《红楼梦》《三国演义》等文学名著,由此爱上了文学。

1970年　13岁

夏　因出身问题,最后一个被批准加入红小兵。随后小学毕业。

秋　就读保定市第十一中学。

当时正是"深挖洞,广积粮"的时候,因此铁凝一入学便开始拉土、扣坯、挖防空洞。语文、数学等功课倒成了次要的,考试采取开卷形式,造成了一种学不学两可的氛围。只有新增设的农业课显得很重要。每次上课,老师都要再三强调,这课是为她们的将来而设的。于是铁凝还没有弄懂电流、电压时,就了解了氮磷钾、人粪尿、柴肥煤以及花期、授粉、山药炕什么的。铁凝对此并不感兴趣,她乐观地承受着高强度的体力劳动,对未来一无所知。

这时的铁凝身高已经达到160厘米。她迷上了芭蕾,苦练基本功,并考上了艺术学校舞蹈科。父亲以她缺少文化知识为由劝她放弃了,然后给她开列了长长的书单,从唐诗到中国通史,从中国古典散文到一些外国名著。父亲还四处奔走,想方设法从已经关闭的市级图书馆借出那些禁读的书,其中就有孙犁的著作。一学期下来,铁凝就背诵了上百首唐诗。

每天早上上学时,铁凝在一家小吃店吃馃子(即油条)、喝豆浆。负责炸馃子的是一位年轻姑娘,铁凝发现她长得非常好看,她那新鲜的肤色,从白帽檐下掉出来的栗色头发,那纯净、专注的眼光……她以一个成年女性的美震动着铁凝,使铁凝既自卑又充满希冀。铁凝仔细地观察她、模仿她。冬天的时候,铁凝带上围巾,又故意拉下几缕头发散露出来时,内心立刻充满愉快,觉得一个新的自我正在诞生。铁凝后来在《永远有多远》中再现了这种小姑娘悄悄模仿年长的漂亮女性的隐秘乐趣。

本年 铁凝观看了朝鲜电影《看不见的战线》。电影中,韩国越境特务和朝鲜暗藏特务的接头暗号在中学生中广为流传。女生们更感兴趣的是另一部反间谍电影,一名韩国女间谍整容后潜入朝鲜去冒名顶替一个名叫贞姬的姑娘。这使铁凝在很长时间里,对韩国的印象就是间谍对朝鲜的渗透和先进的整容术。

父亲从干校回来以后,刷房、装台灯、做柜子、刨案板、翻阅旧书旧画报,并开始研制面包。多次尝试失败后,消沉了一年多。后来在公交车站等车时偶遇一位在"一食品"面包车间工作的女工,才得知面包发酵要用酒花。他到"一食品"的面包车间购买了酒花,又从一位刘姓技师那里学到了一些关键技术,终于烤出优质面包。他还专程到刘技师家请他作鉴定。刘技师品尝后说"对劲儿",并把其余的部分分给他的孩子们品尝。(《面包祭》)

多年以后,铁凝在接受采访时说:"那个时候我的家庭有点另类。它给我们创造的是一种完全跟社会脱节的、完全跟社会是反面的那种,让你偷偷地觉得这个好,偷偷地享受,偷偷地成长了。就是没有泯灭生活情致的一个根基。"贺绍俊指出,这样的家庭氛围,培养了铁凝酷爱生活、享受生活的热情,这种热情贯穿在她后来的写作中。她对日常生活充满了情趣,她的和谐的家庭生活成为她创作的一个重要资源,并促成了后来《没有钮扣的红衬衫》的成功。

1971 年　14 岁

10 月 1 日　弄丢了节日供应买肉的肉票和钱。

物资匮乏时期，中国人的日常生活需要各种"票证"。除了布票、粮票外，居民购买多种副食等都需要凭票购买。以猪肉为例，当时的标准是每人每月供应半斤。铁凝家里有四口人，每个月可以买到两斤肉。他们经常分两次购买。这年国庆节，为迎接国庆，本市居民每人凭票可购买 1 斤猪肉、半斤粉条、半斤面酱、1 斤豆腐等，过期作废。国庆当天，铁凝全家早早出发，像打仗一样奔赴不同的地点排队，分头采购节日副食：父母去远处的指定地点购买粉条、豆腐和面酱，铁凝去附近的副食店买肉。

铁凝在排队买肉时遇到了同学们的国庆游行队伍，顿觉自己"非常委琐而且不光明"（她此前为了买肉向班主任谎称要和家人外出而请假）。结果，在躲躲闪闪中弄丢了肉票和钱，排队 4 小时却一无所获。

我两手空空从副食店出来，迟迟不愿回家吃午饭，我不知道该怎样向父母交待我这一个上午噩梦样的狼狈行径。那年月丢失 4 斤肉票本是一件很严重的事。我在家门外徘徊，脑门儿上挂着汗泥，嗓子干渴，肚子也咕咕叫着，直到看见母亲出来焦急万分地寻找我，我才忐忑不安地随她回家。

父亲没有为丢票的事责怪我，父亲坚持让我们品尝他做的一种原料为豆腐的素丸子，并自夸说，味道其实比肉也不差。①

本年 上初中二年级。阅读《红字》等作品。铁凝虽然不大理解，却仍然被吸引着。

铁凝所在的第十一中学附近有一家军队造纸厂，仓库里堆积着如山的"废书"作为造纸的原料。同学们把那些《红字》《金蔷薇》《家》等书悄悄拖出来传阅。书页上沾着耗子的屎尿。

---

① 铁凝：《国庆那一天》，《回到欢乐》，河南文艺出版社2002年版，第44页。

1972 年　15 岁

本年　学会了打针。每天为邻家一位姑娘注射维生素 B12。这位姑娘本是天津知青，因为身体有病没有下乡。她在天津找不到工作，就到保定投奔姨母，并在一家小厂谋了份工作。她生性高傲，学过芭蕾，很惹男性注意。这样的邻居来求铁凝帮忙，让她心花怒放。有一次针头退火，导致注射失败。而邻家姑娘却一如既往地相信她，支持她。

多年以后，铁凝在文章中写道，每当她因为小事的成功而飘飘然，或者对别人无意中闯下的"小祸"而忿忿然时，就会想起这位姑娘的微笑和信任。(《一件小事》)

1973 年　16 岁

秋　入保定第十一中学读高中。

每次走出学校去学工、学农,铁凝都用散文、诗歌或小说把经历的一切写下来。她根据真人真事创作了《铁手赞》,歌颂一位热心教学生学工的老师傅,还虚构了一位留"油光分头"的反面人物,让他去搞破坏。《铁手赞》在保定地区的《创作选》上发表,激起了铁凝学习写作的兴趣。[1]

铁凝在中学阶段,擅长作文,而数理化成绩一般。她往往在作文课上写出两篇不同的作文,一篇给自己,另一篇是替同桌写的。同桌则替她做物理、化学作业。

铁凝感慨自己"由一个喜欢在日记本上写豪言壮语的中学生长大成人"[2]。

---

[1] 李杨杨:《铁凝》,阎纯德主编:《20 世纪中国著名女作家传》(下册),中国文联出版公司 1995 年版,第 504 页。

[2] 铁凝:《就这样走着,劳作着》,《女人的白夜》,江苏文艺出版社 1996 年版,第 194 页。

1974年　17岁

11月23日　完成作文《会飞的镰刀》，写一个农村男孩和几个到农村学农的城市女学生的友情。当时老师布置的作文题目是"记一次学农劳动"。铁凝不仅发挥自己的想象力，写了7000字，还修改了作文的题目。此前，铁凝还以妹妹为原型创作了《冬虎的故事》，写一个性格活泼的女孩子在"批林批孔"运动中生动地讲述批判孔子的故事。

晚上，铁凝在家里朗读了这两篇作文。妹妹跳起来说冬虎就是自己，母亲激动得流下了眼泪，父亲沉默良久，决定带她去拜访著名作家徐光耀。

冬　父亲带着铁凝在保定古莲池①拜见了徐光耀，希望他为铁凝的作文（或文学才能）作鉴定。铁凝渴望能从他那里得到什么是小说、怎样写小说的答案。

当时，徐光耀刚被从农村召回，参加编写一个报告文学集。报告文学集是关于一个部队的卫生科，他们前不久从一名农村妇女的腹部取出一个九十斤的肿瘤，被上级命名为"全心全意为人民服务的先进卫生科"。那位妇女也因此成了当地名人，后来当了大队支书。

---

① 保定古莲池，原名雪香园，由于园内池塘中荷花茂盛，称为古莲花池，是中国十大历史名园之一。始建于1227年，元代仍为私人苑囿，明代成为知府衙署，清代被辟为皇帝行宫后，经过进一步扩建，建成了占地100亩的莲池十二景，有"城市蓬莱""小西湖"的美誉。雍正年间直隶总督李卫奉旨在院内创办了书院。

1974年 17岁

徐光耀所住的房子大约只有8平方米，位于古莲池的一个角落，门前有影壁，有几丛微黄的毛竹和营养不良的玉簪。铁凝第一次走进那里，觉得像是进了聊斋，后来再去那里，也仍然能联想到《聊斋》里那些神秘伤感的故事。

> 我向徐光耀出示了我的作文，他有些漫不经心地把它们搁置在一张大而坚实的硬木写字台上，然后就和父亲聊起了别的，关于时局的预测，还有郑板桥和陈老莲什么的。我只盯着那块被作为写字台面的大理石……后来他总算没有让我把作文带走，于是就有了第二次的见面。这次他谈话的中心是我的作文，他非常激动，连着说了两个"没想到"。还说你不是问什么是小说吗？你写的已经是小说了。①

徐光耀指出《会飞的镰刀》结构好，《冬虎的故事》人物好。铁凝由此立志当中国的"女高尔基"。"徐光耀是我文学的启蒙教师。他在那个鄙弃文化的时代里对我的写作可能性的果断肯定和直接引导，使我敢于把写小说设计成自己的重要生活理想。"

受了徐光耀的鼓励，铁凝激动地在古莲池里故意多绕了几个亭台，想着自己或许也能成为一个作家，暗暗决定去追求作家所应具备的一切，包括深入生活之类的。

按照徐光耀的建议，铁凝把《会飞的镰刀》寄给了《河北文艺》，但稿子没被采用。编辑部主任肖杰写了热情洋溢的亲笔信。这封信既肯定了铁凝小说的优点，如语言生动清新、生活气息浓厚、善于捕捉细节、富于联想等，也指出其不足之处。铁凝读后很受感动。20多年后在《河北文艺》召开的50周年刊庆大会上，她还重提此事，说这"体现着写信人对一个普通中学生来稿的关注。这封退稿信鼓动了我追求文学的热情"②。

铁凝后来认为，当时编辑部没有采用《会飞的镰刀》，"是因为那里

---

① 铁凝：《真挚的做作岁月》，《女人的白夜》，江苏文艺出版社1996年版，第445页。
② 铁凝：《回忆与祝福》，《当代人》1999年第11期。

没有阶级敌人，作为主人公的那个乡村少年也不高大，且有缺点"①。

  2015年，安武林谈到此事时说，还有一个根本原因是，编辑把它当作儿童文学作品了。在"文化大革命"之前，很多成人杂志都拿出一定的篇幅发表儿童文学作品。"文化大革命"后期，成人文学杂志则一般不再发儿童文学作品（在"六一"的时候会象征性地发表）。所以，铁凝遭遇退稿理所当然②。

---

① 铁凝：《真挚的做作岁月》，《女人的白夜》，江苏文艺出版社1996年版，第443页。
② 安武林：《铁凝的处女作》，《渤海早报》2015年3月20日。

1975 年　18 岁

1 月　创作反映知识青年上山下乡的话剧《理想》。

上半年《会飞的镰刀》收于《盖红印章的考卷》①。责编庄之明对小说作了几处改动,铁凝毫不客气地给他写信,列举了 11 条理由来证明他的改动不合理。庄之明不仅没有生气,还回信称赞了铁凝的勇气,并接纳了她的反驳。为此,她对北京出版社和庄之明永远心存感激。

小说发表后,铁凝久久沉浸在激动中,连续一个星期,每晚睡觉前都要捧读一遍变成铅字的《会飞的镰刀》。铁凝把这篇小说作为她的处女作。

毕业前和同学一起演出话剧《理想》。铁凝饰演班长,帮助不愿意去农村的落后同学。另一位女同学饰演班主任。演出结束后全体演员(四男五女共九位同学)合影留念。受演出的感染,铁凝更加坚定了下乡的决心。

6 月下旬　从一位熟人长者那里借到一本苏联小说《第四十一》,不想归还,最后只好用《金蔷薇》交换。先是后悔,继而懊恼,最终平静又窃喜。

6 月 30 日　保定市的报纸和广播都报道了铁凝带头下乡的光荣事迹,把铁凝塑造成一个具有高度共产主义觉悟、主动投入工农兵火热生活的革

---

① 刘心武等:《会飞的镰刀》,《盖红印章的考卷》,北京人民出版社 1975 年版。

命青年。报道还谎称铁凝的母亲曾反对她去农村，于是母女二人共同学习《毛泽东选集》，后来母亲终于转变思想同意了铁凝的革命行动。母亲对这无中生有的杜撰始终耿耿于怀。

当时，知识青年上山下乡运动已经接近尾声，一些城市的政策也开始灵活起来，比如保定市规定长子和长女可以不下乡。铁凝是长女，妹妹还在上小学，按照政策，铁凝完全可以不下乡。但是，铁凝为了实现当作家的理想而放弃参加部队文工团和留城，主动报名要求下乡。她为此被邀请到许多单位去"讲用"。

> "讲用"，是"文化大革命"期间的一个特定术语。当时的政治语境下，规定所有的人都要"活学活用毛泽东思想"，凡是"活学活用"得好的，就会树为典型，当局还为这些典型提供机会介绍自己是如何"活学活用"的，这种介绍活动就被称作"讲用"。讲用显然是一种政治荣耀。那个时代是一个高度政治化的时代，高度政治化的一个重要特点就是经常要产生新的政治术语，以保持政治的新鲜性。[①]

铁凝根据当时两个最著名的口号——坚持无产阶级专政下的继续革命，限制资产阶级法权——联系实际进行发挥。

母亲对铁凝下乡十分担心。她自小生活在城市，对于乡村一向是惧怕的。她深信当时一切关于女学生下乡碰到厄运的传闻。铁凝临走前，母亲手拿刚刚注销了铁凝姓名的户口簿，泪流满面地问："难道你真能成为中国的女高尔基？"但父亲支持铁凝下乡，他认为中国作家是应该了解乡村的。

父亲亲手为铁凝做了一个大木箱。这只木箱伴随铁凝下乡，回城时里边装着她大大小小的日记本，后来又随铁凝从保定到石家庄，仍然装着那些日记本。

铁凝为了当作家而选择到农村去当知识青年，是有一定的历史背景

---

① 贺绍俊：《铁凝评传》，郑州大学出版社2004年版，第15页。

的。"在那个特定的时代，人们能够接受到的文艺理论只有一种被认定为惟一正确的、非常政治化的理论，这种文艺理论突出强调了深入生活，强调了生活是创作的惟一源泉。而在这种文艺理论中，所谓生活也是特指的，它只能是工农兵的社会生活。过去曾有人提出到处都有生活，但在'文化大革命'中间，这种观点被作为修正主义和资产阶级的观念大加讨伐。铁凝在那个年代，无论从社会上，还是在学校里，无疑已经灌输了足够多的关于深入生活之类的教诲。十几岁的铁凝自然而然地会把作家与深入生活联系在一起，她以为，要当作家就必须深入生活，而生活在哪里，不知道自己每天就在生活之中，她认为只有工农兵的生活才叫生活。在她的印象中，那些大作家都是从农村出来的，给了她鼓励的徐光耀就是来自农村的作家。她想，既然要当作家，就必须放弃当文艺兵的机会，下到农村去。"[1]

7月初 到河北省保定市博野县张岳村插队，担任知青点的副组长。

临行前，在保定市委大门前举行了隆重的欢送仪式。铁凝作为知青代表在仪式上发言，然后在敲锣打鼓的热烈气氛中，被欢送的人群簇拥着上了披红挂彩的大卡车，绕保定市一周。

这种热闹一直持续到她插队的知青点张岳村。

> 我所在的点是距保定一百多华里的博野县张岳村，这是一个四周有着平原和沙丘的中等村庄，村里多榆、柳树。坐北朝南的平顶房上永远沐浴着平原上的阳光，家家房前都有一个木梯子，房顶上常年摊晒着应时的农产品。到冬天不再有东西摊晒时，玉米和薯干便就近堆入玉米秸编起来的圆囤里。开始我们这十几名学生就分散在这种窗前有梯子、房上有圆囤的农家里。[2]

7月中旬 生产队让铁凝回保定换季。她在家里住了几天，家里像迎

---

[1] 贺绍俊：《铁凝评传》，郑州大学出版社2004年版，第12页。
[2] 铁凝：《真挚的做作岁月》，《女人的白夜》，江苏文艺出版社1996年版，第447页。

接国宾一样迎接她。

7月23日 离家时，母亲含泪把铁凝送上长途汽车。铁凝回到张岳村后，在日记里写道：

> 今天，妈妈含着眼泪把我送下楼梯。我却笑着把她劝回家去，怀着一种逃出保定的心情进了长途汽车站。
>
> 这两天我吃着大米饭、肉包子，却总觉得它们比不上我们亲手摘的西葫芦、大北瓜做成的熬菜，亲手拉着风箱做出来的卷子、饭汤香甜。睡着平整、松软的大床，却总是翻来覆去，脊梁底下像有石子硌着，这使我更留恋婶子、大娘那铺着金席的火炕。躺在这炕上，听着半导体里祖国四方的声音；围坐在炕上，讨论过中央文件的精神，想着我们张岳的未来，直到三星西落，窗纸发亮……我在城里走着看不见土星儿的柏油马路、松木地板，却更贪婪那一处土窝儿、一片土坷垃、一条条铺着"竹帘子""星星草""刺儿菜"的张岳的土道。我和多少城里人握手，却更渴望握一握张小爱大娘的粗手、增善大叔的硬手和素英的巧手。喝着消过毒的白开水吃冰棍，却更馋那打一桶水要摇一百下辘轳的井水和垄沟里飘着狗尾巴草的流水。
>
> 张岳，你的女儿终于回来了！①

多年以后，铁凝重新审读这样的日记，"仿佛看见一个昧着良心从家里溜走、吃得肥头大耳、放下筷子就骂娘的小贼。但我怎么也择不清这里到底有几分真意几分虚假，甚至每每因了它内含的那无边无际的虔诚而自我感动。然而这虔诚实在又包含着连自己听来也战栗的做作，它虽然做作得一切都合情合理、天衣无缝。然而日记以外的我却常常有着不能自圆其说的破绽"②。

铁凝后来用"鬼祟感"来描述自己当时的心情。虽然铁凝怀着当作

---

① 铁凝：《真挚的做作岁月》，《女人的白夜》，江苏文艺出版社1996年版，第448—449页。
② 铁凝：《真挚的做作岁月》，《女人的白夜》，江苏文艺出版社1996年版，第449页。

家的个人目的，但是她仍然"让自己在文学上的追求与革命口号、革命行动并行不悖，她将少女特有的天真转换为一种生存的智慧，巧妙地化解了个人性的文学追求与社会性的革命行动之间的冲突。……铁凝就是在这一关键时刻，学会了如何解决社会角色与文学追求之间的矛盾，这个矛盾从抽象意义上说其实可以归结为自由与责任的矛盾：她的文学追求是她的内心自由，而她不得不承担的社会角色是一种社会性的责任承担，体现了人的社会性存在。这个矛盾后来始终伴随着她，而她基本上应对自如，妥善处理。她在处理内心自由与社会公共关系的冲突时的原则基本上……是寻求一种兼容和变通的方式"[1]。

8 月 为了尽快看上去像个农民，经常在中午坐在棉花垄里晒太阳，致使脸颊疼痛难忍，层层爆皮。

秋 和两位女伴赶着驴车去公社供销社拉化肥。两个女伴坐进车厢，铁凝负责驾车。她坐在左侧车辕上，手持一根细荆条，不时地在吆喝驴时晃上几晃，以助声威。从公社出来，却发现由于忘了拴驴，小灰驴自己拉着车走了。

9 月 18 日 18 岁生日。雨天。队长钻进玉米地给铁凝劈了两根甜棒，几个半大姑娘每人送她一只麦秸秆编成的戒指。戒指套上铁凝打满血泡的手时，素英捧着铁凝的手，心疼得哭了。

素英是个小巧玲珑的姑娘，很会整理、爱惜自己，也格外爱惜铁凝。她们在以后的许多年里都保持着这份友谊。铁凝回城后，素英出嫁前去北京办嫁妆，还住在铁凝家。铁凝为她铺了一个临时折叠床，她睡觉时仍然习惯地站上床去，像平日踩在炕头上那样，这使得她像踩钢丝那般东摇西晃。当妹妹暗中为她的举止发笑时，铁凝便斥责妹妹，想着素英是怎样地捧着她的手哭。在铁凝的日记中，不止一次地提到素英那灵巧、短小、粗糙的手。

晚上，在柴油灯下给父母写信，讲述白天的经历。"那时候，我又热

---

[1] 贺绍俊：《铁凝评传》，郑州大学出版社 2004 年版，第 16 页。

情又虚荣。"①

初冬　素英请铁凝到她家去吃饺子。铁凝刚进门，素英就一头栽倒炕上，不省人事，接着便是口吐白沫，伴着浑身的抽搐，牙齿紧咬着舌头。铁凝被吓得呆立炕前。素英的母亲不慌不忙地说，这是遇到"庄客"②了，因为素英昨天曾从坟地里走过。

素英的母亲边说边从炕席下面摸出一沓纸钱，划火柴点着，两条胳膊抡打着便唱起来，意思是请庄客把钱带走，宽恕素英。但庄客一时不走，他还在折磨着素英。素英已将舌头咬出了血，血沫在四周喷溅着。铁凝按照大娘的指示，赶快上炕将窗扇打开，并学着她的样子，张开手臂在屋内轰赶着。过了很久，素英才恢复正常。铁凝为素英得救而激动地抱着她失声痛哭。

多年以后，铁凝意识到素英患的也许是癫痫。但她从来没有讥讽过大娘和自己当时的愚昧。

11月　加入中国共产党。

冬　村里盖好了知青点，铁凝搬入新居。

> 我们也有了两排红砖瓦房和房间都配有桌子和水缸的真正的"点"。但"点"的房子很潮，冬天铺在床板上的麦秸被我们的体温暖得长出麦苗，纤细的麦苗在潮湿的麦秸里蜿蜒着生长。

铁凝下乡时，湖南株洲市厂社挂钩、集体插队、带队干部参加领导的组织形式正在全国推广。铁凝和保定一家工厂的子弟共同就近在张岳插队。知青点建成后，与张岳村挂钩的那家工厂，为她们的院子提供了两扇高大、具有巴洛克风格的铁门。铁凝在短篇小说《死刑》中提到过这个铁门。

---

① 贺绍俊、杨瑞平：《知青小说选》，四川文艺出版社1986年版，第851页。
② 民间传言，庄客是鬼的一种，平时潜伏在坟地里，在人走过时趁人不备附上人身，跟人回家中取闹。其形象被人形容得可丑可美，出入甚大。

1975年 18岁

铁凝出身知识分子家庭，与这家工厂没有任何关系。和她同样性质的还有刘元梅和王陶。刘元梅的父母在政府部门工作，都是"民盟"的盟员；王陶是大学教师的女儿。她们三人在知青点上同住一室。王陶举止利索、充满朝气，刘元梅则像个善净而不多嘴多舌的好大嫂。

有一年元旦，她们三人关起门，就着柿子喝酒，刘元梅起了一身疙瘩，并伴有呼吸急促、瞳孔扩散，铁凝和王陶烧了一锅热水，用毛巾、枕巾为刘元梅热敷。直到天亮，刘元梅才恢复正常。此事被铁凝写入散文《真挚的做作岁月》和短篇小说《醉年》中。

铁凝和两位女友经常到村里八林老头的店里买酱油、醋，也买花生米作为零食。八林不仅在酱油、醋中大量掺水，而且严重缺斤短两，在卖花生米时更是显得异常诡秘。尽管一把花生米要花去铁凝半个月的工分，但她依然觉得值得，因为这里"不光有女人的奢侈，还有冒险的愉快"。

后来，刘元梅在河北省一个民主党派的机关工作，王陶则在1977年考入华北电力学院，后留校教书。

本年 经常和农村姑娘一起坐在炕头上，一边听着广播里梁效们鼓吹"文化大革命"的丰硕成果，一边捉虱子、纳花鞋底儿，这使她有机会深深体察到乡村女人们那丰富而细腻的感情世界。她后来还保存着那些花鞋底儿，并多次写在她的作品中。

张岳盛产棉花，铁凝所做的农活也大多与棉花有关，从播种到间苗，到采摘棉花，还有掐花尖，打花杈，铁凝都干过。铁凝分到了几斤新棉花，这是她第一次分享自己的劳动成果，她把它絮成了一床新被。四年后回城时，她背回了这床被子。20多年后，这床被子还伴随在她身边。铁凝后来的小说中也多次写到棉花，如《村路带我回家》《棉花垛》《午后悬崖》《笨花》等。

1976年　19岁

2月　下乡后第一次在家过春节。春节过后,铁凝8次买了去张岳的长途汽车票,妹妹为了留她在家多住几天,为她退了8次车票。

6月　为杨贵写悼词。党支部让铁凝写悼词时,她很为难,因为此前没有写过。支书让她拣好的说,别忘了结合形势。于是,铁凝仿照耳闻目睹过的广播、报纸写了起来:

> 张岳大队党支部党员、团员、民兵连、妇联会、贫协、全体贫下中农、知识青年以极其沉痛的心情哀悼:张岳大队贫协副主席、革委会委员、贫管校长杨贵同志,因患脑溢血,于一九七六年六月十日下午七时在博野县医院逝世,终年六十岁。
>
> 杨贵同志是中国共产党的优秀党员,是中国人民忠诚的革命战士,是我村久经阶级斗争、两条路线斗争考验的领导……他的一生是为共产主义奋斗的一生,是坚持继续革命的一生。他的逝世使我党失去了一位优秀党员,是我党我国人民的重大损失,引起了全村贫下中农的极大悲痛……[①]

杨贵在抗日战争和解放战争时曾经打过仗,后因负伤而退役。他是个

[①] 铁凝:《真挚的做作岁月》,《女人的白夜》,江苏文艺出版社1996年版,第454页。

尖脸、缺牙、有着轻度颠脚的瘦小老人。他虽瘦小,却有着功臣般的霸气。

在杨贵的追悼会上,铁凝念着悼词,哭了,很多人也都哭了。当她看到杨贵脸色青黄、年仅7岁的小儿子时,铁凝哭得更凶了。

陈映实分析铁凝的知青生活时指出:

> 铁凝以一个年轻农民的身份,让自己的心灵不断地感应着农村各阶层真实的生命意识和生存状态。铁凝在那用口号遮掩一切的年代,碰撞得有了些头脑,暗自学会了从区别真假上看人看事,体验人生。她没有像当时的某些作家那样,训练有素地习惯于遵循政治条文去矫正生活,按照配方去编造形象;没有按抽象出来的定义把贫下中农神圣化、政治化、模式化;没有睁大一只眼睛努力去发现什么,而闭上一只眼睛假装糊涂地不看什么。因此,反映在她的视野中,每一个农民都是被历史条件所制约、烙印着历史积淀的人,而非清一色镌刻着"阶级本质"的人。久而久之,铁凝脑子里积存起来的,是真正能为文学创作受用的有血有肉的人生,而非那种人工伪造的假现实。[①]

初秋 一天上午,妹妹铁婷到张岳看铁凝。当时铁凝正在地里喷农药。妹妹要铁凝陪她玩,而铁凝则坚持参加劳动和开会,导致妹妹赌气冒雨回家。铁凝和她同院的知青都出来寻找,素英闻讯赶来后骑车找到妹妹并带回家中,给她喝姜糖水驱寒,做了白面饼煎腊肉。后来妹妹因淋雨发高烧说胡话,她们请来村里一位会针灸的老汉。他先对着妹妹的脑门吐了一口唾沫,然后从怀中一个脏污的布包里抽出一根粗长的大针,照着那唾沫处猛然就扎,妹妹渐渐安静地睡去。第二天,妹妹果然痊愈,铁凝骑车送妹妹回家。

妹妹表示愿意来农村和姐姐做伴,铁凝也向妹妹表示,为她从小就知道热爱社会主义新农村而高兴。不久,铁凝收到妹妹表示要扎根农村的来

---

① 陈映实:《铁凝及其小说艺术》,河北人民出版社1990年版,第29—30页。

信时，却为此流下了心酸的眼泪，急忙写信询问。直到家里来信说这只是妹妹在学校的语文作业，老师要求把信寄给在农村插队的哥哥姐姐时，铁凝才放下心来。

9月9日 毛泽东逝世。

这天下午，铁凝拉着一辆小车，去地里装玉米秸。刚出村，一个女生神色慌张追上来，不知所措又迫不及待地告诉她毛主席逝世的消息。铁凝没有再去地里干活，她觉得应该回到知青点上做些和这个时刻相称的事。

> 在回去的路上，我突然觉得我像一个无家可归的孩子，一切都变得空旷起来。我愿意把那时刻想成"眼泪往肚里流"，我以为我应该把自己想成这样，凭了我对领袖的崇敬和诚实。
>
> 晚上我们做起花圈，男知青从很远的地方采来柏树枝，我们全体知青不分男女坐在一起，把柏枝和白花绑在秫秸扎成的框架上。谁都没有言语，不久都哭了起来。①

10月 "文化大革命"结束。

本年 村里小学缺老师，大队书记善增想让铁凝去当老师，铁凝拒绝了。她在日记中写道："我可不能出了校门又进校门，在农村我永远是一名小学生。"善增为人厚道，对知青非常照顾，他把知青叫学生，给学生派活儿时专拣轻活。有一次让铁凝推车去卖豆腐，因为这活儿不用出苦力，出工不论时响。结果因为铁凝驾驭不了豆腐车而作罢。②

---

① 铁凝：《真挚的做作岁月》，《女人的白夜》，江苏文艺出版社1996年版，第457页。
② 铁凝：《真挚的做作岁月》，《女人的白夜》，江苏文艺出版社1996年版，第450页。

1977 年　20 岁

3 月　《火春儿》刊《河北文艺》第 3 期"新苗"栏目。编者小议介绍作者是一位插队知识青年,说"读了这篇《火春儿》,一股泥土气息扑面而来,作者笔下的儿童形象写得那样栩栩如生,主人翁的思想是那样纯真,非常惹人喜爱。语言也带着冀中平原那股乡土味儿,很少'帮八股'腔。作者还注意了反映农村中的阶级斗争,虽然简单些,但这是很可贵的"。

6 月　《火春儿》收于儿童小说集《第一次思索》[①]。

完成小说《收获》。

9 月　《蕊子的队伍》刊《河北文艺》第 9 期。

10 月 21 日　《人民日报》等各大媒体公布了恢复高考的消息。

铁凝想读北京大学中文系。她带着已经发表的小说乘火车到北京大学,将小说交给了中文系办公室的老师,介绍说自己数理化成绩不好,但能写小说,问能否给予特别对待。后来,北大中文系的老师给她回信说,欢迎她到北大中文系学习,希望她今年就报考。但是河北的老作家劝阻了她。他们说,中文系不是培养作家的,问她到底是要当作家,还是当北大中文系的毕业生。铁凝最终放弃了上大学的努力。[②]

10 月　组诗《丰收纪实》刊《天津文艺》第 10 期。包括《浇麦小

---

① 《火春儿》,《第一次思索》,北京人民出版社 1977 年版。
② 贺绍俊:《铁凝评传》,郑州大学出版社 2004 年版,第 12—13 页。

唱》《割麦曲》《分量》三首。

本年 参加河北省一个业余文学创作座谈会，铁凝和伊蕾分配在一个房间。当时，伊蕾在河北一家有保密性质的兵工厂当工人，已经是河北诗坛引人注目的新星了。在铁凝眼中，伊蕾"苗条的身材，烫过辫梢儿的两条过肩辫子，兔毛高领毛衣……这个组合系列在那个尚未开放的时代算得上是'先锋'了。开会之余，我们就在房间聊天，伊蕾长我几岁，她显得格外见多识广。她为我背诵海涅和普希金的诗，哼唱舒伯特的小夜曲，并告诉我她的爱的秘密。她是那么热情奔放，坦诚透亮，那么相信我这个与她初次谋面的人"。

多年以后，伊蕾回到天津，任天津文学杂志社编辑，曾向铁凝约稿。

1978 年　21 岁

3 月　创作《夜路》。

春　张守仁和章仲锷为正在创办中的《十月》南下组稿，第一站是保定。此前，张守仁所在的北京人民出版社文艺组曾把铁凝的《会飞的镰刀》收入儿童文学集出版。徐光耀认为"此作写得生动形象，充满童趣；7000 字的小说，竟出自一名少女之手，真是不同凡响"。

保定那几天正在召开散文座谈会。会议由河北作协负责人张庆田主持。在会上，张守仁第一次见到了铁凝。

> 那天，她正巧坐在我对面，像个健美的农村姑娘：短发，微黑的脸，宽阔的嘴，眉浓而略弯，眼亮而稍长，不高不矮，不胖不瘦，身材匀称。她一身解放军女战士打扮，深藏蓝色裙子，军绿色上衣。脚上穿着短袜，套着一双矮帮的解放军女鞋。……那几天她没有发言，一直专注地听着。凭她处女作的水平，凭她会上虚心学习的态度，我预测这是一位有创作潜力的文学苗子，将来必能成材。我便鼓励她深入生活，注意观察，努力写作，并表示愿和她加强联系。1983 年第 2 期《十月》发表了铁凝的中篇小说《没有钮扣的红衬衫》。[①]

[①]　张守仁：《看着铁凝一路走来》，《星火》2017 年第 2 期。

4月 创作《不受欢迎的礼物》。后刊《战地》第 S2 期。

5月 《夜路》刊《上海文艺》第 5 期。后收于《河北短篇小说选》[①]。创作《不用装扮的朋友》。

6月 创作《丧事》。

7月 铁凝把已经发表的几篇短篇小说和河北作家韩映山的推荐信寄到了天津的百花文艺出版社,准备出小说集,原名《不受欢迎的礼物》。

韩映山在推荐信中写道:

> 我不想过多地去评赞她的作品的优点,这些,凭着你们丰富的编辑经验会从中发现。我觉得最可喜的是,她一开始写作就走上了一条正确的路,从生活出发,从人物出发。按说,她有多一半年龄是在林彪、"四人帮"文化专制下度过的,可是,她却没有沾染上那种帮八股的气味,没有被四面八方的烟尘所蒙蔽。她选择了一条继承前辈优秀作家创作的路……

出版社的邢凤藻、李克明和顾传菁三位编辑审稿后,都肯定了铁凝的创作才能和发展前途,但又一致认为她寄来的稿子质量参差不齐,希望她能写出更多更好的作品,争取早日编成集子出版。[②]

10月 完成《排戏》。

茹志鹃的评论文章《读铁凝的〈夜路〉以后》刊《河北文艺》。文章结合《火春儿》《蕊子的队伍》和《会飞的镰刀》,从人物的对话、小说的细节和主题、主人公荣巧与英雄形象的规格等几个方面对小说进行了深入细致的分析,认为"和她过去的作品相比较,这一篇确是铁凝同志在创作上迈出的重大一步。前面三篇,也塑造了一些生动活泼的儿童形象,但从人物到主题都还比较单纯,有的甚至有简单、图解的毛病。……比起这三篇来,《夜路》的主题、人物,都要微妙得多,复杂得多,也深

[①] 河北省文联编:《河北短篇小说选》,河北人民出版社 1979 年版。
[②] 顾传菁:《铁凝小说集〈夜路〉出版琐忆》,《中国编辑》2008 年第 3 期。

刻得多了。《夜路》只是开始,今后的路上,将是百花盛开春常在,相信作者会写出更有深度,更有分量的作品来"①。

铁凝对此十分感动,她说:"茹志鹃老师为我写的评价文章,至今我总像在梦中。因为在我所热爱的作家中,茹志鹃老师的作品是占有很重要的地位的……文章中那么多赞赏的语言,说实在的,我看到以后,觉得她说的是自己应该努力寻求的。"

12月1—20日 参加由中国少年儿童出版社和《中国少年报》联合举办的儿童文学创作学习会。在学习会上,铁凝第一次见到中国作协主席茅盾。铁凝在学习期间写出了短篇小说《捋槐花》。后收于儿童文学创作学习会小说专号《儿童文学》(丛刊9)。②

参加这次学习会的有来自各省、市、自治区的47位青年作者,其中有叶文玲、陈丽、郑开慧、阎继明、林震公、孙丹薇、程远、杨书案、夏有志、浩岭、边子正、赵金山等。

本年度重要研究论著

茹志鹃:《读铁凝的〈夜路〉以后》,《河北文艺》第10期。

---

① 茹志鹃:《读铁凝的〈夜路〉以后》,《河北文艺》1978年第10期。
② 《儿童文学》编辑委员会编:《儿童文学》(丛刊9),中国少年儿童出版社1979年版。

1979 年　22 岁

1 月　离开张岳，到河北省保定市文化局创作组工作。加入中国作家协会（简称作协）河北分会。

铁凝在临行前，看望被关在牛棚里的进钢大伯（他原来是主管知青的支委）。进钢大伯对知青的关怀是细致入微的：冬天知青们潮湿的屋子里很快能升起奢侈的煤火，连每屋配一把新壶他都想到了；而当他生病，知青们给他送去红烧带鱼罐头之类的东西时，他却让小孙子把东西退回供销社，把钱还给知青。他扒着窗棂对前来告别的铁凝说："走你们的吧，别惦记我，我没事儿。政策是死的，办法是活的。"①

在农村的四年间，铁凝结交了一些很要好的农村朋友，并学着用她们的思想和观点去思考，和她们一起享受农村中那些情趣。她白天辛勤劳动，夜晚坐在炕头上就着煤油灯，写下了近五十万字的日记、札记。多年以后，铁凝回首这段乡村生活时说："生活是艰苦，但是和政治火药味浓烈的城市相比，农村的生活节奏还是显出了它的松散与平和。那时的中国乡村也还没有保护个人隐私的习惯。比如在白天，每户人家是不应该把家门关起来，村人串门可以推门就进。不该关门的理由是，你家又没有做什么坏事，为什么要关门呢？"有一次，铁凝在村里迎面碰见村中一位干部，他笑着告诉铁凝说："你们家给你来信了，我拆开看了看，没什么

---

①　铁凝：《真挚的做作岁月》，《女人的白夜》，江苏文艺出版社 1996 年版，第 459 页。

事,你父母身体都挺好的,你就放心吧。那信我又放回村委会窗台上了,还有几个人要看呢。"村干部的话让铁凝哭笑不得,而他那一脸为铁凝父母的身体健康所表现出的欣慰表情,又使铁凝无法指责他侵犯了个人隐私。

关于知青生活,铁凝说:"我感谢冀中平原那密密实实的青纱帐,它把我领进生活,教会我永远喜悦人生。"① "我庆幸我到底没有枉做四年农民,我毕竟是为着以一个真实的自己去认识那些农民的真实而来的,因此,在做作的背后就有了一个不曾做作着的我"②。

抱着这样的心态,铁凝看待农民的眼光是不同的,"她周围的农民便在她眼里'活'了起来——不是'学习班'和'批判会'上那种被摆弄的机器式的假里假气的农民,而是实际生活中活生生的农民。他们也善良,也淳朴,而善良、淳朴又绝非是一贯性的随时都表现出来的必然品格。愚昧、贫乏、落后,难以掩饰的或正当或卑劣的欲望处处存在着,与当时的政治宣传相去甚远。原来,一切简单的政治概念都包容不了人类复杂的精神世界,人们原本都是些彼此不重样的'单个儿'人。铁凝硬是把一个个'单个儿'的人当成了知己,而那些单个儿的人竟忘了铁凝原来还是个城里的学生"③。

因此,农村生活给铁凝留下的不是创伤,而是充实,并且为她日后的文学创作打下了坚实的生活基础。她不仅没有在伤痕文学时期写自己在农村的"伤痕",反而在《村路带我回家》中表达了回归乡村的情感。这种差别使许多研究者不把铁凝放在知青作家之列。贺绍俊就认为许多知青作家"都是将知识青年作为一种意识形态化的内容进行思考的。因此,他们几乎都是采取鲜明的知青主体视角,站在知青立场上,去反观农村、反观人生、反观历史。而铁凝则没有这种强烈的知青情结,在她的思考过程中,知青生活是融在整个农村生活之中的,她不会去把二者剥离开来。因

---

① 贺绍俊、杨瑞平:《知青小说选》,四川文艺出版社1986年版,第851页。
② 铁凝:《真挚的做作岁月》,《女人的白夜》,江苏文艺出版社1996年版,第458页。
③ 陈映实:《铁凝及其小说艺术》,河北人民出版社1990年版,第28页。

此,即使是写反映知青生活的小说,她的创作思路也没有去应答当时的意识形态需要。而整个知青文学的兴起和反响,都与其强烈的意识形态性密切相关。这也就是铁凝与新时期文学初期的这股最壮大的文学潮流擦肩而过的主要原因"①。

创作《欢欢腾腾》。小说不仅充满儿童情趣、幽默感,而且准确把握儿童心理,把几个小孩子写得很可爱。

2月 《丧事》刊《河北文艺》第2期。朵儿姑娘图虚荣,只想脱离农村,在为某"大干部"的老娘发丧中费尽心思巴结,最后只是去给"大干部"当保姆。小说塑造了形形色色的人物。

春 在一次会议上,第一次见到雷达。她把包括《夜路》在内的几篇小说剪报交给雷达,请他"指指毛病"。雷达觉得小说除了清新和真挚之外,并不怎样深刻,也并不怎样看重它们。晚上,在会议组织大家去看电影的路上,雷达故意冒了一句:"大家走好啊,这可是在走'夜路'啊!"惹得人们全哄笑起来,铁凝也在暗中难为情地笑了。雷达并无恶意,只不过是开了一个善意的玩笑。

4月 给顾传菁等三位编辑寄去新写的五篇小说。他们及时审读后,还是觉得集子的分量轻了些。当时有三个方案:1. 作为鼓励,予以出版;2. 等作者再写出几篇像《夜路》那样的作品后再结集出版;3. 转交河北出版。当时河北省文联为庆祝建国三十周年,拟出版"礼花丛书",已经向铁凝组稿。他们三人商量,想尽量说服铁凝采用第二种方案,于是写信邀请铁凝来天津商量出版事宜②。

秋 受邀去天津面谈小说集《夜路》的出版事宜。

行前,受韩映山的嘱托给孙犁带信。这本是铁凝的机会。可是铁凝却面露难色,因为铁凝曾听人说过,孙犁的房间高大幽暗,人很严厉,少言寡语。连他养的鸟在笼子里都不敢乱叫。韩映山看出了铁凝的为难,指着他家镜框里孙犁的照片说:"孙犁同志……你一见面就知道了。"

---

① 贺绍俊:《铁凝评传》,郑州大学出版社2004年版,第23页。
② 顾传菁:《铁凝小说集〈夜路〉出版琐忆》,《中国编辑》2008年第3期。

在一个下午，李克明陪铁凝一同拜访孙犁。

这是一座早已失去规矩和章法的大院，孙犁先生曾在文章里多次提及，并详细描述过它的衰败经过。如今各种凹凸不平的土堆、土坑在院子里自由地起伏着，稍显平整的一块地，一户人家还种了一小片黄豆。那天黄豆刚刚收过，一位老人正蹲在拔了豆秸的地里聚精会神地捡豆子。我看到他的侧面，已猜出那是谁。看见来人，他站起来，把手里的黄豆亮给我们，微笑着说："别人收了豆子，剩下几粒不要了。我捡起来，可以给花施肥。丢了怪可惜的。"

他身材很高，面容温厚，语调洪亮，夹杂着淡淡的乡音。说话时眼睛很少朝你直视，你却时时能感觉到他的关注或说观察。他穿一身普通的灰色衣裤，当他腾出手来和我握手时，我发现他戴着一副青色棉布套袖。接着他引我们进屋，高声询问我的写作、工作情况。我很快就如释重负。我相信戴套袖的作家是不会不苟言笑的，戴着套袖的作家给了我一种亲近感。[1]

在一个小时里，他们谈了许多。孙犁嘱咐铁凝说，不要骄傲，不要赶浪头，要坚持自己的风格。

铁凝回到保定后，给顾传菁等三位编辑写信表示感谢。铁凝此后经常把自己的作品寄给孙犁，而孙犁每次都热情地回信。

10月中旬　收到孙犁10月9日的回信。孙犁对铁凝寄去的几篇稿子表达了自己的看法：

如果比较，自然是《丧事》一篇最见功夫。你对生活，是很认真的。在浓重之中，能作淡远之想，这在小说创作上，是非常重要的。不能胶滞于生活。你的思路很好，有方向而能作曲折。

---

[1] 铁凝：《套袖》，《女人的白夜》，江苏文艺出版社1996年版，第228页。

> 创作的命脉，在于真实。这指的是生活的真实，和作者思想意态的真实。这是现实主义的起码之点。
>
> 现在和过去，在创作上都有假的现实主义。这，你听来或者有点奇怪。那些作品，自己标榜是现实的，有些评论家，也许之以现实主义。他们以为这种作品，反映了当前时代之急务，以功利主义代替现实主义。这就是我说的假现实主义。这种作品所反映的现实情况，是经不起推敲的。作者的思想意义，是虚伪的。
>
> 作品是反映时代的，但不能投时代之机。凡是投机的作品，都不能存在长久。①

铁凝努力理解孙犁所说的"在浓重之中，能作淡远之想"。孙犁的创作思想对铁凝产生了深远的影响。

10月　完成《灶火的故事》初稿，反映战争年代一位部队炊事员在新中国成立后贫困、孤寂的晚年生活和僵化的精神世界，约有15000字，铁凝自己很看重。

11月　《不用装扮的朋友》刊《河北文艺》第11期。

12月底　收到孙犁12月23日的来信。

> 我很喜欢你写的童话，这并不一定因为你"刚从儿童脱胎出来"。我认为儿童文学也同其他文学一样，是越有人生经历越能写得好。当然也不一定，有的人头发白了，还是写不好童话。有的人年纪轻轻，却写得很好。像你就是的。
>
> 这篇文章，我简直挑不出什么毛病，虽然我读的时候，是想吹毛求疵，指出一些缺点的。它很完整，感情一直激荡，能与读者交融，结尾也很好。
>
> 如果一定要说一点儿缺欠，就是那一句。"要不她刚调来一说盖

---

① 孙犁：《致铁凝信》，《孙犁全集》（第五卷），人民文学出版社2004年版，第378—379页。

新粮囤，人们是那么积极。""要不"二字，可以删掉。口语可以如此，但形成文字，这样就不合文法了。

但是你的整篇语言，都是很好的，无懈可击的。

还回到前面：怎样才能把童话写好？去年夏天，我从《儿童文学》读了安徒生的《丑小鸭》。几天都受它感动，以为这才是艺术。他写的只是一只小鸭，但几乎包括了宇宙间的真理，充满人生的七情六欲，多弦外之音，能旁敲侧击。尽了艺术家的能事，成为不朽的杰作。何以至此呢？不外真诚善意，明识远见，良知良能，天籁之音！

这一切都是一个艺术家应该具备的。童话如此，一切艺术无不如此。这是艺术唯一无二的灵魂，也是跻于艺术宫殿的不二法门。

你年纪很小。我每逢想到这些，我的眼睛都要潮湿，我并不愿同你们多谈此中的甘苦。[1]

冬 参加全国儿童文学创作座谈会，会议期间拜望茅盾、张天翼等前辈。

---

[1] 孙犁：《致铁凝信》，《孙犁全集》（第五卷），人民文学出版社2004年版，第380页。

1980 年　23 岁

1 月　保定地区文联《花山》创刊。铁凝到《花山》编辑部任小说编辑。

编辑部设在一栋临街小楼的二楼。一楼不断地换单位,从机关到商店。盛夏时节,楼外卖冰棍、卖西瓜的叫卖声不绝于耳。看稿累了,他们就买来西瓜分吃,小小的编辑部里充满了热闹的人情味儿。几间办公室同时也是家在外地的编辑的单身宿舍。短短的走廊里不得不起火做饭。甜面酱和稿件挤在柜子里,家庭气味和办公气味混合在一个有限的空间里。铁凝的一位同事就在办公室里结婚生子,婴儿的尿布就挂在迎门处。

3 月 15 日—8 月 15 日　在石家庄参加中国作协河北分会文学讲习班(小说班)。文学讲习班的负责人是张庆田。

讲习班,"有的叫笔会、改稿会。这是 20 世纪 80 年代的一个重要文学现象。80 年代成长起来的一批作家大致上都有这样的经历。这也许是中国特有的文学现象,这是那一代作家学习文学观念、接受文学训练的社会方式。组织这种活动的往往是各级文联、作协,也有文艺类的出版社和期刊出面,这种活动一般是集中一批作家,给大家提供一个交流的机会,主办方与作家商讨具体的文学选题,帮助作家改稿;有时也请来著名作家或学者为作家们讲课。一些刚刚走上文学道路或在文学创作上刚刚引起人们重视的作家(主要是年轻作家),正是通过这种活动得到了重视,也提高了创作质量。……铁凝们这一代作家所参加的讲习班之类的学习,无疑带有浓厚的主流文学思维的特征,这一代作家十分突出的社会性和现实性,也许得益于他们的学习经历。……铁凝也是属于社会性和现实性比较强的作家"[1]。

学习期间,学员们学习相关的文件,通读古今中外近四百篇短篇小说,听取梁斌、李满天、邢野、刘真、邓友梅、柳溪、朱泽吉、冯健男等省内外三十多名作家、教授的讲课和传授创作经验。同期的学员有赵新、田垒、马秀华、孟云魁、解俊山、徐顺才、王继民等。

铁凝把《灶火的故事》的修改稿当作讲习班的作业交了上去,结果小说在讲习班遭到激烈批评,有位老作家担心地说,铁凝的生活快用空了,也开始玩花样了;还有一些老师劝铁凝不要这样写了,建议铁凝删去小说中灶火和小蜂在河湾相遇的情节,说作品的"路子"有问题。

与此同时,铁凝还把稿子寄给顾传菁,并附信说"这种人物和题材都是第一次接触,所以从构思到写成花了几个月时间,费了些力气。现在还未给其他刊物,就先给你们寄去吧。盼望得到老师们的指教"。顾传菁读完小说后,感到"欣喜",他在审稿意见中写道:"这是有一定深度的作品,从中可以看出,作者是有潜力,有希望的,也是我们所以想出她集子的依据……灶火,这一形象,是活生生的,真实可信的,在她其他作品中也很少见,可以说是一个创新……"并认为《灶火的故事》加重了小说集《夜路》的分量,决定不再等待,立即发稿[2]。

3月中旬 收到孙犁3月16日来信。孙犁在信中谈了两点关于读书的建议:一是建议铁凝在学习班的半年时间,多读外国小说;二是如果遇到与自己的气质相投的作家,就多读一些,无论是长篇还是短篇。读到自己特别喜爱的地方,就把它抄录下来。抄一次,比读十次都有效。

5月 创作《小路伸向果园》,7月改定。

创作《盼》,7月、8月两度修改。

6月9—14日 李克明和顾传菁到石家庄和铁凝一起商量《夜路》出

---

[1] 贺绍俊:《铁凝评传》,郑州大学出版社2004年版,第30—31页。
[2] 顾传菁:《铁凝小说集〈夜路〉出版琐忆》,《中国编辑》2008年第3期。

版事宜。铁凝向他们介绍了《灶火的故事》的创作过程。河北省文联的领导对他们的到来很重视,请他们在讲习班上发言。面对人们对《灶火的故事》的质疑与批评,顾传菁旗帜鲜明地肯定了这篇小说,支持铁凝的创作,赞扬了她勇于探索的精神。

6月 再次修改《灶火的故事》,并寄给了孙犁。孙犁在回信中说,他觉得这个人物很真实,"我很喜爱你的这个人物"。小说后来在孙犁主办的《文艺增刊》第3期发表,《小说月报》第12期转载,收于《当代女作家作品选3》①。

> 孙犁先生和《天津日报》的慷慨使我对自己的写作"路子"更加有了信心。虽然这篇小说在技术上有着诸多不成熟,但我一向把它看做自己对文学的深意有了一点真正理解的重要开端,也使我对孙犁先生永远心存感激。

事实上,这篇小说的创作和发表都无法脱离当时的社会背景。1978年5月,《光明日报》发表《实践是检验真理的唯一标准》,"带动了整个意识形态领域的思想解放,人道主义的兴起对文学创作产生了不可估量的影响,'文学是人学'被作家们用来阐明人性、人道主义对于文学的重要意义。这一时段的'伤痕文学',作家们在揭露和批判'文化大革命'和'四人帮'时,往往会归结到人的尊严、人的价值等人道主义的拷问上;而爱情、亲情等过去忌讳的情感内容也成了重要的主题。张洁的《爱,是不能忘记的》发表于1979年底;1980年初,徐怀中的《西线轶事》、张一弓的《犯人李铜钟的故事》、张弦的《被爱情遗忘的角落》等一批具有强烈的人性色彩的小说相继在各刊物发表。这些作品传达出一种关注人性的文化信息,敏锐的铁凝接受到了,而且她内心不会拒绝,因为人性视角正是与她的善良之心相吻合的。……这促成了她写出《灶火的故事》"②。

---

① 刘锡诚、高洪波、雷达学等:《当代女作家作品选3》,花城出版社1982年版。
② 贺绍俊:《铁凝评传》,郑州大学出版社2004年版,第35页。

贺绍俊认为《灶火的故事》"标志着铁凝从'夜路'走了出来，她心中隐隐地亮起了盏灯，照亮了一个明确的目标，这个目标是她认真整理农村的生活积累而逐渐明了起来的"。他指出："铁凝在这篇小说中表达了一个很前沿的观点，在从人性的角度去反思和批判历史的'原则'时，她是把女性身体视为人性觉醒的重要契机。……身体不仅是生理的，也是伦理的，更是与生命意识的觉醒有关的"。而"灶火的心智受到了双重的压抑，一方面是农村本身的愚昧和落后，这是每一个农民都要面对的；但他还有另一层压抑，是一般的农民不会承受的，这就是由于他曾进入到革命队伍，刚刚接受一点革命的训练，使他不得不面对'左'的政治意识形态的压抑。双重的压抑使他曾开启一道缝隙的心灵变得更加紧闭了"[①]。

陈晓明认为铁凝笔下有一个漫长的女性"自我相异性"的谱系，《灶火的故事》中的小蜂是这个谱系的开端："小蜂是一个奇异的女子，那是与此前的革命叙事谱系中循规蹈矩或大义凛然颇不相同的另类女性形象。小说中有一个关键性的起转承作用的细节，就是老灶火偶然看到小蜂与李林在河里洗澡的场景。这个场景并非一闪而过，而是在小说中被多次强调，它构成了老灶火的心病。……这个情节到底在老灶火心里意味着什么，铁凝并没有将它写得清晰或透彻，或许是有意将其模糊。铁凝真正感兴趣的在于写出小蜂的别一种情致。她如此专注于那样的一个奇特的与革命叙事谱系如此不协调的场景，在小说中开启了一道裂罅。那时有一道透过裂罅的亮光，白晃晃的身体的亮光。铁凝要的就是这样的亮光，从小说突然撕裂的部位照射进来。……很显然，《灶火的故事》就有那种亮光照射出来的美好，透视出生命的倔强和不可平庸化的那种力量，让孙犁眼前一亮，而果断刊登了当时还是十分年轻的铁凝的作品。铁凝的大多数作品其实内里都透示着要溢出边界的异质性经验。"[②]

铁凝对《灶火的故事》也极为看重，她在 1996 年出版文集时，特意

[①] 贺绍俊：《铁凝评传》，郑州大学出版社 2004 年版，第 31 页。
[②] 陈晓明：《自我相异性与浪漫主义幽灵——试论〈永远有多远〉隐含的女性另类谱系》，《当代作家评论》2010 年第 4 期。

在《六月的话题·写在卷首》中指出："在这一辑的十四篇作品里，包括了获得全国优秀短篇小说奖的两篇作品《哦，香雪》、《六月的话题》。与这两个被无数次转载且拍成电影和电视剧的小说相比，我却更愿意把《灶火的故事》放在第一位。我对于《灶火的故事》的感情也许应该追溯到那个写作它的年代——1979年。我以为《哦，香雪》固然清纯、秀丽，《六月的话题》固然机智、俏皮，但《灶火的故事》的写作才是我对人性和人的生存价值初次所做的坦白而又真挚的探究，才是我对以主人公灶火为代表的一大批处在时代边远地带的活生生的人群，初次的满怀爱意的打量。尽管它明显地带着那时我经营短篇小说不甚地道的章法，但它对于我八十年代之后的写作，具有我在同时期的其他小说都无法替代的意义。在这个短篇小说里，我初次有了'犯规'的意向，向主人公那一辈子生活在'原则'里的生活提出质疑。这意向在当时尚处于自发的朦胧阶段，但这次的实践毕竟使我开始思考：在你的写作中懂得并且有力量'犯规'和懂得并且善于遵守规矩同样重要"①。

7月10日　《盼》刊《天津日报》。后收于《中国儿童文学大系　小说2》②。

9月　完成《渐渐归去》初稿。

10月初　收到孙犁9月29日来信。"《盼》写得很好，你看写试穿新雨衣那段，多么真切、生动、准确！后面一段稍失自然，然亦无关大体也。小说（指《灶火的故事》——作者注）开头用的语言，可以看出你的立意是要创新，但是也有伤自然，读着也绕口了。文字还是以流利自然为主。"

10月　创作《罗薇来了》。

《小路伸向果园》刊《河北文学》第10期。小说写一位在"文化大革命"中失去女儿的老人遇见一位在"文化大革命"中失去双亲的女孩子，对她产生一种父女般的感情。

---

① 铁凝：《写在卷首》，《六月的话题》，江苏文艺出版社1996年版，第2页。
② 浦漫汀主编：《中国儿童文学大系　小说2》，希望出版社1989年版。

1980年 23岁

11月6日 应《文艺增刊》主编邹明的约请，顾传菁写了评论文章《可贵的探索——〈灶火的故事〉读后随想》，刊《天津日报》。文章首先肯定了铁凝勇于探索的精神，继而深入分析了灶火性格形成的社会原因和历史原因，指出铁凝用女性的细腻和敏感精彩地描绘了灶火和小蜂在河湾上相遇的一幕，作者"没有用简单地歌颂或暴露的形式来对待自己的人物，而是按照生活本来的面貌，人物本来的样子来写的，作品的可贵之处就在这里"。

晚秋 铁凝到河北省保定市涞水县大山深处的穷村苟各庄深入生活。

> 我在苟各庄下了火车，站在高高的路基向下望去，就看见了路基下村口那个破败的小学校：没有玻璃、没有窗纸的教室门窗大敞着，一群衣衫褴褛的小学生正在黄土院子里作着手势含混、动作随意的课间操，几只黑猪白猪在学生的队伍里穿行……土地的贫瘠和多而无用的石头使这里的百姓年复一年地在困顿中平静地守着自己的一份日子，没有怨恨，没有奢求，没有发现他们四周那奇妙峻美的大山是多么诱人，也没有发现一只鸡和一斤挂面的价值区别……①

11月 创作《微笑的铃兰》。

第一本短篇小说集《夜路》由百花文艺出版社出版。收录了这一时期创作的12篇小说，包括《灶火的故事》《夜路》《小路伸向果园》等。这本书的封面是铁凝请父亲设计的：它用淡黄颜色作衬，用墨点点缀成星空，一条视线很低的路平伸远方。它概括了铁凝心目中的乡村，也概括了这本书的内涵。已经成功地做过几种封面的画家韩羽也不住地点头称道。②

冬 第二次看望孙犁。

> 那天很冷，刮着大风。他刚裁出一沓沓粉连纸，和保姆准备糊窗

---

① 铁凝：《又见香雪》，《女人的白夜》，江苏文艺出版社1996年版，第157页。
② 铁凝：《书的等级》，《女人的白夜》，江苏文艺出版社1996年版，第151—152页。

缝。见我进屋，孙犁先生迎过来第一句话就说："铁凝，你看我是不是很见老？我这两年老得特别快。"当时我说："您是见老。"也许是门外的风、房间的清冷和那沓糊窗缝用的粉连纸加强了我这种印象，但我说完很后悔，我不该迎合老人去证实他的衰老感。接着我便发现，孙犁先生两只袄袖上，仍旧套着一副干净的青色套袖，看上去人就洋溢着一种干练的活力，一种不愿停下手、时刻准备着工作的情绪。这样的状态，是不能被称作衰老的。

本年度重要研究论著

顾传菁：《可贵的探索——〈灶火的故事〉读后随想》，《天津日报》11月6日。

1981 年　24 岁

1 月　《还是要写人……》刊《文艺报》第 1 期的"青年作者之页"栏目。文章指出文学还是要创作有血有肉的人物，要善于发现生活中的美好事物，但这不等于歌功颂德。

《罗薇来了》刊《莲池》第 1 期。

完成《渐渐归去》第四稿。小说写一位在"文化大革命"中失去母亲的女青年的生活困境和情感困境。

《孙犁致铁凝》刊《小说界》第 1 期。

赴正定向贾大山约稿。铁凝在贾大山工作的县文化馆见到他时，已近中午，贾大山邀请铁凝去他家吃饭。

> 他就亲自为我操持午饭：烧鸡和油炸馃子都是现成的，他只上灶做了一个菠菜鸡蛋汤。这道汤所以给我留下了很深的印象，是因为大山做汤时程序的严格和那成色的精美。做时，他先将打好的鸡蛋泼入滚开的锅内，再把菠菜撒进锅，待汤稍稍滚沸锅即离火，这样菠菜翠绿，蛋花散得地道。至今我还记得他站在炉前打蛋、撒菜时那种潇洒、细致的手势。
>
> ……
>
> 贾大山给我留下的初步印象：这是一个宽厚、善良又藏有几分智慧的狡黠和几分谋略、与农村有着难以分割的气质的知识分子，他嘴

阔眉黑，面若重枣，神情的持重多于活跃。①

那一次铁凝没有组到贾大山的稿子，以后也没有。这使铁凝觉得贾大山用一种友好的方式把她打发了。

3月 《渐渐归去》刊《河北文学》第3期。

创作《燕姑》。

创作《在路旁呵在路旁》。

春 与《花山》编辑部主任郝建奇同赴天津约稿。见到了女作家柳溪。柳溪夫妇邀请他们到家吃晚饭，做了红烧鸡块。②

夏 《微笑的铃兰》刊《文艺增刊》第2期。

6月 张驰、牛素琴的文章《寒凝大地发新花：记文苑新人铁凝》刊《人才》。

7月 创作《一片洁白》。主人公小杰放弃稳定的工作，反而要冒险去当"厂长"。

8月 参加《百花洲》编辑部组织的为期两周的庐山笔会。在8月14日的座谈会上作了题为《丛林中的遐思》的发言，谈到了创作中的责任感。后刊《百花洲》第4期。参加笔会的作家还有李国文、张贤亮、叶文玲、莫应丰、李栋、罗旋、叶之蓁、竹林、张步真、陈世旭、陈可雄、陆星儿、林斤澜、彭荆风、王润滋、刘心武、中杰英、母国政、陈村、孔捷生等。

创作《绿耳朵》。

10月 创作《短歌》。

完成《那不是眉豆花》初稿。

11月 《燕姑》刊《小说界》第3期。

创作《小酸枣》。一个姑娘不顾舆论压力，要去追回自己心爱的小

---

① 铁凝：《山不在高——贾大山印象》，《女人的白夜》，江苏文艺出版社1996年版，第256—257页。

② 铁凝：《那时我在花山》，《女人的白夜》，江苏文艺出版社1996年版，第96页。

伙子。

创作《两个秋天》。

本年　《灶火的故事》在省内受到批评与指责，省内的相关领导还把铁凝叫到石家庄去谈话、批评。

孙犁赠铁凝手书"秦少游论文"一帧：

> 采道德之理述性命之情发天人之奥明死生之变此论理之文如列御寇庄周之作是也别黑白阴阳要其归宿决其嫌疑此论事之文如苏秦之作是也考同异次旧文不虚美不隐恶人以为实录此叙事之文如司马迁班固之作是也①

本年度重要研究论著

传菁：《犹如一首抒情诗——读〈小路伸向果园〉》，《河北文学》第1期。

顾传菁：《清晰的脚印——喜读短篇小说集〈夜路〉》，《河北日报》2月22日。

韩映山：《读〈夜路〉随感》，《天津日报》5月21日。

---

① 铁凝：《怀念孙犁先生》，《从梦想出发：铁凝散文随笔集》，湖南文艺出版社2007年版，第179页。

1982 年　25 岁

1 月 25—31 日　春节期间，完成《那不是眉豆花》的第五稿。小说写一位心灵手巧的姑娘为生活所迫，嫁给一个矮个子的呆傻男人，她与丈夫的弟弟擦出了感情的火花，却最终"发乎情，止乎礼"。

1 月　短篇小说《两个秋天》刊《莲池》第 1 期。

面对人们对《灶火的故事》的批评，顾传菁又专门写了《谈〈灶火的故事〉及对它的批评》，刊《花山》第 1 期。

2 月 19 日　给孙犁写信。

2 月 24 日　收到孙犁 2 月 21 日回信。信的标题为"关于我的琐谈——给铁凝的信"。信中谈了自己的生活、健康状况以及与文学青年的来往等，还说从谢大光那里听到了对铁凝的散文《我有过一只小蟹》的介绍，表示刊物出来后一定要看看。

2 月 25 日　《一片洁白》刊《中国青年报》。

3 月　《我有过一只小蟹》刊《散文》第 3 期。

春　和六七位同行一道去看望孙犁。当时孙犁正戴着套袖坐在写字台前，桌面上摊开着纸和笔，大约正在写作。看到铁凝他们的到来，很高兴，和大家聊天。

创作短篇小说《意外》。

4 月　《渐渐归去》获《河北文学》优秀短篇小说奖。这是《河北文学》第一次举办短篇小说评奖，采取读者推荐和评选委员会评议相结合的评奖办法。最终确定了七篇获奖作品。其他获奖作家有：汤吉夫、贾大山、申跃中、赵新、墨微和陈冲。

创作《短歌》。

5月　《那不是眉豆花》刊《河北文学》第5期。由于题材敏感，小说发表后，仍然受到了批评。

《生活给予我的》刊《花山》第3期。这是铁凝在《在延安文艺座谈会上的讲话》发表40周年的感想。铁凝说："一个严肃的作家，永远会把深入生活作为一种自觉的行动。因为作品的思想性和艺术性的完美统一，是作家创作激情的结晶。只有捕捉住人在短暂的瞬间里，心灵上那些最细微的变化，只有到生活中去观察、体验、研究、分析，你的创作激情才永远是崭新的、生气勃勃的。"

《小酸枣》刊《青年文学》第3期。

创作《失眠》。

初夏和郝建奇一起去山西大同地区一个山野小县，与两位作者商谈改稿事宜。此行颇为辛苦。他们先乘火车到大同，第二天凌晨四点赶到长途汽车站，再买汽车票。5个小时的剧烈颠簸之后，他们终于见到了那两位憨厚的作者。他们请铁凝和郝建奇吃莜麦面"猫耳朵"和一种很香的葵花子。郝建奇很具体地和他们谈修改意见。铁凝由此觉得此行是有意义和价值的。

在青岛参加《青年文学》编辑部举办的为期两周的笔会，笔会期间创作短篇小说《哦，香雪》。

6月23日　在石家庄参加河北省1981年优秀短篇小说获奖作品颁奖大会。

7月　《短歌》刊《人民文学》第7期。

创作《明日芒种》。

8月10日　创作《喜糖》。

8月　完成《没有钮扣的红衬衫》初稿。

《失眠》刊《文汇月刊》第8期。

9月 　《绿耳朵》刊《莲池》第 5 期。

《哦，香雪》刊《青年文学》第 5 期。小说表现了一列只在台儿沟停留一分钟的火车给山里的姑娘带来的巨大改变，以及她们对文明的强烈渴望。铁凝在同期发表的创作谈《我愿意发现她们》中写道："我还是怀着一点希望，希望读者从这个平凡的故事里，不仅看到古老山村的姑娘们质朴、纯真的美好心灵，还能看到她们对新生活强烈、真挚的向往和追求，以及为了这种追求，不顾一切所付出的代价。还有别的什么？能感觉到生活本身那叫人心酸的严峻吗？能唤起我们年轻一代改变生活、改变社会的强烈责任感吗？也许这是我的奢望。"

《哦，香雪》问世之初，并未引人注目。因为当时伤痕文学、反思文学是文学的主潮，人们也更关注反映重大社会问题的作品，如蒋子龙的《拜年》等。

铁凝将刊有《哦，香雪》的杂志寄给孙犁。

10月　中篇小说《红屋顶》刊人民文学出版社出版的儿童文学丛刊《朝花》第 8 期。1984 年 12 月，由宁夏人民出版社出版单行本。

创作《东山下的风景》。

11月　完成《没有钮扣的红衬衫》第三稿。

12月中旬　收到孙犁 12 月 14 日来信。孙犁抱病多日，精神稍好些，就读了《哦，香雪》，然后给铁凝写信高度赞扬了这篇小说。

> 今晚安静，在灯下一口气读完了你的小说《哦，香雪》，心里有说不出的愉快。这篇小说，从头到尾都是诗，它是一泻千里的，始终如一的。这是一首纯净的诗，即是清泉。它所经过的地方，也都是纯净的境界。
>
> 读完以后，我就退到一个角落，以便有更多的时间，享受一次阅读的愉快，我忘记了咳嗽，抽了一支烟。我想：过去，读过什么作品以后，有这种纯净的感觉呢，我第一个想到的，竟是苏东坡的《赤壁赋》。

我也算读过你的一些作品了。我总感觉，你写农村最合适，一写到农村，你的才力便得到充分的发挥，一写到那些女孩子们，你的高尚的纯洁的想象，便如同加上翅膀一样，能往更高处、更远处飞翔。

　　……我希望能经常读到你这种纯净的歌！①

孙犁的信《谈铁凝的〈哦，香雪〉》刊《小说选刊》1983 年第 2 期，引起广泛重视。人们纷纷阅读或重读这篇小说。雷达说，他先读了孙犁的信，再阅读《哦，香雪》时，他先是沉醉，后来喜悦的泪水悄悄地渗出了眼角②。

本年　加入中国作家协会。

本年度重要研究论著

冯健男：《"啊，阳光"——读铁凝的短篇集〈夜路〉有感》，《文艺》第 4 期。

于建：《她有一颗纯真的心——读铁凝的三篇近作》，《河北文学》第 2 期。

顾传菁：《谈〈灶火的故事〉及对它的批评》，《花山》第 1 期。

徐光耀：《读铁凝短篇小说》，《莲池》第 1 期。

---

① 孙犁、成一：《孙犁、成一谈铁凝新作〈哦，香雪〉》，《青年文学》1983 年第 2 期。
② 雷达：《铁凝和她的女朋友们》，《花溪》1984 年第 2 期。

1983 年　26 岁

1 月　《明日芒种》刊《河北文艺》第 1 期。

《哦，香雪》在《小说月报》第 1 期、《小说选刊》第 1 期转载。

2 月　孙犁的信《谈铁凝的〈哦，香雪〉》在《小说选刊》第 2 期转载。

这时，1982 年度的全国优秀短篇小说评奖活动正在进行中。第一批备选的作品已经在 1982 年 12 月 17 日确定，包括蒋子龙的《拜年》在内共有 13 篇；第二批备选的作品在 1983 年 1 月 24 日确定，包括《哦，香雪》在内共有 16 篇。1 月 29 日的第一次评委会上没有人提到《哦，香雪》；在 2 月 26 日的第二次评委会上，《哦，香雪》虽被提到，但大都是放在发言的最后提一下，沙汀、冯牧、唐弢、王蒙等评委都表达了对这篇小说的喜爱，将小说提到前五名。

尽管如此，在我看来，仍不足以显示它应有的地位和实际的价值。《哦，香雪》之美能被感知，感知之后敢于表达，存在一个渐进过程。这个过程表明，在评价作品文学性和社会性的含量与交融上，有些人还有些被动与波动。当社会强调对文学的政治需求时，社会性更受重视；当形势宽松了对文学的制约时，艺术的美感才得更好地焕发其魅力。……虽然 1982 年获奖作品的第一名，是蒋子龙的《拜年》；但是，代表短篇小说创作成就与特色的，是铁凝的《哦，香雪》。多年之后，时过境迁，《拜年》或许会被忘记，而《哦，香雪》则将以其纯净的诗情，隽永的意境，常被忆及，不会忘记。①

2月28日 评选结果揭晓，《拜年》排名第一，《哦，香雪》排名第五。小说获得了一等奖。

这篇小说为铁凝带来了巨大的声誉，是她的成名作。铁凝认为《哦，香雪》在她的整个创作中"具有一种不可替代性，……《哦，香雪》焕发出来的对人生，对情感，对生活，对希望那种透明的激情是不可替代的"②。

30年后，铁凝当选作协主席，她谈到这篇小说的独特意义时说："当时，社会刚刚解冻，文学充当了先锋，冲在了最前面，作家们率先以一批后来被称为'伤痕文学'的作品，对整个民族的伤痛起到了疏通、宣泄、抚慰的作用，所以那个时候，反思的、启蒙的文学都是相对比较沉重的主题，《哦，香雪》的出现，让读者感到一点清新，也有一点辛酸，但是没那么沉重。我用这样的方式传递一种当时民族和国家清新的、向上的、明丽的气息。"③ 小说因此具备了文学史的意义。"作品之所以受到重视，在于它体现出审美意象的转变，这在新时期文学中首先独树一帜，给人以耳目一新的印象。"④

研究者从不同的角度挖掘小说所蕴含的丰富性。罗岗与刘丽细致分析了小说中的火车和铅笔盒意象，认为火车在停留的一分钟里，为乡村少女带来了自我发现，使她们与火车上的人，除了物的交换关系外，还在幻想中建立起人和人的关系；而铅笔盒是现代文明的象征，它的背后，是一整套从农村到城市，从传统向现代的渴求。铅笔盒的"现代光环"，是通过一系列"遗忘"和"压抑"的"机制"生产出来的⑤。翟业军也指出小

---

① 崔道怡：《小说课堂》，作家出版社2012年版，第247页。
② 赵艳、铁凝：《对人类的体贴和爱——铁凝访谈录》，《小说评论》2004年第1期。
③ 舒晋瑜：《伟大，但是请不要忘记艰难——访中国作协主席铁凝》，《中华读书报》2012年7月18日。
④ 缪俊杰：《论铁凝的艺术世界》，《评论选刊》1987年第6期。
⑤ 罗岗、刘丽：《历史开裂处的个人叙述——城乡间的女性与当代文学中个人意识的悖论》，《文学评论》2008年第5期。

说中"车上、车下的空间关系被换算成了等级关系,高高在上的一定是只能勾留一分钟的火车以及车上满载着的现代性,卑下的则是寒风中的姑娘和姑娘们挣脱不开的乡村"。它和铁凝在 2002 年创作的短篇小说《谁能让我害羞》遥相呼应,在底层叙事中包藏着中产阶级的趣味和焦虑。①

陈晓明则认为凤娇是"香雪的另一面——没有被现代文明和教育规训的那个本真的自我。如若不是现代教育,香雪根本就不存在,只有凤娇。她们是相辅而行的自我/他者同体,在香雪的另一边一定有凤娇出现,她是铁凝写作进展的诱惑和动力。凤娇身上分离出香雪,凤娇的另一面向是在其传统的本性上的回归。凤娇的冲动是乡村女子自然的冲动,那也是青春欲望的渴望。……凤娇一直在保持着传统的方式,当然也是传统意义上的另类'她者'。香雪积极而富有时代气息,因而也富有意识形态的想象;而凤娇却如此野性、如此本真、如此具有纯粹的女性的自然冲动,她的身上充盈着女性的破坏因素、不稳定因素,随时要破坏乡村的自然法则,破坏城乡的现代对立,她用身体就可以演绎一个传统与现代、城市与乡村博弈的辩证法。在时代意识形态的高扬格调中,凤娇的故事被压抑下去了,那是说了一半的故事……如果不是凤娇,这个香雪的存在就显得太单薄,虽然有时代精神这一面向,但却没有文化的、生命本原的这一面向。凤娇并不是一个否定之物,铁凝一直看着她的活生生的自我肯定方式。因为她的存在,我们看到了乡村从过去到今天的绵延之力"。②

程光炜指出:"十七岁的香雪在学校和火车上都感到了另一社会阶层对自己阶级地位所构成的压抑,其深层根源其实是来自这种社会结构本身积累的阶层歧视。"而"作者和批评家都在按照知识精英的治国理念,用他们的'精神主体'来重新建构香雪们的'精神主体'的"。"他们是在

---

① 翟业军:《谁让谁害羞——从〈哦,香雪〉到〈谁能让我害羞〉》,《上海文化》2011 年第 6 期。

② 陈晓明:《自我相异性与浪漫主义幽灵——试论〈永远有多远〉隐含的女性另类谱系》,《当代作家评论》2010 年第 4 期。

压制香雪……的'物质欲望'的重要性基础上来强调属于他们自己的知识精英的精神追求的……香雪与知识精英的这一本质差别一直被小说和批评文章所忽视和遗忘,香雪的'劳动人民意识'一直被1980年代'知识精英意识'的冰山压制和覆盖。"[1]

小说后入选《中国新文艺大系 1976—1982 短篇小说集》[2]《中华人民共和国五十年文学名作文库 短篇小说卷》[3]《20世纪中国小说读本》[4]《中国新文学大系 1976—2000 第13集 短篇小说卷1》[5] 等数十种作品集,以及《1949—1985 中国当代文学作品选评》[6]《中国现当代文学作品选 下卷(1):小说:1949—1995》[7]《语文 必修1》(普通高中课程标准实验教科书)等一百多种大中小学的教材和课外读物。

3月20日 创作《山野的呼唤》。这是《哦,香雪》的创作谈。文中说"几年前我曾有机会到《哦,香雪》里描述过的那种山村生活过一段。那里的贫穷和落后,那里生活的艰辛和窘迫,那里百姓憨直而蒙昧的面孔曾使我心灰意冷"。但是,"夜里火车从山外奔来,使她们不再安于父辈那种坐在街口发愣的困窘生活,使她们不再甘心把自己的青春默默隐藏在大山的皱褶里。为了新的追求,她们付诸行动,带着坚强和热情,淳朴和泼辣,温柔和大胆,带着大山赋予的一切美德,勇敢、执着地向新的生活迈进,一往情深"。"我愿意锻炼着去描写壮阔的大海,但当我听到来自山野的呼唤时,我永远会做出挚诚的回应。"

文章后刊《文艺报》1983年第5期。

3月24日 赴北京参加全国优秀新诗、报告文学、短篇小说、中篇

---

[1] 程光炜:《香雪们的"1980"——从小说〈哦,香雪〉和文学批评中折射的当时农村之一角》,《上海文学》2011年第2期。

[2] 唐达成主编:《中国新文艺大系 1976—1982 短篇小说集》,中国文联出版公司1986年版。

[3] 陆文夫主编:《中华人民共和国五十年文学名作文库 短篇小说卷》,作家出版社1999年版。

[4] 钱理群主编:《20世纪中国小说读本》,浙江文艺出版社2002年版。

[5] 王蒙、王元化总主编:《中国新文学大系 1976—2000 第13集 短篇小说卷1》,上海文艺出版社2009年版。

[6] 鲍昌主编:《1949—1985 中国当代文学作品选评》,浙江大学出版社1986年版。

[7] 钱谷融主编:《中国现当代文学作品选 下卷(1):小说:1949—1995》,华东师范大学出版社1999年版。

小说获奖作品授奖大会。

3月26日　《哦，香雪》刊《人民日报》。

3月28日　在北京参加《青年文学》编辑部组织召开的部分获奖作者座谈会。铁凝做了《踏踏实实地走下去》的发言。参加座谈会的还有蒋子龙、孙少山、航鹰、宋学武、喻杉、李叔德、吕雷、姜天民、张炜、海波、矫健、蔡测海、李存葆、路遥、张承志、水运宪、魏继新、朱苏进、孔捷生、谭谈、祖慰、肖复兴等。

3月29日　在《小说选刊》副主编张曰凯的陪同下拜访冰心。此前冰心曾经表达过对《哦，香雪》的喜爱，希望有机会见见铁凝。

冰心关心铁凝的文学创作和感情生活，欣然为铁凝题词：

　　有工夫的时候，多看些古典文学和外国小说（译本也好），这样眼界广些，词汇多些，于年轻的作者有便宜的地方。

铁凝小朋友

冰心

三、二十九①

3月　《孙犁、成一谈铁凝新作〈哦，香雪〉》刊《青年文学》第2期。

中篇小说《没有钮扣的红衬衫》刊《十月》第2期。小说以中学生安然选三好学生为切入点，提出了关于中学生教育的重大社会问题。小说发表后立刻引起了强烈反响，《人民日报》《光明日报》《文艺报》《文学报》《文学评论》等许多报刊都刊载了对这部中篇小说的评论。

铁凝收到了数百封读者来信。一位在南京市玄武医院工作的女士写信说："现在我已走上工作岗位五年了，看了《没有钮扣的红衬衫》，又使我回忆起中学时代，这是小说的真实感受所唤起的记忆。"在表达了对安然的喜爱之后，她还向铁凝提出了一个令她苦恼的问题："为什么许多人

---

① 岂凡：《铁凝见到了冰心》，《新观察》1983年第13期。

都喜欢祝文娟这样的人,却不喜欢安然这样待人诚恳、心地纯洁的人呢?"一位中学生在信中说:"当我看完了你写的《没有钮扣的红衬衫》时,我哭了。我感到,安然就是我呀!平常,我总认为没有人理解我,但现在我认为有一个人理解了,那就是您——我最尊敬的铁凝姐姐。"许多与安然年龄相仿的中学生读者给铁凝写信说他们就是安然,许多成年读者也纷纷对铁凝诉说他们是多么留恋那曾经有过的"安然时光"。

缪俊杰认为:"在新时期文学中,《没有钮扣的红衬衫》具有独特意义。……它突破了'改革文学'的一般模式。它不写改革本身,而是写改革时代反映在人的心灵上的对陈腐观念和旧传统的反叛意识、改革意识。而这种新观念和新意识是通过一个处于幼稚和成熟的交汇点上的少女安然来体现的。时代大潮对于人的心灵的震动也就显得更加有声有色。十六岁的女学生安然是一个全新的人,她没有传统的精神负担,她天真、单纯、坦荡,对世俗的观念采取了公开的挑战。……她的性格是进攻的性格、反叛的性格,她是对中国妇女那种顺从驯良以及忍受的性格的反叛。"[1]

1989年出版的《中国当代文学》(第3册)对这部小说作如下表述:

> 《没有钮扣的红衬衫》以较大的生活容量和思想容量,把眼前急剧变化的生活方式和价值观念,集中到十六岁的中学生安然身上,以敏锐的艺术触角发现她身上蕴含的美好素质……她同老师、同学、父母、姐姐的一系列矛盾纠葛,集中表现出生活中新的力量同旧的价值观念的较量。安然是新时期文学中一个富于童贞美和时代色彩的形象。[2]

《新华文摘》第5期、《小说月报》第6期、《中篇小说选刊》第5期(附创作谈《我爱,我想》)、《作品与争鸣》第7期转载,入选《1983年

---

[1] 缪俊杰:《论铁凝的艺术世界》,《评论选刊》1987年第6期。
[2] 华中师范大学《中国当代文学》编写组:《中国当代文学》(第3册),上海文艺出版社1989年版,第277页。

中篇小说选》（第一辑）①、《中国百年文学经典文库　1949—1995　中篇小说卷3》②《中国新文学大系　1976—2000　第9集　中篇小说卷1》③等数十种作品集。

小小说《意外》刊《云冈》第2期。

陈冲的文章《一个动人心弦的主题：读铁凝等人的几篇作品有感》刊《莲池》第2期。

4月14日　晓江的《铁凝和她的创作》刊《中国青年报》。

4月20日　儿童文学《红气球》刊《中国少年报》。后收于《1983全国儿童短篇小说选》。④

5月5日　李卫民、郝建军的采访《获奖之后：访〈哦，香雪〉作者铁凝》刊《文学报》。

6月3日　《洗桃花水的时节》刊《人民日报》。《美与时代》1997年第3期、《散文选刊》2008年第9期、《文苑（经典美文）》2014年第7期转载。入选《十年散文选》⑤《中国乡土文学大系　当代卷　上》⑥《人民日报60年优秀散文选》⑦《百年中国经典散文　青春卷》（上）⑧等数十种文集和学生读本。

6月28日　创作《我爱，我想》。铁凝说："生活中，最能打动人心的是真诚。文学作品中，最能够打动人心的，也是作者的真诚和那些真诚的发现。"后与《没有钮扣的红衬衫》一起刊《中篇小说选刊》1983年第5期。

6月　《踏踏实实地走下去》刊《小说选刊》第6期。

---

① 人民文学出版社编辑部编：《1983年中篇小说选》（第一辑），人民文学出版社1984年版。
② 谢冕主编：《中国百年文学经典文库　1949—1995　中篇小说卷3》，海天出版社1996年版。
③ 王蒙、王元化总主编：《中国新文学大系　1976—2000　第9集　中篇小说卷1》，上海文艺出版社2009年版。
④ 新蕾出版社编：《1983全国儿童短篇小说选》，新蕾出版社1984年版。
⑤ 吴泰昌主编：《十年散文选》，作家出版社1986年版。
⑥ 刘绍棠、宋志明主编：《中国乡土文学大系　当代卷　上》，农村读物出版社1996年版。
⑦ 人民日报文艺部编：《人民日报60年优秀散文选》，人民日报出版社2009年版。
⑧ 林非、李晓红、王兆胜选编：《百年中国经典散文　青春卷》（上），内蒙古文化出版社2009年版。

7月6日　在保定创作《穿过大街和小巷》。

7月26日　胡永年的文章《展示生活固有的复杂性——读铁凝的中篇小说〈没有钮扣的红衬衫〉》刊《人民日报》。文章指出，安然的形象有较多理想化的色彩，而安静的形象却显得更为真实。安静形象的成功塑造，大大深化了作品的主题，增加了作品的容量。

7月　短篇小说《东山下的风景》刊《长城》第3期。

9月18日　白烨文章《评铁凝的小说创作》刊《人民日报》。文章指出："铁凝已经开始形成自己的创作风格了。她的作品多着眼于日常生活和普通人物，而且常常能发人所未发之蕴，道人所未道之意。她不以故事的离奇和情节的跌宕取胜，而以对生活现象的细致观察和独到感受引人。她追求一种真诚地面对读者的情感交融，……人们从作品中看得见她那热爱生活、探求生活的赤诚的心。她很注意作品的韵致和情调，讲求一气呵成之中又有波澜起伏，讲求单纯中含委婉，质朴中孕丰富；她的作品的语言，简洁而流丽，真切自然中往往流露出一种动人的诗意。"

9月　《穿过大街和小巷》刊《莲池》第5期。

《访青年作家铁凝》刊《文学知识》第5期。

9—11月　创作《远城不陌生》。小说中做过知青的女大学生郁南妮单纯、真诚，对历经苦难的已婚男性苏怀胄从同情产生爱情，最终因苏怀胄的自私、虚伪而分手。

据河北作家陈冲披露，这一时期铁凝因《渐渐归去》等作品招致批评，创作压力大，这篇小说写得很苦，经常哭泣，人也明显地消瘦、憔悴。[①]

10月　《真诚地去寻找真诚》刊《长城》第4期"作家谈创作"栏目。

11月　在保定创作《六月的话题》。

12月　创作短篇小说《月亮伴星星》。

创作短篇小说《构思》。

[①]　陈冲：《铁凝印象》，《文汇月刊》1985年第5期。

本年度重要研究论著

孙犁、成一：《孙犁、成一谈铁凝新作〈哦，香雪〉》，《青年文学》第 2 期。

王蒙：《漫话几个作者和他们的作品》，《文艺研究》第 3 期。

胡永年：《展示生活固有的复杂性——读铁凝的中篇小说〈没有钮扣的红衬衫〉》，《人民日报》7 月 26 日。

白烨：《评铁凝的小说创作》，《人民日报》9 月 18 日。

毅歌：《别有一种韵致——评铁凝中篇小说〈没有钮扣的红衬衫〉》，《光明日报》6 月 2 日。

顾传菁：《委婉动听的青春之歌——读〈没有钮扣的红衬衫〉》，《文学报》6 月 2 日。

杨世伟：《美——在于真诚——读〈没有钮扣的红衬衫〉》，《文学评论》第 5 期。

雷达：《敞开了青少年的心扉——读铁凝〈没有钮扣的红衬衫〉》，《十月》第 4 期。

陈冲：《一个动人心弦的主题：读铁凝等人的几篇作品有感》，《莲池》第 2 期。

洁泯：《平凡中的奇异——评〈没有钮扣的红衬衫〉》，《作品与争鸣》第 7 期。

成志伟：《赞赏之余的感想——读〈没有钮扣的红衬衫〉》，《作品与争鸣》第 7 期。

燕桥：《年轻作家的佳作——读铁凝的中篇〈没有钮扣的红衬衫〉》，《文谭》第 9 期。

1984 年　27 岁

1 月　《生活的馈赠——兼答青年文学爱好者诸友》以及陈丹晨的文章《天真的，单纯的，真诚的……——记铁凝的创作》刊《萌芽》第 1 期。《中国现代、当代文学研究》第 1 期转载。

《远城不陌生》刊《小说家》第 1 期。5 月下旬，铁凝在给记者李杨杨的信中谈到这篇小说时说，"我深知小说存在着很多缺点，如主干还欠挺拔，结构也散了些等等。第一次驾驭这样的题材，笔下完全是另一批人物，我遇到了很多困难，但我觉得重复别人和重复自己都是没意思的。我不愿意避难就易，一个鼓点地敲下去，所以明知会出现这样那样的缺点，我还是愿意不断试试"[1]。顾传菁认为"这部作品在艺术上缺少《哦，香雪》和《没有纽扣的红衬衫》的那种匀净、和谐，写得有些艰涩、松懈。城与乡、今与昔的连结也显得生硬。然而在表现感情的苦涩、人生的酸楚和对苏怀胄复杂性格的剖析方面，作出新的尝试。这种尝试对她以后作品中表现更为沉重的生活和庞杂的人生是有益的"[2]。

创作《套袖》，记述了与孙犁的三次会面。

陈映实的采访《通向艺术王国的天地：访青年作家铁凝》刊《长城》。

李子云《致铁凝——关于创作的通信》刊《当代作家评论》第 1 期。

---

[1] 李杨杨：《铁凝》，阎纯德主编：《20 世纪中国著名女作家传》（下册），中国文联出版公司 1995 年版，第 512—513 页。

[2] 顾传菁：《铁凝论》，《第一个读者》，百花文艺出版社 1992 年版，第 244 页。

论文认为铁凝在短篇小说集《夜路》中写得最多最好的是如她自己一样的、似解人事又非全解人事的插队的知识"少年"。到了《哦，香雪》和《没有钮扣的红衬衫》，铁凝开始多方面地、有层次地解释小说人物的行为、行为的动机与心理状态，特别是他们与周围环境、与时代的联系，开始将"小"题材、"小"人物、"小"事件楔入时代的动脉，使读者从中感受到祖国正在发生的变革。论文还指出，《没有钮扣的红衬衫》的成就还体现在塑造了"妈妈"这个复杂的职业妇女形象。而小说在塑造安然和父亲时，存在着过分铺排的问题，令人感到过于堆砌。

2月14日（农历正月十五） 完成中篇小说《村路带我回家》。

2月29日 《套袖》刊《文汇报》。

2月 中短篇小说集《没有钮扣的红衬衫》由中国青年出版社出版。

短篇小说《六月的话题》以头条位置刊《花溪》第2期。这是一篇介入社会生活、批判腐败的"问题小说"。同期刊登雷达的《铁凝和她的女朋友们》和顾传菁的《她有一双爱探究的黑眼睛——记铁凝》两篇评论文章。

雷达在《铁凝和她的女朋友们》中指出：铁凝小说的艺术特点，在于铁凝喜欢把诗歌、散文的因素融化到小说里，形成一幅意境深邃的画面；她不长于冷静的客观描写，而偏重于主观感受的诗意抒发；她不善于写政治、经济内容浓厚的现实关系，而善于写道德和情感范畴的微小波澜。他期望于铁凝的是，"在关注灵魂的同时关心大千世界的沉浮变化，在钟爱'真诚'的同时更加钟爱'真理'，树雄心，立壮志，向大手笔学习，把广阔而巨大的生活波澜攥到你的小手心里"。顾传菁的《她有一双爱探究的黑眼睛——记铁凝》回顾了铁凝的创作历程，指出"铁凝给我印象最深的是，她对艺术的那种锲而不舍的追求精神，她的创作态度严肃，不为发表而发表。她的作品不趋时，不赶浪头，坚持写出自己对生活的独特观察和感受"。

4月 《构思》刊《人民文学》第4期。

《月亮伴星星》《我的小传》刊《文学青年》第4期。

在保定—北京—上海的行程中完成了中篇小说《不动声色》。小说通过三位青年业余画家的创作和生活，表达了年轻一代的困惑和追求。同时，小说还通过他们关于画画的争论，传达了铁凝对新时期艺术创作的理解："我们有些画家一画农民，过分注意刻画历史在他们身上遗留下的痕迹，忘记了由于物质、文化生活的改变，他们身上那些生理特点的改变。具体到这双手，我觉得应该多注意分析它们的内在感情。它们是解放了的，动态应该松弛、自如，不必要过分强调它的笨拙和僵直。"铁凝还写道："在一幅优秀作品面前，我们看到的往往不是技法，而是画家笔下的形象，形象里渗透着画家对人生、自然和社会那种独到体味。"①

5月11日 林伟平的采访《真诚地写了同代人：访青年女作家铁凝》刊《新民晚报》。

5月 在温州参加《青年文学》编辑部组织召开的顾问会议，参观柳市商品基地等。后提前结束会议行程，飞回河北参加省中青年文学创作座谈会。

河北省中青年文学创作座谈会在华北油田召开，全省一百多名重要作家出席，被称为"任丘会议"。这次座谈会成为河北文学发展史上的一次重要会议。铁凝在会上发言时谈到，作为一名青年作者，在写作中常有一种鬼祟感。她的发言引起了领导同志的重视。河北省主管文教的高占祥书记提出了河北文学有一个"松绑"的问题，要给作家的心情"松绑"，也要给文学创作"松绑"。②

在座谈会上，高占祥书记倡导作家要积极投入伟大变革的激流中去，并介绍了河北省改革家武宝信③研创"特效暗疮粉刺露""皮肤增白露""亮肤露"的事迹。当铁凝听到患者和群众因使用"三露"容光焕发，武宝信的儿子却因误食试验药品而中毒，患再生障碍性贫血时，她被深深感

---

① 铁凝：《不动声色》，《小说界》1984年第4期。
② 贺绍俊：《铁凝评传》，郑州大学出版社2004年版，第79页。
③ 武宝信（1940— ），河北人，三露化妆品发明人，北京大宝化妆品有限公司创始人，大宝化妆品专利持有人。曾任北京三露厂厂长、涿州森宝日化有限公司董事长等职。

动了。铁凝会后病倒，暂时搁置了对武宝信的采访。

6月6日 在北京参加《青年文学》首届"青年文学创作奖"授奖活动。活动期间，获奖作者还听了中国社会科学院中国工业经济研究所所长蒋一苇作的关于工业经济改革的形势、中国科技情报研究所所长林自新作的迎接新技术的挑战的报告，部分作者还看望了沙汀、姚雪垠等在京的老作家，并与阎纲、崔道怡、陈丹晨、吴泰昌、雷达等20余名评论家见面。

6月下旬 铁凝到育青石化厂采访，并在此后的日子里紧跟改革家武宝信的工作行程，完成了报告文学《美从东方来》。"她差不多是在'半死'的状态里把它写完的，然后，为了发表，她又得去奔走，背地里流泪，或差一点当着省委书记的面流泪。直到省委书记说，可以发表，直到稿子送到编辑部，她再也支撑不住，垮了。"①

6月 《六月的话题》在《小说选刊》转载。

7月10日 创作散文《我从南方回北方》，记述了本年5月她在温州参加《青年文学》编辑部的顾问会议、参加河北省中青年文学创作座谈会并采访改革家武宝信、创作报告文学《美从东方来》的活动。

7月19日 散文《我从南方回北方》刊《中国青年报》。

7月 《村路带我回家》刊《长城》第3期，《小说月报》第8期转载。小说表现了一个原本"随大流"的女中学生乔叶叶下乡插队，在农村结婚、生女，丈夫病故。但是在知青返城的历史大浪潮中，她却选择继续留在农村生活的故事。铁凝说："乔叶叶是一个由于生活目的模糊，其形象才变得更清晰、更具体的人，这本身就仿佛是个难以解决的矛盾。"② 贺绍俊指出："乔叶叶从最初懵懵懂懂地与农村接触，到逐渐热爱起农村的生活，她把农村当作了自己真正的'家'；从最初懵懵懂懂地不懂爱情，到最终领悟到爱情是属于最个人性的东西，它不以公共的价值为标准，只以个人内心的认同为归宿，……乔叶叶与扎根派有本质的不同，这

---

① 陈冲：《铁凝印象》，《文汇月刊》1985年第5期。
② 铁凝：《李羚带我"回家"》，《女人的白夜》，江苏文艺出版社1996年版，第283页。

种不同就在于，乔叶叶恰恰没有被赋予意识形态的色彩，她确实留在了农村，但她既不是为了某种理想，也不是怀着某种志向，总之她的留下没有推演出一个宏大叙事。……对于评论家来说，乔叶叶这样的人物，其思想内涵太模糊不清，不知是应该对她加以热情的讴歌和礼赞，还是应该惋惜地施以批评。这样的人物形象在那种轰轰烈烈的人物画廊中，显得面目不清，其性质也是模棱两可。但是，公正地说，幸亏铁凝在乔叶叶这个人物身上留下了'缺陷'，正是这种'缺陷'，使她与当时的知青文学潮流保持了距离。"①

赵园认为《村路带我回家》是"写知青历史的上乘之作"，她指出："《村路带我回家》写乔叶叶留在东高庄，在已无须'扎根'的时候扎根，那想法正因简朴到极点而动人。'东高庄的柴草灰味儿'，'初秋时节庄稼地里散发出的那种清甜味儿'，是这个生命渴望着呼吸的。只是在其他过分耀眼的'意义'剥落之后，这层属于'个人'的朴素意义才得以呈露出来。小说由写政治化的知青生活着笔，却写出一个'化外之人'因懵懂天真而保有了天性自然。"②

《不动声色》刊《小说界》第 4 期。次年《中篇小说拔萃》第 2 期转载。

日本大修馆出版的杂志《中国语》7 月号刊登了松井博光翻译的《哦，香雪》，这是铁凝作品最早的日译本③。

调入河北省文联，成为专业作家。

在河北省第四次文代会上，当选为河北省文联副主席。

8 月　创作《我感谢冀中平原的青纱帐》。次年刊《人物》（妇女增刊），收于《文化界名人自述》。④

9 月　中篇报告文学《美从东方来》刊《长城》第 5 期，次年《报

---

① 贺绍俊：《铁凝评传》，郑州大学出版社 2004 年版，第 24—25 页。
② 赵园：《地之子——乡村小说与农民文化》，北京十月文艺出版社 1993 年版，第 293—294 页。
③ 宋丹：《铁凝作品在日本的译介与阐释》，《小说评论》2017 年第 6 期。
④ 张继华主编：《文化界名人自述》，群众出版社 1993 年版。

告文学》（选刊版）第 2 期转载。

短篇小说《大事常起于小节》刊《鸭绿江》第 9 期。

完成短篇小说《杯水风波》。

开始创作《银庙》。

11 月 17 日　给女作家李纳回信，回复丁玲向铁凝约稿的事。后以《女性在创业上的艰难——复老作家李纳的信》为题刊《中国》1985 年第 2 期。

12 月　中篇小说《红屋顶》由宁夏人民出版社出版。

在中国作协第四次会员代表大会上当选为中国作家协会理事，成为该协会有史以来最年轻的理事。海内外的许多报纸都进行报道。

本年　铁凝搬进了保定市新建的高知楼，保定市长田福廷通知铁凝去房管局办手续。铁凝的新居比原来的住处条件好出许多，虽不十分宽敞，但胜在空气清新、安静适宜。铁凝后来的大部分小说都在此写成。铁凝的这次搬家曾有几家报纸做过报道，以至于有些省份的青年作家在住房问题上就依据那些报纸，说他们那里应以保定市给铁凝的条件为标准。

由《没有钮扣的红衬衫》改编的电影《红衣少女》，由峨眉电影制片厂拍摄，陆小雅执导，在公映之前，摄制组带着拷贝从成都赶到保定来答谢。盛况空前。

铁凝在一家医院里实习，体验生活。她当了护士，还参加过一场长达七个小时的骨外科大手术。她像所有的医护人员一样按时上下班，参加她感兴趣的一切活动。

当陈映实找她组稿时，她刚从手术室出来，她赞叹地描述着主刀医师在手术前的风采，认为只有那时才能充分彰显一个外科医生的气质。谈到体验生活，铁凝说她喜欢在自然的状态下，与大家平平常常地生活在一起，靠自己的眼睛去观察，唯其大家都毫无矫饰，彼此才能看得真切。天长日久，脑子里就确实存储了一些新的人物、新的矛盾。陈映实借机向她提出了许多文学爱好者对铁凝的成功的困惑，认为她年纪轻，生活经验少，却写出了很成功的作品。铁凝说她始终确信，生活的源泉是创作的生命力所在,既要重视不断地开拓自己的生活领域,扎扎实实地深入进去,更要重视主体感受能力和审美情绪的锻炼和培养,以求做到在生活中确有自己的发现。①

本年度重要研究论著

李子云:《致铁凝——关于创作的通信》,《当代作家评论》第1期。

陈丹晨:《天真的,单纯的,真诚的……——记铁凝的创作》,《萌芽》第1期。

陈映实:《通向艺术王国的天地:访青年作家铁凝》,《长城》第1期。

冯健男:《天真无邪和新人成长问题——再谈铁凝的小说创作》,《当代文坛》第2期。

刘强:《改革潮流中的觉醒与追求——评铁凝的新作〈村路带我回家〉》,《文学报》11月8日。

周介人:《艺术的生活化——由〈穿红衬衫的少女〉引起的议论》,《电影新作》第4期。

雷达:《铁凝和她的女朋友们》,《花溪》第2期。

顾传菁:《她有一双爱探究的黑眼睛——记铁凝》,《花溪》第2期。

顾传菁:《是生活给她的馈赠——略论铁凝的小说创作》,《长城》第2期;《中国现代、当代文学研究》第8期转载。

谢大光:《铁凝和她的父亲》,《广州文艺》第11期。

---

① 陈映实:《铁凝及其小说艺术》,河北人民出版社1990年版,第54—55页。

1985年　28岁

1月　创作散文《就这样走着，劳作着》。

完成短篇小说《银庙》《灯之旅》。

《哦，香雪》由天津人民美术出版社出版。

《文学给予我的》收于《专家作家谈语文学习》。铁凝说自己在"文化大革命"十年中，"很虔诚地首先学会了写批判稿，即那种'愤怒体'文章；继而又学会了写'颂歌体'文章，诸如'东风浩荡传喜讯，红霞万朵表忠心'之类；在我的日记本里，现在还可以翻出当自己感到不忠时所写的'忏悔体'文章"。就是在这样的日子里，她读到了罗曼·罗兰的《约翰·克里斯朵夫》等一些残破不全的中外名著，阅读"唤起了我对文学的爱恋之情。……读书不仅开阔了我的视野，弥补了当时学校教学的空虚，更重要的是，书引导我也有意识地注意起了周围的生活，我也想去了解和表现生活中的人"①。

创作《自由与限制同步》，讲述了自己在不同时期对文学创作的理解。徐光耀最初"暗示了我文学和限制的关系——那时正盛行'三突出'（突出正面人物、突出英雄人物、突出典型的英雄人物）的创作原则。限制就是希望我把那些自由的想象，限制在'三突出'的创作原则里。虽然他并不相信文学还需要一种什么政治模式来加以限制"。铁凝后来从孙

---

① 铁凝：《文学给予我的》，陈涛、张东焱、王晨：《专家作家谈语文学习》，语文出版社1985年版，第268—269页。

犁的作品以及孙犁给她的书信中，"认识和领悟到文学中一些带根本性的问题，也认识到文学创作上的自由状态，正是懂得运用限制的结果。孙犁老师在创作中对自己严格到近乎苛刻的限制，使作品达到了那种自由境界"。

2月1日 创作《请你相信》。后刊《女子文学》第4期。

2月10日 《我的村路》刊《青年评论家》。

3月16日 创作《渴望勇敢》。

中篇小说《没有钮扣的红衬衫》获第三届全国优秀中篇小说奖。

《六月的话题》获1984年全国优秀短篇小说奖。后被改编为电视短剧。

3月31日 与张守仁同去南京参加中国作家协会举办的颁奖大会。同行的还有河北获奖作家陈冲和《十月》杂志女编辑侯琪。

等到10点，我远远看见亭亭玉立的铁凝，留着一头浓密长发，外穿一件紫红色风衣，提着一只小皮箱，兴冲冲笑着走过来。七年前的女战士打扮，已变成风度翩翩、衣着时髦的青年作家了。会齐了，我们匆匆上了火车。安顿下来之后，铁凝请我们吃话梅、巧克力糖。火车过了长辛店，离开了北京地界，铁凝望着河北平原上的西山，突然对我们说："嗨，什么时候，我带你们到涞水县山中看元宵节灯会。那是土灯会，不是洋灯会，可好看啦。有一次我一直看到半夜，还恋恋不舍。"我眺望着西边黛色的群山，问她："那里是不是《哦，香雪》的故事情节发生的地方？"铁凝说："是的。1980年我到涞水县大山拥抱的穷村苟各庄深入生活，一下火车，看到那里土地的贫瘠、村子的破败。生活了一段时间，后来我写了《哦，香雪》，写村里从未出过大山的女孩子，每天晚上像等待情人一样等待村口只停一分钟的火车。"[①]

---

① 张守仁：《看着铁凝一路走来》，《星火》2017年第2期。

3月 散文《自由与限制同步》刊《青春》第3期,《中国建设》第5期转载。

《银庙》刊《人民文学》第3期。小说表现了"文化大革命"中处境不同的人们的不同心态。

《杯水风波》刊《北京文学》第3期。

由《没有钮扣的红衬衫》改编的电影《红衣少女》在全国上映,引发了社会各界的热烈讨论。《大众电影》等刊物组织了专门的讨论,一些报纸特为这部作品开辟专栏供读者畅所欲言,多家电台也连续播出小说。甚至南方一些城市的服装店门口高悬着招牌,上写"安然服已到货!"。

罗燕(电影《红衣少女》中姐姐安静的饰演者)在《上海戏剧》第2期发表《初会〈红衣少女〉原作者铁凝》。文章说她在铁凝家中"首先看到的就是琳琅满目的书和奇特的工艺品占满整个简易书架,形成了一堵书墙,其余的墙壁则全是由她父亲的画来占领(影片中出现的绘画作品《吻》,就是出自她父亲的笔)。我想,一个人的审美意识不仅表现在其作品中,还将表现在其生活中:衣着、发式、家庭布置等。铁凝家的强烈文学艺术气氛给了我及我们全摄制组一个鲜明的印象。以至于我们的美工师就以此为基础来设计影片的室内景。而我,竟全部借去了她写字台上的'小道具',去布置我那影片中的'编辑室'"。她们一见如故,像老朋友一样海阔天空地谈文学、电影、人生、未来。

导演陆小雅说:"我一直认为,它虽然写的是中学生,但这是个社会题材。它有巨大的思想容量,将要传达出丰富的社会信息。"她直觉地感到她和铁凝以及铁凝的作品有某种艺术气质的相通,因此,她能够改编好铁凝这种具有散文诗般韵味并在平淡生活气氛中饱含哲理的作品[1]。

黄式宪认为:"《红衣少女》采取了一个极其平凡、平易的视角,却把现实与历史联系着做了深入的发掘。难得的是,它带着新生活特有的韵律和诗情,着意刻画了安然这个血肉丰盈又富于现实深度的社会主义新人

---

[1] 陆小雅:《〈红衣少女〉创作后所思所想》,《当代电影》1985年第4期。

形象。说这部影片把中国电影复兴的新潮向前推进了一步，我以为并非溢美之词。"① 桑弧认为："《红衣少女》同时获得金鸡奖、百花奖和文化部优秀影片奖，可以说是一个重磅炸弹。它震撼了整个影坛，也震撼了男性的同行，使他们意识到面临着严重的竞争和挑战！"②

对这部影片也有一些批评的声音。比如武其刚认为，电影把安然塑造得"一贯正确"。她纠正语文老师的错字，指出妈妈译错的字，对油画《吻》的理解超过了油画专业的爸爸，思想境界超过了姐姐，把安然塑造成了一个八十年代的超人。③ 王志超、许墨林也指出，"安然过于成熟，过于完美，过于深沉，是个净化了的人物……在她身上似乎有一种超凡的、思辨性的哲人气质，完全不像个'十年动乱'后，生活在那种家庭，有那样的爸、妈和姐的少女"。影片为了突出安然，还有意无意地使其他人物"失真"。④

春 创作《四季歌》。小说以一对男女青年从恋爱到分手的故事作为载体，表现了铁凝对于爱情、婚姻中的道德、伦理的认识和观念。

4月1日 到达南京，参加全国优秀文学奖颁奖大会。住在江苏省委招待所，与高级记者孟晓云同住。张守仁在他的文章里回忆道：

> 那时南京多家电影院里正在上演根据《没有纽扣的红衬衫》拍摄成的电影《红衣少女》。《扬子晚报》《新华日报》等报刊的文娱记者们蜂拥而来，都想采访铁凝。看过电影的中学生们也渴望前来一睹青年女作家的风采。铁凝成了被追逐、被包围的对象。她想方设法找地方躲起来，回避他们。她对我说："当我处在包围之中，说着应酬话，我会感到空虚和惶恐；而当我独自闲处，或和朋友们无拘无束

---

① 黄式宪：《新人形象与新生活的韵律——评〈红衣少女〉》，《文艺研究》1985年第3期。
② 桑弧：《从〈红衣少女〉谈到中国女导演群的崛起》，《电影新作》1985年第6期。
③ 武其刚：《树起一个人　踩歪一大群——〈红衣少女〉观后感》，《电影评介》1985年第7期。
④ 王志超、许墨林：《灰调子中的红衬衫——评影片〈红衣少女〉》，《电影评介》1985年第9期。

地聊天，我就感到充实。"

铁凝为了躲避记者们的追逐、围堵，便约我到四楼无人的房间谈她正在构思的《玫瑰门》。她小时候因父母去了五七干校而被送到北京西城区外婆家生活了几年，熟悉了四合院和胡同里人们的日常习俗。她跟我细说了她外婆的为人、她几个亲戚的性格、那时居委会干部的工作方式、邻居高级知识分子的生存状态以及"文化大革命"中北京胡同里特有的那种政治氛围，一共谈了两个多小时。我听了她的详谈，对她说："你当时年纪小，是个小女孩，所以人们对你不设防，能在你面前敞开心扉，袒露自己心灵里的秘密。这是你熟悉的人物、你熟悉的生活。作家只有写她最熟悉的东西，才能出彩，才能成功。不过你谈的，只是地面上的树干和枝叶；在地下，还有树根和蝼蚁，还有繁密复杂的根系。你必须作反方向挖掘，作品才能有深度和厚度。"她听着，让我停下来，拿出硬面黑色笔记本，把我刚才的话一一认真记下来。她说："您的话对我有启发，我要好好考虑。我往往有了点感想，就紧紧抓住它，一点点延伸、丰富，设想情节会有这样、那样的发展，最后就出现了大致的走向和作品的结局。"

……

在南京逗留期间，我记得铁凝因不久要出访美国，故到购物中心买了几件漂亮的时装。她还请我、陈冲、侯琪、孟晓云到新街口金陵饭店兰圃西餐大厅吃中饭。我们在散发着兰花幽香的舒适环境里，接受身穿米色西服的女服务员周到的服务。当晚，我和铁凝在招待所举办的盛大联欢会上，跳了几支奔放、欢快的华尔兹。那时铁凝是个28岁的年轻姑娘，朝气蓬勃，精力充沛，肢体富有弹性，步伐轻盈，舞姿优美。我带着她，她跟着我，配合默契，前进后退，左旋右转，随着节奏，连绵起伏，跳得铁凝的长发向外飘扬起来，她身穿的裙子像喇叭花似地绽放。我们欢笑着，旋转着，跳得满场飞舞，不知疲倦地转了一圈又一圈，一圈又一圈，酣畅淋漓地享受着抑扬顿挫的舞曲之美。①

4月2日 中午,铁凝在金陵饭店的兰圃西餐厅请客,在座的有张守仁、陈冲、侯琪和孟晓云。

晚上,孟晓云和王南宁、理由到金陵饭店的旋转餐厅领略南京之夜,铁凝留在招待所的礼堂看了昆剧《牡丹亭》,为女主人公的命运落泪。她由此感悟:"古今中外,一切女人都有一种奉献精神。"

夜深了,她披着孟晓云的毛外套,坐在被窝里,将稿纸摊开,为《文汇报》赶写《今后的日子》。这是她的获奖感想,她表示"今后的日子开始了,我愿把我的日子认真、实在地奉献给我们美好的时代,愿意接受由此而来的更严峻的考验和挑战"。

会议的第三个晚上,《儿童时代》的编辑何凌云来到铁凝和孟晓云的房间,对铁凝说,她看《红衣少女》时哭了,还讲了一个男孩子的故事:"有个农村的男孩,班里推荐了一些同学参加区的少年科技制作比赛,名单里没有他,他很失望,又很相信自己有这方面的才干,于是他回到家里,对妈妈说,他被学校选中了,又被区里选中了,现在要参加县里的比赛了。他在家里的地位立即发生了变化,过去人们看不起他,而现在把他视若珍宝。这孩子自己也陶醉了,他的心灵得到了满足。我真想写写这个孩子,但能力有限,铁凝,还是你来写吧!""太深刻!"铁凝叫起来:"我要写一部小说绝不仅仅是给孩子,它反映我们整个社会人们的一种心态,每个人都愿展现自己的价值……"铁凝睡不着,开始构思小说的结尾:"事情败露之后,父母该怎么样呢?"铁凝被何凌云的故事打动,快到凌晨一点了还在思考。

就餐时,《上海文学》的一位女编辑告诉铁凝,她的17岁的女儿特别喜爱铁凝的小说,尤其是《红衣少女》这部影片。铁凝很感激,拿出小本子,为自己的小读者写了两句话:"让我们真诚的生活。你热爱生

---

① 张守仁:《看着铁凝一路走来》,《星火》2017年第2期。

活,生活也会热爱你。"

铁凝不止一次地对来访者说:"写《没有钮扣的红衬衫》是受妹妹的启发,但写的并不是妹妹,而是多种人的综合。""我羡慕他们的真诚,毫不掩饰地直面人生。我们这批大青年已渐渐失去了这可贵的东西。我又担忧,社会将把他们塑造成什么样,社会对这批人是不够关心,也不够重视的。""我不认为我写了一个中学生的题材,我是为社会写的,从家庭这个窗口可以望到社会。"①

会议最后一个晚上,张承志到她们房间聊天到深夜。他向她们推荐了北京出版社的《梵高传》和梵高的作品,他说《哦,香雪》有一种天籁感,最后那结尾像是上了年龄人的手笔。他谈到自己的创作感受时,铁凝和孟晓云都流泪了,为他的创作的真诚和他创作的痛苦。铁凝说,"没有痛苦的人是不完整的","和张承志相比,我感觉到自己肤浅。他使我知道,文学原来还有另一种样子"②。

4月22日　《今后的日子》刊《文汇报》。

4月27日—5月底　应美国哥伦比亚大学美中艺术交流中心主任周文中先生之邀,随同以秦牧为团长的中国作家代表团访问美国。访问期间在哥伦比亚大学、哈佛大学、斯坦福大学及国际笔会中心美国会所与美国作家、学者座谈,交流中美当代文学现状。

4月27日　在飞机上与诗人严阵讨论短篇小说时,中国银行资金部总经理高继鲁与他们攀谈起来,建议作家们写一写银行里的工作人员,在他眼里,数字也体现着感情。铁凝说她看见数字就头疼。晚饭后休息时,高经理向铁凝介绍了一种罐装加拿大健身水,苦、酸、涩、辣、咸混为一体,据说那里还有奎宁成分。铁凝被这古怪的味道所吸引,喝了一听又一听。

4月28日　下午1:17抵达旧金山机场。晚上7:40到达纽约,飞机晚点四个小时。哥伦比亚大学美中艺术交流中心助理苏珊·罗丝女士和计划

---

① 孟晓云:《你生命中那时光》,《人民文学》1985年第7期。
② 孟晓云:《你生命中那时光》,《人民文学》1985年第7期。

助手马克·兰德曼女士在机场等候。苏珊是位高个子、灰眼睛的中年妇女。她问铁凝是否喜欢《克莱默夫妇》这部电影，铁凝说非常喜欢。苏珊说："是的，它很真实，表现了许多美国人经历过的感情和大多数美国人关心的生活。"兰德曼是位年轻姑娘，栗色短发，大眼睛，曾在郑州大学学习汉语。在纽约的日子里，两位女士轮流陪他们。铁凝离开纽约时，苏珊送了她一本马蒂斯画册，还有印刷精美的梵高的《向日葵》。

莎拉·丝莉斯送给铁凝一帧她自己的单线速写画：画上是一群男女青年敲锣打鼓举着小旗，旗上写着"欢迎铁凝"。她们一起在纽约州立剧院看过芭蕾舞。

参观大都会艺术博物馆。他们在 100 分钟内"跑马观花"地参观了埃及馆、中国馆、家具馆等。

参观"作家之家"。负责人狄·高斯女士向他们介绍情况并带他们参观。两位正在写作的男诗人、两位写童话和小说的女士及一位女剧作家被邀请来和中国作家聊天。这几位先生、女士衣着朴素。他们十分关注中国作家的生活、写作情况。当他们得知中国的专业作家除了稿费收入外，每月还有固定工资时，不断发出惊叹。一位男诗人还表示要去中国当作家。午餐时，铁凝和大家一样席地而坐。

在纽约凤凰剧院看歌舞剧《梦幻女郎》，它描写了一个黑人剧团在各地巡回演出的生活，表现了美国特有的幽默、俏皮和美国民族聪明、机智和不甘失败的性格。铁凝由此想到，黑人在生活中往往很沉默，但是在舞台上却是最受欢迎的。

4 月　《请你相信》刊《女子文学》第 4 期。同期刊张驰、牛素琴文章《铁凝印象》。

《铁凝小说集》由花山文艺出版社出版，共收录了《月亮伴星星》《东山下的风景》等 12 篇短篇小说和《不动声色》《村路带我回家》《远城不陌生》3 部中篇小说。铁凝在《给马秀华的一封信（代后记）》中说："正如热情需要冷静去冶炼一样，文学所需要的那种永远的天真，恰恰是穿过沉重、艰难而又美好的生活，从成熟、严峻的思考中所获得的，它乃是人类最优美的精神之一。作家具备了这种精神，才能在困难和成功面前，在希望和失望之中，永远保持对生活的新鲜感；才能唤起读者和他一道，永远热爱生命，喜悦人生。这是我孜孜以求的。"[①] 马秀华是这本小说集的编辑，她们在4年前的中国作协河北分会文学讲习班相识。

5月1日　随中国作家代表团参观了纽约市立图书馆的东方部，用汉字编码的电子计算机搜索了秦牧、严阵、铁凝等人的馆藏著作。

在哥伦比亚大学的招待会上，铁凝简要介绍了《哦，香雪》的故事梗概。她说一群乡村少女每天晚上像等待情人一样等待在她们村口只停一分钟的一列火车。在场的人们为这小说兴奋不已。《毛笔》杂志的主编对她说："你知道你的小说为什么打动了我们？因为你表达了一种人类心灵能够共同感受到的东西。"这句话使铁凝忽然有点明白她为什么要写小说。她愿意终其一生去追求这种境界。

招待会之后，铁凝等人登上了希尔斯大厦，俯瞰芝加哥夜景。离开时，铁凝买了一枚铜质芝加哥钥匙作为纪念品。

他们还在哥伦比亚学院写作系听了一堂写作课。十几名年龄不等的学生（其中还有一位40岁左右的女人）围坐成半圆形，老师请学生讲述上次读过的一篇小说中的景物描写，考察学生们的记忆力和叙述、表达能力。学生们则一边喝着可口可乐，嚼着糖，一边上课。

5月2日　铁凝在戏剧家诺里斯·豪顿先生家里做客。头天见过面的诗人高维·吉耐尔和他的女友也来了。她一见面就对铁凝说："你的《哦，香雪》好极了。它就像一幅画一样在我头脑里不能抹掉。"

从纽约到波士顿的第二天，铁凝应邀去女商人琼·塔托女士家里做客，邻居孙鹏程父子也来和他们见面，孙鹏程的父亲孙连仲在抗战胜利后曾任国民党11战区司令，久驻保定，由保定离任后，还曾做过国民党南京卫戍总司令，现居台湾，已是96岁高龄。

在哈佛大学，铁凝一行主要听了哈佛大学"零点计划"主持人对其

[①] 铁凝：《给马秀华的一封信（代后记）》，《铁凝小说集》，花山文艺出版社1985年版，第401页。

研究项目的介绍,这是一个研究人的艺术思维过程的机构。他们参观了哈佛大学的哈佛—燕京学社图书馆,并在自己的著作上签名。铁凝签名的书籍是她的第一本小说集《夜路》,和原书不同的是,这是精装本,深蓝色布面烫金字。馆长吴文津先生解释说,国内的书一般为简装,馆里收藏时,便将所有简装本都做成精装本。

参观波士顿灯塔山图书馆。这是一家私立图书馆,阅读厅内安置着各式各样的沙发,从软椅、躺椅到华丽的锦缎卧榻,使读者能舒适地读书。铁凝由此感慨,无论是美国人的"榻上读",还是中国人的"头悬梁,锥刺股",都需要一种精神来支持,也都可以读出伟大的学者。

在波士顿附近的康考德参观了纳斯尼尔·霍桑和《小妇人》的作者路易莎·爱尔克斯的故居。在参观霍桑故居时,铁凝回忆起上初中二年级时读《红字》的情景,"一副鬼鬼祟祟的样子,如在作案"。

在波士顿、芝加哥同几位中国留学生见面,忘我地学习,想念祖国,以及非凡的热情是他们留给铁凝的突出印象。史泳曾在国内工艺美术学院学习,四年前自费留美,在哥伦比亚学院学习绘画;高鹤佳是广州中山大学中文系教师,作为交换学者来哈佛;另一位哈佛留学生张爱平来自复旦大学。高鹤佳和张爱平陪铁凝他们一起游览了波士顿,分手时,二人将预先买好的彩色胶卷和望远镜送给铁凝他们。

在华盛顿参观了史密斯宇航博物馆、弗里亚东方艺术馆、赫希昂现代艺术馆、白宫、国会大厦、国会图书馆,还乘电梯登上160米高的华盛顿纪念塔。他们一行还旁听了参议院会议,并为没有时间参观杰斐逊纪念堂而遗憾。

旅途中铁凝也曾生出几分不安定,好像她也突然变为身在异邦的海外游子,在那里无休止地寻找、奔走,直到想起她终究有家要回,心中才安定下来。

5月7日 下午 韩叙大使在使馆会见了铁凝等。

铁凝还参观了芝加哥交易所。

在斯坦福大学,写作系主任约翰·拉里克斯先生陪同他们去爬了胡福塔，并把自己的小说集赠送给他们。

5月27日 要建军的采访《她在新的起跑线上：访青年女作家铁凝》刊《工人日报》。

5月 《四季歌》刊《文汇月刊》第5期。

陈冲的《铁凝印象》刊《文汇月刊》第5期。文中谈到，这一时期的铁凝爱玩儿童玩具，如电动狗和小孩推小车的活动玩具等。谈到铁凝在创作上的艰辛与生活中的情趣时，他用"锲而不舍，决不旁骛"概括铁凝对文学的执着追求。

由铁凝执笔，谢小晶、汪流合写的剧本《哦，香雪》刊《电影创作》第5期。

6月 创作《信之谜》。

电影《红衣少女》获第八届《大众电影》百花奖最佳故事片奖。

王蒙的《香雪的善良的眼睛——读铁凝的小说》刊《文艺报》第6期。他对铁凝近期的小说表示不满意："当作者仅仅运用自己的善良、纯真、机智去驾驭更繁复的生活与更宏大的体裁的时候，弱点就暴露出了。作者的两部中篇新作《远城不陌生》与《不动声色》是不能令人满意的。前者好像还夹生；后者淡化矛盾与理想化、带有人工化痕迹的故事给人以敷衍成篇的感觉。"他指出，铁凝"应该在不失赤子之心的同时，艰苦地、痛苦地去探寻社会、人生、艺术的底蕴。真正的高标准的作家的善良应该是通晓并战胜了一切不善、吸收并扬弃了一切浮浅的或初等的小善又通晓并宽容了一切可以宽容的弱点和透视洞穿了邪恶的汪洋大海式的善。真正的高标准的美是正视生活和人的一切复杂性、艰巨性的美。真正的喜悦应该是付出了一切代价、经历了真正的灵魂的震撼的喜悦。真正的艺术的天国只有通过泥泞坎坷的道路、有时候甚至是通过地狱才能达到"[①]。

7月 孟晓云的散文《你生命中那时光》刊《人民文学》第7期，记述了4月初与铁凝在南京文学颁奖大会上的一些活动。孟晓云在两年前

[①] 王蒙：《香雪的善良的眼睛——读铁凝的小说》，《文艺报》1985年第6期。

的全国三项优秀文学颁奖会上认识了铁凝。这次重逢时，铁凝留着披肩长发，鹅黄色发卡，红色风衣，淡绿西装，像明星一样被众人包围，来访者络绎不绝。文中还谈到，李国文说，女作家最好少谈自己，让人看得朦胧些好。他还对铁凝说，你或许是香雪，如果乘错了车，下来，再风天野地往回走一段就是了。

冯健男的评论《散论铁凝的十年创作》刊《河北学刊》第 4 期。

8 月 2 日 给张守仁写信，谈到她从美国回来之后，杂事一大堆。北京电影制片厂催促她对剧本《哦，香雪》作最后的修改（冬天可能开拍），同时还要尽快改出《村路带我回家》，他们也要拍。

张守仁和铁凝此后经常联系。他谈到，有一次铁凝来北京，给他带来一兜赵州雪花梨。他到装甲兵大院——铁凝的姑母家去拿。结果在归途中，他因为抓紧时间看稿子，匆忙之间竟把铁凝送他的珍贵礼物遗忘在地铁车厢里。他捶胸顿足，后悔不迭。但此事他一直不敢告诉铁凝，以免她扫兴。

8 月 《四季歌》在《小说月报》第 8 期转载。

短文《渴望勇敢》刊《小说选刊》第 8 期。

9 月 1 日 创作《豁口》。

9 月 25 日 来来的《铁凝是个铁女人：著名作家严阵眼中的铁凝》刊《青年评论家》。

9 月 《信之谜》刊《长城》第 5 期。

在人民大会堂开会，又遇到中国银行资金部总经理高继鲁。

10 月 25 日 散文《林肯中心之魂——访美琐记》刊《人民日报》。

10 月 创作《想起阿尔那张床》。铁凝在这篇文章中谈到了艺术上的百家争鸣。文中谈到有一次开会时，她和山东作家张炜争论，在座的还有李杭育、乌热尔图、郑万隆。铁凝的观点遭到他们的一致反对，当铁凝不能够说服他们时，铁凝便拍床，并模仿张炜的山东口音。后来铁凝觉得自己的举止，是一种任性和小气。

创作短篇小说《错落有致》《胭脂湖》。

11月30日　《想起阿尔那张床》刊《文艺报》。

11月　《豁口》刊《小荷》第11期。次年《小说选刊》第2期转载。小说表现了不同社会经济地位的人们的不同文化心理。

12月25日　《我愿潜入生活深处充实自己》刊《青年评论家》。

12月　创作《没有梦的旅行》，记述了5月美国之行的见闻与感想。

本年　铁凝把小说《村路带我回家》改编成电影剧本。

《红衣少女》获文化部1984年度优秀影片一等奖。

在北京新侨饭店一次文艺界的聚会上，铁凝正好坐在夏衍旁边，有些紧张。夏衍主动告诉铁凝说他很喜欢《没有纽扣的红衬衫》这部小说。后来铁凝才知道，在当年的金鸡奖最佳故事片奖评奖中，有两种不同的意见，夏衍是力主该片获奖的。

青年电影制片厂的郑洞天导演带领的《哦，香雪》摄制组在十渡选景的途中遭遇车祸，导演、演员脸部受伤，只得取消拍摄计划。

本年度重要研究论著

耕晨：《时代洪流推涌着她前进——试论〈村路带我回家〉中乔叶叶形象的塑造》，《青年评论家》2月10日。

曾镇南：《在跃向新的高度之前——读铁凝一九八四年的小说》，《青年评论家》2月10日。

牛素琴：《"善于发现自己，又善于用自己的眼睛观察别人"：记青年女作家铁凝》，《青年评论家》2月10日。

张驰、牛素琴：《铁凝印象》，《女子文学》第4期。

陈冲：《铁凝印象》，《文汇月刊》第5期。

冯健男：《散论铁凝的十年创作》，《河北学刊》第4期。

王蒙：《香雪的善良的眼睛——读铁凝的小说》，《文艺报》第6期。

任殷：《贵有灵犀一点通——〈红衣少女〉从小说到电影》，《电影艺术》第5期。

陆小雅：《我的思考——〈红衣少女〉导演阐述（摘要）》，《文艺研究》第 3 期。

张永泉：《不要把他们塑造成一种模式——评〈没有钮扣的红衬衫〉》，《河北大学学报》（哲学社会科学版）第 2 期。

陆小雅：《〈红衣少女〉创作后所思所想》，《当代电影》第 4 期。

黄式宪：《新人形象与新生活的韵律——评〈红衣少女〉》，《文艺研究》第 3 期。

桑弧：《从〈红衣少女〉谈到中国女导演群的崛起》，《电影新作》第 6 期。

武其刚：《树起一个人　踩歪一大群——〈红衣少女〉观后感》，《电影评介》第 7 期。

王志超、许墨林：《灰调子中的红衬衫——评影片〈红衣少女〉》，《电影评介》第 9 期。

1986 年　29 岁

1 月　《近的太阳》刊《人民文学》第 1 期。小说通过一个画家去草原采风，表现了草原的新形象，表达了作家对草原文化现象的反思。洁泯认为《近的太阳》"写的是人生中某一侧面的两种观念的冲突。你的别出心裁的一笔是写了两个人，画家和农场分场领导王玉，看来这两个自我，只是一个人的两面而已。因此这两种观念的冲突是一种自我冲突。对这两种观念，小说里并没有表露其是非，这就给读者留下了自己的选择。……这种自我的冲突恐怕是旨在写出人性的复杂和矛盾吧？也许正是在这种冲突中才会浮现出新的道德意识的层面来。可喜的是你的小说如同笼罩着一阵迷雾似的去表现这一情态，可以引人思索，这是小说的成功之处。我认为不足的地方，是把这一冲突的内容写得似乎太温和了，因为人性的复杂和矛盾是远比此为甚的"[1]。

2 月 21 日　《灯之旅》刊《人民日报》。小说从传统文化意识的角度对我国农村传统的灯会作了描绘。

2 月　《胭脂湖》刊《天津文学》第 2 期。

3—5 月　创作《麦秸垛》。

4 月　完成《来了，走了》。

5 月　短篇小说《错落有致》刊《中国作家》第 3 期。

---

[1] 洁泯：《洁泯致铁凝：道德意识的追求》，《人民日报》1987 年 2 月 23 日。

散文《没有梦的旅行——访美琐记》刊《小说家》第 3 期。

6 月中下旬　在北京同茹志鹃一起拜会冰心先生。

应邀赴挪威参加第二届国际女作家书展，同行作家有茹志鹃等。在该书展专为中国作家举办的"中国作家报告日"做了《中国女作家与当代文学》的演讲。并与茹志鹃、易德波（挪威汉学家、《哦，香雪》丹麦文译者）同游易卜生故居，参观了奥斯陆市立艺术馆。

铁凝和茹志鹃认识了奥斯陆大学中文系的何莫邪教授。何莫邪是丹麦人，个子不高，讲一口流利的汉语，并且很坦率。一天中午，何莫邪接铁凝和茹志鹃去他家吃午饭，并请她们欣赏他收藏的许多中国历代绘图。他们谈到了李叔同、丰子恺，分手时何莫邪教授送了铁凝一本丰子恺的《缘缘堂集外遗文》。

书展期间，铁凝曾几次在易德波家吃饭。回国前，铁凝从超级市场买回原料，在易德波家包了西红柿饺子，表示感谢。

7 月 28 日—9 月 30 日　完成《木樨地》初稿。

8 月 29 日　散文《空中朋友》刊《河北日报》。记述出国访问时在飞机上萍水相逢的刘清华。她将出国定居加蓬。

9 月 16—18 日　在石家庄参加《长城》女作者小说座谈会。铁凝、刘真、潮清、贾大山、申跃中等介绍了创作体会。

9 月 18 日　创作《色变》。

9 月　《来了，走了》《只言片语（创作谈）》刊《钟山》第 5 期。次年《小说选刊》第 2 期转载。

散文《〈四季歌〉题记》刊《散文世界》第 9 期。

《麦秸垛》刊《收获》第 5 期，《小说选刊》第 12 期、《中篇小说选刊》第 6 期、《新华文摘》1987 年第 2 期转载。获 1986—1987《中篇小说选刊》优秀作品奖。小说通过大芝娘这一农村妇女形象深刻揭示了中国传统文化的丰富性、复杂性与顽强的生命力。

谈到这部小说的创作缘起，铁凝说："《麦秸垛》是在大家都在要变的那种思潮的背景下，我也想变，想自己的作品和自己都有所变化的一个作品，所以我认为它对我自己产生了一个积极的意义。但同时，因为求变的心情太强了，这个愿望的外在的驱动力太强大了，这使《麦秸垛》在语言的叙述上，有雕琢和矫情之处。"①雷达敏感地捕捉到了铁凝的创作转变与当时的文学思潮之间的关联："近年来，我们的小说开始重视意象的创造经营，如《老井》、《井》、《红高粱》等等都是。……《井》的意象较为直捷，如果苛求，有寄寓抽象意念之病，但作为一个生气灌注的艺术整体，它的指向是对狭隘、保守、封闭的民族文化心理的批判。在意向的浑茫上，《红高粱》的成就自然是很突出的，但它的意象主要不是旨在批判，而是张扬深蕴在民间的民族伟力和英雄道德。它的郁勃的生命力是从历史中吸取的。《麦秸垛》的意象似与《红高粱》较为靠近，但它既非全然批判也非旨在张扬，它有相当的混沌性和模糊性，它既有对传统的反省，又有对生命的肯定，它的重点是民族肌体的繁衍不息，生存的痛苦和不觉其痛苦，生命的延续方式和这方式的极难变易。它的生命力是从现实中汲取的。"②贺绍俊也认为《麦秸垛》的诞生得益于大的文化背景：1986年的"寻根热"为铁凝构建这样一个人性和生命文化的中心提供了合适的土壤。铁凝虽然受到文化寻根的影响，但仍然清醒地与文化寻根保持了距离。这体现在作者着力往现实生活层面上靠。她没有像寻根派作家通常所做的那样把故事设置在蛮荒的环境中，以此去除社会化，凸显文化的原始状态，而是把故事演绎的舞台选在一个冀中平原上的村庄，一个城乡文明交结之地……以此借助文化寻根的力量对现实资源作更深入的开掘。③

缪俊杰和袁学骏都从中国的传统文化心理和对民族历史文化反思的角度对《麦秸垛》给予了很高的评价④。莫雅波则认为《小鲍庄》和《麦

---

① 铁凝、王尧:《文学应当有捍卫人类精神健康和内心真正高贵的能力》,《当代作家评论》2003年第6期。
② 雷达:《她向生活的潜境挖掘——说〈麦秸垛〉及其它》,《当代作家评论》1987年第3期。
③ 参见贺绍俊《铁凝评传》,郑州大学出版社2004年版,第87—91页。
④ 袁学骏:《谈〈麦秸垛〉》,《文论报》1986年2月21日；缪俊杰:《论铁凝的艺术世界》,《文论报》1986年3月1日。

秸垛》均是具有原始主义倾向的汇聚在"寻根"旗下的力作[1]。

后来铁凝在回答《美与时代》的记者提问时,说:"我喜欢大芝娘这个人物,源于她温暖而可靠的生命力,她的沉默和她悲悯人类的巨大包容性,如同全人类的子宫。"[2]

秋 应贾大山之约去正定。这时贾大山已是县文化局局长。他陪同铁凝在正定浏览,并给铁凝讲了许多农村和农民的故事,后来这些故事陆续变成了小说。贾大山后来在《我的简历》中写道:"一九八六年秋天,铁凝同志到正定,闲谈的时候,我给她讲了几个农村故事。她听了很感兴趣,鼓励我写下来,这才有了几篇'梦庄记事'。"

10月9日 创作《晚钟》。

10月28日 《木樨地》改毕。

11月27日 给程永新写信,简要谈及当时的文学活动和创作计划。后以《蜕变》为题收于《一个人的文学史》[3]。

11月 《女人的白夜》刊《散文》第11期。

《只言片语》《铁凝小传、铁凝主要作品目录》刊《钟山》第5期。

创作《正定三日》。

创作《近的太阳》。

12月5—6日 河北省文联在石家庄召开铁凝作品讨论会,河北省文联和作协的负责人、作家、编辑以及从北京邀请的评论家共三十多人出席。省委副书记李文珊和宣传部负责人刘惠荣、周申明等参加座谈会并发言。吴泰昌指出:"铁凝不断给人以超越同辈、超越自己的感觉;而超越又没有丢掉她的风格。她的近作显得更成熟,也更深刻了。作品的语言很有魅力,富有音乐感,跃动性很强。但铁凝的视野应该更开阔一些。童稚地对待生活是好的,真诚不能丢掉,在淡淡的追求中,增加一些震撼心灵

---

[1] 莫雅波:《"寻根者"笔下的"原始"——〈小鲍庄〉与〈麦秸垛〉的比较研究》,《重庆科技学院学报》(社会科学版)2008年第10期。

[2] 贾玉民主编:《对话:与当代文艺名家面对面》,远方出版社2005年版,第160页。

[3] 程永新主编:《一个人的文学史》,天津人民出版社2007年版。

的东西是应该的。"曾镇南在谈到铁凝短篇小说的艺术时说："在当代作家的短篇小说中,像铁凝的作品这样集中、凝炼、深邃,回味无穷,以一当十,是很难得的,独树一帜的。"① 缪俊杰认为铁凝在中国文学转折时期达到了一个新的境界,就是从政治型向社会型的转化,在小说创作上实现了三次较大的突破:第一次突破是以《哦,香雪》为代表的审美意向的转变;第二次突破体现在以《没有钮扣的红衬衫》为代表的一批小说中的现代意识的观照;第三次是以《灯之旅》和《麦秸垛》为代表的对传统文化的思考。与会者对铁凝的《麦秸垛》反响强烈,有人认为作品缺乏"史诗意识"和"悲剧意识",缺乏力度,周申明则认为,这篇作品在整体上把握生活方面是有所突破的,她把丰富、复杂的人生展现出来,显示出了深度和厚度,心理化与哲理化的趋向已经朦胧地呈现。作家思考了比政治、道德更深一层的文化传统,思考的穿透力与作品的锋芒是相联系的。徐光耀表示深有同感,他指出,铁凝真诚的创作态度,可以追溯到鲁迅、茅盾和孙犁。作家应该适应读者,然后征服读者,这关系到作家的历史使命感和社会责任感。陈映实认为铁凝的艺术视角与一般作家不同,有属于她的独特发现。宋木林也指出,铁凝不是快速地跟踪生活,而是在一时的激动之后,经过过滤,对生活得出自己的结论。李文珊最后祝愿铁凝今后的创作更勇于探索,再出佳作。铁凝表示,要立足于赋予自己艺术生命的土地,力求有更多的艺术发现,把对社会、对人生的责任感渗透到自己的"血液与灵魂"中去,不断奉献出无愧于时代的作品。

12月9日 在赵县师范学校的大礼堂做关于文学创作的讲座,不同年龄、不同职业的听众多达一千余人。

12月15日 《河北召开铁凝作品讨论会》刊《人民日报》。

12月23—27日 在中国作协河北分会第二次会员代表大会上,铁凝当选为中国作协河北分会副主席。

年末 在北京参加"我们与你们"文学晚会,这次晚会是新时期以

---

① 《河北省召开铁凝作品讨论会》,《文论报》1987年1月1日。

来中国几个年龄层的作家们最集中的一次集体露面,主要策划人和导演是张辛欣。

本年 与河北省文联六位同志到河北省定山县山区深入生活,为期一年。

在1986年前后,铁凝接到省里一位领导的来信,让她方便时到石家庄某处来。铁凝第二天就去了石家庄,在有关部门的办公室里,两位省里领导很正式地与她谈话,说她的思想还有些问题,让她检查一下她的创作思路。铁凝当时不服气,辩解说她太欢迎清除精神污染了,她的作品就是反精神污染的。当领导问她今后准备怎么办时,她表示要学习马列,要读马列的原著。领导说下午就有一个关于马列主义的讲座,问她去不去听,铁凝问,这是组织的安排还是你们的提议?领导说组织当然不能强迫,这是他们的提议。铁凝说,既然是你们的提议,那我不打算听,我还要坐火车回家呢。领导说没有其他事了,铁凝就转身走出办公楼。她在压力面前倔强地坚持自己的原则,她走到大街上,却忍不住失声痛哭起来。

> 我在街道上一边走一边哭,当时我突然想到人生竟是这样的,竟是这样无情的。坐到公共汽车上,我就非常想家,觉得我的家庭才是我的后盾,我的作品没有什么精神污染,而我的父母相信这一点。到了火车站,我看时间还充裕,就走进站边的商店,我一下看见了酸奶,我非常爱喝酸奶,我就买了两瓶,坐在那儿喝。喝完奶,我的心情也好转了。①

父亲的一位熟人给铁凝家送来一只猫。铁凝给它取名伊咪。

本年度重要研究论著

栾梅健:《安然论》,《小说评论》第1期。

---

① 转引自贺绍俊《铁凝评传》,郑州大学出版社2004年版,第79页。

杨振喜：《新的探索——评铁凝的小说〈豁口〉》，《河北日报》1月18日。

季馥兰：《"这是一首纯净的诗"——谈铁凝和她的获奖小说〈哦，香雪〉》，《语文月刊》第1期。

江岳：《读铁凝〈近的太阳〉断想》，《文论报》5月21日。

晓凡、石苇：《铁凝和她未来的歌——评铁凝小说创作兼谈批评方法的多元化》，《钟山》第5期。

艺峰：《追求和谐，但总是寂寞——铁凝小说创作论》，《当代作家评论》第6期。

曾镇南：《读铁凝的短篇小说〈灯之旅〉》，《文论报》12月21日。

白海珍等：《开掘农民的文化心理——读铁凝的中篇小说〈麦秸垛〉》，《人民日报》12月29日。

李丽莹：《论铁凝的小说创作》，《文学评论家》第6期。

1987 年　30 岁

1月1日　《河北省召开铁凝作品讨论会》刊《文论报》头版。

1月3日　《超越自己又不失去自己：河北召开铁凝作品讨论会》刊《文艺报》。

1月6—8日　散文《正定三日》刊《深圳特区报》。

1月　《长河落日篇》以头条位置刊《河北文学》第1期（创刊号），包括《晚钟》《色变》两篇短篇小说，《晚钟》在《新华文摘》第3期转载。

《色变》通过于伯伯在瞬间乍现的为了求生的轻贱一笑，揭示了"文化大革命"期间特有的社会悲剧、民族悲剧和人性悲剧。这两篇小说体现了铁凝创作风格的转变。曾镇南指出这两篇小说属于隽永的传神小品："在有限的人生片段中，浓缩了巨大的生活容量和感情容量，生发出颖悟的、警策挺拔的思想，把读者引入欲罢不能的深邃的思索回味中，这是隽永的短篇小说常常产生的艺术效果。"[1]

中篇小说《木樨地》刊《长城》第1期。《中篇小说选刊》第3期转载，附创作谈《一个人和半个世纪》。

《闰七月》刊《新苑》第1期。《小说月报》第6期转载。后收于《中国女性作家婚恋小说选》[2]。

---

[1] 曾镇南：《读铁凝的〈晚钟〉和〈色变〉》，《河北文学》1987年第3期。
[2] 朱卫国：《中国女性作家婚恋小说选》，作家出版社1988年版。

小说初稿写于1982年，但是一直放在抽屉里。直到1986年8月才拿出来修改完毕。铁凝对小说的改动，主要是将原来的悲剧结局改成了一个比较含蓄的结局。小说中的七月因为贫穷而四处流浪，先是无奈地委身他人，后因爱情而重生，改名"闰七月"，但最终被抛弃而堕落。盛英指出："七月，是铁凝作品中成功的创造。小说对她由'工具'变成人，由人又沦为'工具'的描写，极其深刻地表现了封建主义幽灵对我们民族肌体的浸濡之深，广大妇女改变传统命运之艰难，情深意切，蕴含隽永。"①

散文《我的自传》刊《新苑》第1期。

散文《夏日追忆》刊《青年文学》第1期。

创作《就这样走着，劳作着》。文中谈道："人性结构的丰富性给文学带来了说不尽的视角，也许我们只找到了万万分之一。我们应该力求发现的更多。"

马嘶的论文《谈河北小说创作的现状和前景》刊《长城》第1期。马嘶认为，铁凝、陈冲是河北小说创作领风骚的人物，他们的一些作品，已经进入或接近新时期我国小说创作的高层次。他们代表着河北小说创作的水平，昭示了河北小说创作的生机、潜力和希望。他指出："从审美意向上看，铁凝的作品接近于心态小说和'感觉意象派'，但她有着完全属于自己的独特的审美视角，她的作品写得明朗，形象也有确定性和可感性，因而含蓄但不朦胧。"

2月21日　《就这样走着，劳作着》和袁学骏的文章《谈〈麦秸垛〉》刊《文论报》。

2月23日　洁泯的《洁泯致铁凝：道德意识的追求》刊《人民日报》。

3月1日　缪俊杰的文章《论铁凝的艺术世界》刊《文论报》。

3月17日　许步东的采访《勇于追求、勇于奋斗——访青年女作家铁凝》刊《人民日报》（海外版）。《当代文学研究资料与信息》第4—5

---

① 盛英：《二十世纪中国女性文学史》，天津人民出版社1995年版，第772页。

期转载。

3月 应霍英东邀请，随作家代表团访问我国香港和澳门地区，萧军是团长。

春 初识李羚。当时李羚所在的中央实验话剧院来保定演出，父亲的老同学澹台仁慧带李羚来铁凝家做客。李羚已经成功拍摄了电影《黄山来的姑娘》，后来出演了由铁凝的小说《村路带我回家》改编的同名电影中的女主角乔叶叶。

4月27日 《三丑爷》刊《人民日报》（海外版），《新华文摘》第7期转载。

4月 连环画《哦，香雪》由中原农民出版社出版。

夏 和几位作家朋友到香港，认识了潘耀明等香港朋友。

7月 《老丑爷——〈长河落日篇〉之四》刊《百花洲》第4期。

王西彦文章《走向深广（铁凝及作品）》（附铁凝：《就这样走着，劳作着》）刊《当代文学研究资料与信息》第7期。

9月16—18日 参加《长城》女作者座谈会并在会上发言。题目是《开拓我们的心灵》。铁凝先是简要地谈了她对冯敬兰、何玉茹、边小静、陈静、宗健梅和杨蕴霞等河北女作家的创作印象，然后指出："我们没有理由不投入活生生的日子，在这样的日子里开拓我们自己的心灵；不开拓我们的心灵，我们的步子就不足以去丈量宇宙和人生。"最后，她"希望我们每一个人在自己的每一个时期都能是一个崭新的自己"。

9月 《死刑——〈长河落日篇〉之六》刊《长城》第5期。

《红衣少女——从小说到电影》由中国电影出版社出版。

10月11日 苏联汉学家托洛普采夫的《论〈铁凝小说集〉》刊《文论报》，单丽洁译。

10月 评论《寻找生命——读刘景乔、刘继忠短篇小说有感》刊《河北文学》第10期。

冬 曹靖华的儿子曹彭龄来访。铁凝送给他一本新出的《铁凝小说集》。不久，曹彭龄从北京寄来一本新版的《第四十一》。上面还加盖了曹靖华的印章。

12月　《灯之旅》收于《1986年全国短篇小说佳作集》。①

本年　当选为党的第十三次全国代表大会代表。铁凝所在的河北代表团住在北京车公庄附近的大都饭店。张守仁和《十月》编辑田增翔骑着自行车，冒着漫天风沙去看望她。

《河北文学》编辑部邀请一些作家到北方聚会，在北京火车站转车时，首次遇到河北作家、《河北文学》编辑何玉茹。当时，她满头大汗歪着身子提了一捆书，这是编辑部买来送给与会作家的。

《村路带我回家》获第二届河北省文艺振兴奖。

中篇小说《村路带我回家》改编为同名电影，由北京电影制片厂拍摄，导演王好为。

本年度重要研究论著

缪俊杰：《论铁凝的艺术世界》，《评论选刊》第6期。

王斌、赵小鸣：《〈麦秸垛〉的象征涵义》，《小说评论》第4期。

邢跃、邢小群：《〈麦秸垛〉质疑》，《小说评论》第4期。

杨子：《论铁凝的小说创作——兼谈新时期小说观念的发展更新》，《广西大学学报》（哲学社会科学版）第1期。

袁学骏：《谈〈麦秸垛〉》，《文论报》2月21日。

缪俊杰：《论铁凝的艺术世界》，《文论报》3月1日。

曾镇南：《从灶火到老万——评〈木樨地〉兼谈铁凝艺术才能特质的另一面》，《长城》第2期。

曾镇南：《读铁凝的〈晚钟〉和〈色变〉》，《河北文学》第3期。

白海珍：《她在寻找中变化——铁凝小说近作漫评》，《光明日报》4月16日。

白海珍：《色彩斑斓的艺术世界——简评第二届河北省文艺振兴奖获

---

① 上海文艺出版社编：《1986年全国短篇小说佳作集》，上海文艺出版社1987年版。

奖中篇小说》,《河北日报》9月11日。

［苏］托洛普采夫:《论〈铁凝小说集〉》,单丽洁译,《文论报》10月21日。

《当代作家评论》第 3 期 "铁凝的评论专辑":

李国文:《外行话》。

雷达:《她向生活的潜境挖掘——说〈麦秸垛〉及其它》。

蔡葵:《寓变于不变之中——铁凝近作漫评》。

吴秉杰:《爱的追求与结晶——铁凝作品印象》。

1988 年　31 岁

1 月　创作《我们与保定》，叙述了铁凝家四代人和保定的关系。

2 月 3 日　创作《浮动——〈长河落日篇〉之七》。

2 月 17 日　创作散文《申跃中的故事》。

2 月 19 日（农历正月初三）　苏联汉学家托洛普采夫来访。他是苏联科学院的研究员，研究中国当代电影和文学，熟人称他为"老托"。

3 月 23 日　散文《我们与保定》刊《中国文化报》。

4 月　《浮动——〈长河落日篇〉之七》刊《长城》第 2 期。

《开拓我们的心灵——在〈长城〉女作者座谈会上的发言》刊《长城》第 2 期。

5 月 25 日　《申跃中的故事》刊《文论报》。

6 月 5 日　周申明的评论《清香移在菊花枝——铁凝近作漫评》刊《文论报》。

夏　《玫瑰门》即将收尾。已经有几家出版社向铁凝约稿。最终，她试着挑出几章寄给了作家出版社的一位年轻编辑，并揣测半个月左右能得到答复。不料，5 天后一个闷热的中午，时任《文学四季》副主编的章仲锷就和那位年轻的编辑一同赶到了保定，由于没有买到合适的火车票，二人竟是站了三个多小时才从北京到了保定。

大编辑章仲锷身上的无袖针织背心让热汗几乎浸透，火车上人挤人的三个小时又把他这件白色背心弄得皱皱巴巴，灰不溜秋。他的头发在脑门上打着绺儿，鼻梁上的眼镜片也有些模糊。这使他显得很狼狈，就像刚参加了一场斗殴。其实他的神情是坦然、愉快的。他参着两条瘦长的胳膊，瘦高的身躯在我家并不宽绰的房间里转悠着找椅子坐——看得出他不擅长跟人客气。接着，他们没顾得喝水，也没有多余的客套，刚一落座，就兴奋地和我谈起《玫瑰门》。……他们在我家草草吃了一份蛋炒饭，边吃边谈的还是《玫瑰门》。章仲锷毫不犹豫地肯定了这小说，同时他一页页地掀着我的稿子，指出着错字和不当的用词。①

铁凝和章仲锷的交往由此开始。章仲锷经常坦率地对铁凝的作品提出批评。

7月29日　《玫瑰门》第6稿改毕。

8月上半月　《玫瑰门》写完后，铁凝在北戴河有几天休假，又遇到了章仲锷，章仲锷用7分钟教会铁凝游泳。

  我的游泳是章仲锷教会的。当我学会游泳的一刹那，当我独自面对无际的大海时，欣喜和感激一起涌上心头。人们有时候喜欢用人海茫茫这个词，文海又何尝不是茫茫呢——文海茫茫，深不可测。每个写作者在这大海里都免不了时有趔趄的。作为一个以写作为乐事的人，在从前的岁月里，我的一些文稿能够交予章仲锷这样的编辑家，亦能够得到他苛刻批评和严厉要求，那真是我的幸运。②

8月20日　创作《优待的虐待及其他》。铁凝认为："小说的艺术原本是有分寸的艺术，这种分寸感特别应该体现在长篇小说的创作里。"她指出："小说对读者的进攻能力不在于诸种深奥思想的排列组合，而在于

---

① 铁凝：《教我学游泳的章仲锷》，《散文选刊》2009年第10期。
② 铁凝：《教我学游泳的章仲锷》，《散文选刊》2009年第10期。

小说家由生命的气息中创造出的思想的表情以及这表情的力度表情的丰富性。……小说家必得有本领描绘思想的表情而不是思想本身,小说才有向读者进攻的实力和可能,小说可以如苏加诺对革命的形容那样,是'一个国家宣泄感情的痉挛',小说家更应该耐心而不是浮躁地、真切而不是花哨地关注人类的生存、情感、心灵,读者才愿意接受你的进攻。你生活在当代,而你应该有将过去与未来连接起来的心胸。"①

9月下旬 第一部长篇小说《玫瑰门》在作家出版社大型刊物《文学四季》创刊号秋之卷以头条位置发表。获第三届河北省文艺振兴奖。被誉为展现女性历史命运的厚重之作。小说通过以司猗纹为核心的庄家三代女性的历史境遇,展示女性生存命运。

10月5日 创作《〈第四十一〉梦》。文章回忆了铁凝插队前夕用《金蔷薇》交换《第四十一》以及去年冬天曹彭龄来访、二人相互赠书的往事。

10月25日 王云缦的评论《铁凝风格的银幕体现——〈村路带我回家〉审美谈》、王力平的《徘徊在此岸与彼岸之间——铁凝艺术世界剖析之一》刊《文论报》。

11月4日 写作《陌生了的真情意切》。这是为青年作者邹志英的小说《银镯》写的评论。

11月15日 [苏]托洛普采夫的文章《铁凝洞开的窗扉》,理然译,刊《文论报》。

11月 《优待的虐待及其他》刊《文学角》第6期。

年底 由王好为导演、北京电影制片厂拍摄的《村路带我回家》在保定上映。观众反响强烈。电影从选景到完成几乎全都是在保定。保定的市领导也对电影的拍摄提供了很多帮助。铁凝在电影院听到一位观众说,女主角生是让苦日子给折腾傻了,放着那么好的人不爱,这编电影的真是吃饱了撑的。

---

① 铁凝:《优待的虐待及其他》,《女人的白夜》,江苏文艺出版社1996年版,第170—171页。

本年 中文繁体版小说集《没有钮扣的红衬衫》由台北新地出版社出版。

英文版小说集《麦秸垛》由中国文学出版社出版。

西班牙文版《没有钮扣的红衬衫》（达西安娜·菲萨克译）单行本由西班牙马德里教育出版社出版。

本年度重要研究论著

方伟：《论铁凝审美意向与艺术个性之流变》，《河北学刊》第6期。

王力平：《徘徊在此岸与彼岸之间——铁凝艺术世界剖析之一》，《文论报》10月25日。

任玉福：《铁凝近作的哲理意蕴》，《小说林》第2期。

黄书泉：《说说老万——评中篇小说〈木樨地〉》，《当代文坛》第4期。

周申明：《有所超越，不失本色——从铁凝的〈麦秸垛〉说开去》，《长城》第3期。

［苏］托洛普采夫：《铁凝洞开的窗扉》，理然译，《文论报》11月15日。

周申明：《清香移在菊花枝——铁凝近作漫评》，《文论报》6月5日。

1989 年　32 岁

1月6日　《长城》编辑部邀请铁凝、河北省委宣传部常务副部长周申明和《长城》主编艾东就《玫瑰门》进行对话。后以《〈玫瑰门〉恳谈录》刊《长城》第2期。

1月　评论《陌生了的情真意切》刊《河北文学》第1期。

《遭遇礼拜八》刊《长城》第1期,《小说选刊》第8期转载,后收于《青年佳作　1988—1989全国优秀短篇小说选》①《世纪之门》②等。小说中朱小芬庆幸自己摆脱了不幸婚姻,却在周围人的同情和怜悯中无处可逃,几乎精神崩溃。铁凝说:"这是一个令人啼笑皆非的故事:一个自以为解放了的离婚女人朱小芬,最终所面临的心灵逃亡——你必须接受来自'集体关怀'名目之下的强迫性爱怜,你必须做一个他人共同认为你应该是的那个人。于是在许多当代人的心中,便有了企盼礼拜八的愿望。"③

创作《云晴龙去远》。关于一枚蛇年的贺卡。

2月11日　《云晴龙去远》刊《文艺报》。

2月22日　《玫瑰门》研讨会在北京召开。王蒙、汪曾祺、李国文、

---

①《青年文学》编辑部编:《青年佳作　1988—1989全国优秀短篇小说选》,中国青年出版社1990年版。

② 戴锦华编选:《世纪之门》,社会科学文献出版社1998年版。

③ 铁凝:《日文版小说集〈给我礼拜八〉序》,《女人的白夜》,江苏文艺出版社1996年版,第206页。

谢永旺、从维熙、谌容、徐光耀、周申明、吴泰昌、蔡葵、何镇邦、李陀等参加会议。多家大报均以显著位置作了报道：《铁凝新作〈玫瑰门〉饮誉京华》《铁凝的〈玫瑰门〉很有嚼头》《〈玫瑰门〉研讨会在京举行》。报道一致称誉"它写出了很复杂的女性生存状态，在文学长廊上提供了新的人性深度""铁凝的探索性实践，冲击了传统的小说叙事模式和鉴赏经验""对人性的剖析淋漓尽致，在对生活的评价中力图从历史和道德的层面上升到人性的和文化的层面，写人在重压下顽强的生命力"。

在研讨会上，汪曾祺第一个发言，他说："铁凝这部小说把我看懵了。看到四分之三处我还不甚明白，小说的新尝试、新探索是有冒险性的，这种小说我写不出来……小说没有对任何人进行判断，无所谓真诚、虚伪、善良、丑恶，这种对生活绝对冷静的态度是很难得的。司猗纹的形象比较丰满、复杂。"曾镇南说他读了两遍，认为小说写出了复杂的让人深思的人类状态、女性状态。周申明称这部小说是铁凝艺术创作真正成熟的标志。雷达认为，这部小说是对人类苦难的审视，提供了一种新的时空、新的观念、新的人性深度。李陀指出，铁凝笔下的婆婆和姑爸，为中国当代文学现实主义典型画廊作出了贡献，小说可以从文化心理、性心理、社会心理等几个层次上展开批评。蔡葵则认为这是一部心理小说，通过人性丑来表现人，表现了一个完整的心理流程，小说的缺点是比较琐碎，写的没有节制，情节随意性太大。陈映实指出司猗纹是"文化大革命"中的边缘人物，她战战兢兢的复杂心理和生存状态，表现了顽强的生命意识。罗强烈则认为小说在探索中留下一些遗憾，反映了作者的长篇意识还比较单纯，不够成熟。张韧强调小说有新意，小说在结构上通过苏眉这个视点表达了对上一代的审视，对各种文化心态的审问。陈冲认为这部小说是纯粹的女性思维方式和思维角度，而且是自觉的，只有女作家才能写出来的女人的心计。铁凝感谢大家善意的坦率，这部小说，她想写出女性的生存方式、生存状态和生命过程，如果不写出女人的卑鄙、丑陋，反而不能真正展示女人的魅力。吴泰昌总结说，这部小说有铁凝的一贯个性，表现了观念和艺术上的一贯追求，它的出现是河北文艺界和全国文艺界一件值得高兴的事。

很多评论家读过《玫瑰门》后感叹，在某种意义上，"我们都是司猗纹"。也有人说铁凝为中国当代文学画廊增添了一个耀眼的新人形象。铁凝也很看重这个人物，这是一个很特别的视角，它通过一个胡同里的市民女人形象表现怪异、扭曲的人性。

2月 《〈第四十一〉梦》刊《散文世界》第2期。

中篇小说《棉花垛》刊《人民文学》第2期，《小说选刊》第4期、《作品与争鸣》第8期转载。小说通过表现乔和小臭子在民族战争中被先奸后杀的悲惨命运，揭示了战争中的男性集体无意识，寄托了作家对女性命运的忧思。盛英指出："一个正义的乔被非正义的鬼子先奸后杀，一个非正义的小臭子被正义的国又是先奸后杀，这实在太令人震惊了。然而正是这一笔，铁凝揭开了男性世界对女性强暴式的占有欲和征服欲，呈露了他们对女性残酷践踏的性文化态势。原来世界上男权文化都一样地视女人为肉欲对象，而要任意地拥有和享用她们……她的《棉花垛》不仅驾轻就熟地铺衍了三个女性的性心理对其行为的驱动关系，更为成功的是，她把男性霸权主义文化放在战争背景下予以揭示、突现，对男权文化的针砭机智而有力。"[1]

贺绍俊则认为"小说的主旨不在谴责性侵犯，对于铁凝而言，她需要追问到生命的本原上"。他指出小说中三个孩子的性游戏抽空了成人社会的复杂内容，只剩下形式，承载了孩子们纯洁无瑕的性萌动，具有诗意的性质。而三个孩子在游戏中细微的心理活动和情感变化，放大来看，其实就是性爱中的排他性、嫉妒感以及两性间的心灵沟通。这些情感的种子先天地埋藏在孩子们的心底，迟早要发芽、生长。[2]

3月15日 谭湘根据2月22日《玫瑰门》研讨会的不完全会议记录整理的《长篇小说〈玫瑰门〉研讨会发言纪要》[3]，刊《文论报》。

---

[1] 盛英：《中国女性文学新探》，中国文联出版社1999年版，第87页。
[2] 参见贺绍俊《铁凝评传》，郑州大学出版社2004年版，第92—93页。
[3] 有些资料说是汪曾祺整理的。汪曾祺是第一个发言的。

1989年 32岁

3月25日 《文论报》以笔谈的形式集中刊发了6篇文章,评论铁凝的《玫瑰门》。

3月 《无忧之梦》刊《河北文学》第3期。

在福州参加《中篇小说选刊》和东方文化基金会联合举办的小说授奖大会。作家的奖金由企业家提供,企业家的艰苦创业由作家书写。福建一位做珍珠生意的农民企业家为授奖大会赠款三万元。返程前的一个晚上,铁凝由谌容陪同上街买编织袋,遇到一个疯子。有惊无险。①

《〈玫瑰门〉恳谈录》刊《长城》第2期。在恳谈中,周申明和艾东都高度评价了《玫瑰门》的艺术成就和思想的深刻性,是"一首多维交织、丰厚深沉的叙事诗""是一部立得住的长篇佳作。有特色、有深度、有分量,也很开人思路。它标志着作家在创作上的长足进步和更加臻于成熟"。他们主要分析了作品中四位重要的女性形象,一致认为司猗纹较为充分地体现了人的丰富性和时代性,是一个"任何时代也没有找准位置的'个体'存在"。铁凝说她"希望读者能看到她的另一面:这同时是一种变相的对社会的挑衅。她无时不在用她独有的活的方式对她的生存环境进行着貌似恭顺的骚扰和亵渎,而她每一个践踏环境的胜利本身又是对自己的灵魂的践踏"。当婆婆发现眉眉和自己的相像之后,又忌恨又欣慰,她们之间的关系是"世间一切女人之间的真实关系"。艾东认为"从某个角度讲,司猗纹表现出作家在作品中驾驭人物的能力;姑爸表现出作家在生活中发现人物的能力"。周申明指出姑爸的死在后边缺少呼应。司猗纹"后来为什么不能利用姑爸的事整一下罗大妈呢?从骨子里说,司猗纹更恨罗大妈"。关于竹西,他们都认为不应做简单的道德判断。周申明说这个人物身上有一种青春气息,抗争之力。铁凝把她写得带有一种灵气,敢作敢为,又有驾驭自己的能力,是"缺陷美"与"朦胧美"皆备的人物。"对竹西的豪放,要我看,要放在审美的范畴。"铁凝认为,对这个人物,似乎还可以再宽容些。要看到她的情感和肉体的要求,更多地要看到她做

---

① 铁凝:《三月的一个晚上在福州》,《女人的白夜》,江苏文艺出版社1996年版,第99—103页。

个真正的人的愿望。"庄家这种阶层,家庭的没有生气和没有指望突出地表现在庄家最后一个男人——庄坦身上。这种表面的文明之下是令人窒息的憋闷。她对大旗的追逐实际上是对类似'新粮食新粪'那样的活生生的生命气息的追逐。这是她的丈夫、他那个家庭乃至她那个永远大便干燥的女儿所永远不能给予她的。"周申明认为眉眉这个人物很有特点,对这个人物的理解也是对读者的一个考验。她是一个矛盾统一体,既希望生活得洒脱一点,有时又有些过于拘泥、谨慎。铁凝强调,眉眉的"视角是不可忽视的,正是她的视角决定了这部小说的意义""对这个人物,我不得不稍带残酷地说:她这一代是平庸的。有时,往往'恶'是推动历史发展的动力,但她身上缺乏动人心魄的'恶'。她的力图摆脱隔代人留在她身上的血液,反而导致了她的平庸。司猗纹曾经有过的'辉煌',她也不曾有过"。艾东认为姑爸的形象具有"新"的色彩。作品的结构使读者在阅读中自然地产生了一种新的时空概念,这可能会给今后的长篇创作以影响。

4月25日 张韧的文章《为苏眉一辩——谈《玫瑰门》叙述方式、审视意识及其它》刊《文论报》。

4月 创作《三月的一个晚上在福州》。记述了3月间与谌容、冯骥才、顾同昭等在福州开会,临回北京前的最后一个晚上惊恐又不愉快的经历。

5月19日 陈映实的《面对铁凝现象的思考》刊《文论报》。

5月中下旬 又见到了贾大山。贾大山此时是正定县政协副主席,兼职文化局局长。铁凝问贾大山最近在忙什么,贾大山说:"娶了一房儿媳妇,张罗着修钟楼,就是开元寺那个唐代钟楼。"

5月26日 创作《山不在高——贾大山印象》。

6月 《玫瑰门》由作家出版社出版,被收入《当代小说文库》;1992年收入《铁凝文集》,作家出版社出版;1996年收入《铁凝文集》,江苏文艺出版社出版;1997年收入《铁凝自选集》,作家出版社出版;2002年收入《涨潮丛书》,北岳文艺出版社出版;2003年收入《新经典文库》,春风文艺出版社出版;2006年收入《铁凝作品系列》,人民文学出版社出版;2007年收入《中国当代名家长篇小说代表作》,人民文学出版社出版；2008年收入《铁凝长篇小说图文本》，湖南文艺出版社出版；2009年收入《共和国作家文库》，作家出版社出版；2013年收入《铁凝长篇小说系列》，人民文学出版社出版。

9月 李广学《铁凝作品评论篇目索引（1978—1988年）》刊《河北学刊》第5期。

深秋 《哦，香雪》的剧本转到中国儿童电影制片厂，由王好为执导，影片开拍。

随《哦，香雪》剧组重回涞水县的苟各庄。当年的穷村已经是河北省著名的旅游风景区野三坡的一部分了。

铁凝乘面包车去看演员们最后的拍摄，村里的小玉姑娘和她同车前往。当她们发现站台上那几个衣着寒酸的女孩就是演员时，小玉既惊奇又兴奋，还有点居高临下地说："和早先我们穿得一样！"她对"早先"二字加重着语气。当年的香雪们有的考入度假村做了服务员、导游，有的则成了家庭旅馆的女店主。她们说："是啊，现在我们富了，这都是旅游业对我们的冲击啊。"而仅仅是两年前，她们还把旅游说成"流油"——真是一桩流油的事哩！铁凝对她们的变化很感慨。

11月16日 《我的两位老乡》刊《河北日报》。

11月 创作《麻果记》。麻果，是河北乡间朽麻上结的果实，女人们总是在中秋的时候采一朵麻果装饰家庭自制的月饼。麻果凝结着铁扬对家乡和母亲的怀念。

陈映实的《铁凝评传》刊《海峡》第5期。

方伟的《论铁凝审美意向与艺术个性之流变》刊《河北学刊》第6期。

12月10日 创作《又见香雪》。铁凝指出，"我所说的无中生有，恰恰是指作家对生活和生命本身更深层次的总体把握与判断。"[①]

12月 创作《面包祭》。记述了父亲从干校回来后苦心孤诣做面包的往事。

[①] 铁凝：《又见香雪》，《女人的白夜》，江苏文艺出版社1996年版，第159页。

本年度重要研究论著

李扬：《文化与心理：〈玫瑰门〉的世界》，《当代作家评论》第 4 期。

艾云：《把女人的性别发挥到极致——论〈玫瑰门〉中的司猗纹》，《当代作家评论》第 6 期。

王春林：《人世的倾斜与畸变——评铁凝〈玫瑰门〉》，《当代作家评论》第 6 期。

方伟：《论铁凝审美意向与艺术个性之流变》，《河北学刊》第 6 期。

于青：《玫瑰色的阴影——读〈玫瑰门〉》，《小说评论》第 1 期。

张志忠：《少女的启示录——评铁凝〈玫瑰门〉》，《小说评论》第 2 期。

尧山壁：《〈玫瑰门〉的门》，《文艺报》3 月 18 日。

陈虹：《悲剧：在历史与现实之间上演——评铁凝的中篇小说〈麦秸垛〉》，《昭通师专学报》第 2 期。

董晓宇：《男性世界中女性的生存本相——谈〈棉花垛〉中的女性形象塑造》，《作品与争鸣》第 8 期。

阎新瑞：《对现代乡村青年女性的艺术把握——评铁凝的〈棉花垛〉》，《作品与争鸣》第 8 期。

李广学：《铁凝作品评论篇目索引（1978—1988 年）》，《河北学刊》第 5 期。

刘敏：《恋母情结：性欲的最初觉醒》，《文学自由谈》第 5 期。

《文论报》3 月 25 日刊发《玫瑰门》笔谈：

周申明：《长篇小说的可贵收获——〈玫瑰门〉印象》。

徐光耀：《题内题外话〈玫〉作》。

浪波：《众妙之门——我读〈玫瑰门〉》。

王利芬：《〈玫瑰门〉：超越与限制》。

张峻：《女性生命的品味》。

盖祝国：《跟着人物进行生命跋涉——评〈玫瑰门〉》。

1990 年　33 岁

1月5日　创作《我看张立勤》，介绍了河北女作家张立勤的人生和散文创作。

1月　《真挚的做作岁月》刊《小说家》第1期。散文记述了铁凝对知青生活的反思，是铁凝最有思想深度的散文之一。

《山不在高——贾大山印象》刊《长城》第1期。

《面包祭》刊《文汇月刊》第1期。

2月5日　创作《我要执拗地做诗人》。文中提到，铁凝做知青时，曾经写过五六十首诗。诗人们看了都不以为然，转而称赞她的小说。这也许是她专心于小说的原因之一。她在去野三坡旅游区观光的路上，找到了关于诗的答案：诗要的是肃穆，在惊心动魄中的肃穆。这肃穆便是人对于那个习惯了的自己的逃离，……只有一个逃离了自己的自己，脑子才能顿时拓出一席天真的空白。

3月　《三月的一个晚上在福州》刊《散文》第3期。

《麻果记》刊《人民文学》第3期。

铁凝在南條的北京寓所中，会见南條纯子。南條纯子是日本著名的汉学家和翻译家，一直从事中国当代文学的翻译和研究工作。由她主编、日本现代中国文学翻译研究会翻译的五卷本《八十年代中国女性文学选》，在日本已出齐。此前，她从大阪给铁凝寄来了《八十年代中国女性文学选》，并写信请铁凝就这套作品谈谈自己的感想。

二人谈文学，也谈到北京女孩子的穿着和物价，随后一起准备午饭。南條夫妇还请铁凝品尝了纯子从日本带来的几样小菜。

4月　《书的等级》刊《北方文学》第4期。

《李羚带我"回家"》刊《八小时以外》第4期。

5月10—12日　创作《告别伊咪》。4年前，父亲的熟人给铁凝家送来一只猫。铁凝给它取名伊咪。这只猫在4年后又被送还原主。散文深情而细腻地表现了伊咪随着生活环境和生存状态的改变而发生的心理变化和精神变化。

5月　《哀悼在大年初二》刊《小说界》第3期，《小说月报》第9期转载。

《遭遇凤凰台》刊《长城》第3期，《小说月报》第11期转载。

《又见香雪》刊《艺术世界》第3期，后收于《作家谈艺录》。①

《我要执拗地做诗人》《被荒唐证实着的传说》刊《十月》第3期。

崔志远的论文《铁凝与荷花淀派》刊《河北师院学报》。论文分析了铁凝小说对荷花淀派艺术风格的传承，并指出铁凝对荷花淀派的发展是使其变得更加含蓄和深沉。但铁凝认为这是不确切的。她觉得自己的一切刚刚开始，尚未形成风格。贺绍俊认为："铁凝在《哦，香雪》中表现出的风格化倾向，应该说与孙犁的小说风格有相近之处。孙犁被文学史家命名为'荷花淀派'的创始人。但铁凝显然不是完全走的'荷花淀派'的路子。孙犁的小说风格可以说由两大块组成，一是对乡村生活的写实性描绘，一是在表现人性人情中的诗意化特征。前者是一种现实主义的表达，后者则是一种浪漫主义的表达。当代文学史上在谈到'荷花淀派'时，一般是把刘绍棠、韩映山、从维熙（主要指他早期的作品）等作家归入这个流派。但后者与孙犁在风格上的相似处基本上局限在对乡村生活的写实性描绘上，通过这种描绘传达出一种鲜明的地域色彩。他们很成功地承袭了孙犁风格中的现实主义，但他们缺乏孙犁风格中的浪漫主义表

---

① 陆毅：《作家谈艺录》，上海文艺出版社1993年版。

达；……铁凝对孙犁的学习恰恰相反，她主要是对其浪漫主义精神的诗意化表现出钟情和偏爱。"①

初夏　受日本友人池泽实芳的邀请，去他家做客，并欣赏他的夫人表演茶道。池泽实芳当时是河北一所大学的外语系的外教。后来翻译了铁凝的小说集《红衣少女》和《给我礼拜八》。

6月12日　创作《日本中国两个家——小记南條夫妇》。记述了南條夫妇的工作和生活，以及本年3月她和南條夫妇会面并共进午餐的情形。

7月10日　创作《市长的事》，记述了她和保定市长田福庭的几次交往。他们相识于1984年。

8月20日　创作《草戒指》。记述了夏天到池泽实芳家中做客的情景，以及知青时代乡间少女用草编戒指的往事。

8月　散文《男性之一种》刊《八小时以外》第8期。

散文《与陌生人交流》刊《北京文学》第8期。

散文《河之女》刊《青年文学》第8期。

陈映实的著作《铁凝及其小说艺术》出版。这是首部研究铁凝及其小说艺术的专著。这部著作从童年经验、人生体验、"麦秸垛意蕴"、"人"的意识的艰难觉醒等几个方面深刻地揭示了铁凝的小说创作与其个人生活经验和情感经验之间的关系，精辟地分析了铁凝的代表作和她的语言艺术，对于研究铁凝具有重要价值。

9月24日　参加《河北文学》1990年第9期农村题材作品专号座谈会。会议的第一阶段在河北省内丘县举行。铁凝在发言中指出："文学关注农村不仅仅是农村题材的问题，也不仅仅是一两个农村题材专号的问题，而主要是刊物的艺术观念问题。这里有很多问题值得研究，比如，确定刊物在农村的读者群问题，如何掌握'雅'文学与'俗'文学的关系问题，等等。"② 出席座谈会的还有周申明、张庆田、张峻、徐光耀、陈冲、尧山壁、贾大山、白海珍、王惠云、周荫增等。

---

① 贺绍俊：《铁凝评传》，郑州大学出版社2004年版，第46页。
② 于役整理：《〈河北文学〉一九九〇年农村题材专号座谈会纪要》，《河北文学》1990年第11期。

9月 散文《床的歌》刊《河北文学》第9期。

散文《女性之一种》刊《八小时以外》第9期。

11月 《告别伊咪》刊《小说林》第6期。这是阿成向铁凝的约稿。

12月1日 创作《心灵的牧场》。这是为散文集《草戒指》所写的序。铁凝在文中写道：

> 世上的各种文体，同动物和植物之间、陆生动物和水生动物之间一样，都存在着交叉状态，但这种交叉的状态并不意味着彼此之间可以相互替代。比如小说和诗，是可以使人的心灵不安的，是可以使人的精神亢奋的，是可以使人为之大哭大笑或啼笑皆非的，是可以使人要死或者要活的。散文则不然，散文实在是对人的情感的一种安然的滋润。
>
> 散文是心灵的一片牧场，心灵就是这牧场上的牛羊。当牛羊走上牧场的时候，才可能出现因辽阔、丰沃和芳香而生的自在。
>
> 散文需要自在。①

12月 《草戒指》刊《当代》第6期。后收于《当代女性散文选粹》。②

本年 成为首批国务院管理专家，终身享受国务院特殊津贴。

英文版中短篇小说集《麦秸垛》由中国文学出版社出版。

由北京电影制片厂王好为导演拍摄的《哦，香雪》开始上映，并获得第10届金鸡奖最佳摄影奖。

创作《我和王君之间》。

铁凝挂职县委副书记，在河北涞水县深山区的野三坡生活一年多。她积极协助当地政府为开发野三坡旅游风景区立项和申请资金，做了大量工作。这个地方为铁凝的小说创作提供了非常宝贵的小说素材，10年前她在这里创作了《哦，香雪》，现在，铁凝不仅在此较为集中地写了一些散

---

① 铁凝：《心灵的牧场（代序）》，《草戒指》，百花文艺出版社1991年版，第1页。
② 宗璞主编，叶稚珊选编：《当代女性散文选粹》，上海三联书店1995年版。

文，还创作了《孕妇和牛》。

本年度重要研究论著

陈映实：《铁凝及其小说艺术》，河北人民出版社 1990 年版。

崔志远：《铁凝与荷花淀派》，《河北师院学报》第 3 期。

吴宗蕙：《清新淡远，诗意盎然——重读〈哦，香雪〉》，《北京师范学院学报》（社会科学版）第 6 期。

李大鹏：《此梦非彼梦》，《文学自由谈》第 2 期。

柴巩利：《女性悲剧探寻中的滑坡》，《文学自由谈》第 2 期。

陈美兰：《当他们迈向长篇小说领域的时候——从几位年轻小说家的第一部长篇谈起》，《小说评论》第 6 期。

1991 年　34 岁

1月16日　创作《您的微笑使我年轻》。记述了她给冰心制作羊年贺卡的事。"一张对折起来的巴掌大的白色卡片纸,封面'印'了一个古写的'羊'字。这个所谓的'印',是用硬纸刻成一个羊字'漏版',用棉花球蘸点红色绿色,把那字'乱乱乱'地乱在那个巴掌大的卡片纸上。里面留一片空白,预备我去写我要说的话。"

在此前的数年里,铁凝每年都会收到冰心的贺卡,话都不长,有的短到仅四个字:"铁凝,想你!"这次冰心收到铁凝的羊卡后,很快给她回了一份礼物:一张冰心的彩色近照,冰心在照片的背面写道:

铁凝:
　　你真行!会写文章还会画画。这是我外孙陈钢照的相,他让我把它作为贺片。还好,什么时候再到北京来呢。匆祝
新年好!

冰心

1月　《我的失踪》刊《青年作家》第1期。循规蹈矩的女主人公"我"花了三天时间、行程一千多公里追踪小偷却始终没有揭发他,最终小偷归还了他盗走的公款。小说通过对平庸生活的逃逸和对工具理性的否定,体现了对个性和个体生命的尊重。

散文《您的微笑使我年轻》刊《长城》第1期。

《沉淀的艺术和我的沉淀》刊《随笔》第1期。散文结合林风眠的绘画及其接受史,指出:"那些能被历史沉淀下来的艺术,首先是靠了艺术家在一个变幻莫测的人类世界里对自己的沉淀。而读者要认可这些沉淀物,也有一个对自己的沉淀的过程。这过程有时也需要你把眼睛睁大,从那些没意思的几株树、几间小屋,从那些没意思的电影中看出点趣味。有时也需要你关起门来,做些对自己那一份天真、那一点点真情实感的爱护。"

2月21日 电影《哦,香雪》获第41届柏林国际电影节青春片最高奖。评委们认为,中国少女香雪内心的富有和通过劳动所表现出的朴素的纯美之情,是当今人类愈来愈匮乏的重要资质,因而她格外地打动人心[①]。

2月28日 《光明日报》发布了获奖消息。"在本届电影节儿童影片评比中,中国的《哦,香雪》和希腊影片《跳蚤》共获'国际儿童和青年电影中心奖'(本届最佳儿童影片奖)。"评委会认为,《哦,香雪》以很高的专业水平成功地表现了人物的情感,以细腻的手法反映了中国一个偏远乡村同现代生活的联系。

3月 《醒来的独唱——何玉茹小记》刊《长城》第2期。

春 与中央电视台节目主持人敬一丹、作家梁晓声同去湖北麻城一所乡下小学,看望胡大兴老师和他的学生们。胡大兴老师十几年如一日用自家的铁皮船挨家挨户地接送偏远村落的孩子上下学,他的事迹感动了一些作家,由梁晓声倡议,几个作家凑了一些钱,送给胡大兴和他的学校。中央电视台邀请铁凝和梁晓声与敬一丹同行,给胡大兴送钱,并以他为主人公,拍一部呼吁社会重视乡村教育的电视片《红花草》。这部专题片放映后引起了很好的反响,获了好几个奖。铁凝著文《你好,敬一丹》,记述了这次活动以及对敬一丹的印象。

中央美术学院教授、版画家卜维勤到铁凝家做客。此前铁凝在散文

---

① 铁凝:《铁凝影记》,河北教育出版社1998年版,第98页。

《云晴龙去远》中称赞过一种蛇年的贺卡,贺卡的设计者便是卜维勤的女儿卜桦。卜维勤一进门便直呼铁凝的小名,高声评价着铁凝家的布局,用了许多"质朴""优雅"之类的形容词,同时谈论着铁凝的小说和他的创作。卜维勤后来又到过铁凝家几次。

5月 《心灵的牧场》刊《文学自由谈》第2期。

散文家周明陪同铁凝看望冰心。冰心问铁凝:"你有男朋友了吗?"铁凝说:"还没找呢。"90岁的冰心说:"你不要找,你要等。"

6月28日 创作《欲望在想象中的满足》。这是铁凝中篇小说集《麦秸垛》的《自序》。

7月12日 创作《关于真实》,这是小说集《遭遇礼拜八》的《序》。文中说:"小说和生活是一种什么关系呢?再真实的小说也抵不上生活的真实;再荒诞的小说也抵不上生活的荒诞。……我的有些小说看上去对生活是不大恭敬,那实在是因为我企望着生活更神圣。"[①]

7月 第一部散文集《草戒指》由天津百花文艺出版社出版,收录了《草戒指》《洗桃花水的时节》《真挚的做作岁月》等28篇散文。

9月 《埋人》刊《小说家》第5期,《小说月报》第11期转载。小说再现了冀中乡间的生活画卷。铁凝在1996年编辑文集时,特意将这一篇作为该卷的书名,并在《写在卷首》中表示:她偏爱这部小说和小说里的这群人,同时她想以自己的偏爱引起读者对它的关注。"我以我的方式感知、把握和表述着我对生活其间的农人的理解。我不打算居高临下,悲天悯人;也不乐意搜刮趣闻,一味猎奇;更不想唱田园牧歌,自娱自乐。我想告诉读者这个村子里的人们普通之至而又具体之至的思维与生活。他们的日子是中国人的日子而不是别国人的日子;他们的智慧、狡黠是中国人的智慧、狡黠而不是别国人的狡黠和智慧;他们的情态更不是中国人用别国人的眼光所改造成的样子。""我对乡村的真正情感源于我插队四年又返回城市之后,地理距离的拉开使我得以经常有机会把这两个领

[①] 铁凝:《关于真实》,《女人的白夜》,江苏文艺出版社1996年版,第205页。

域做相互的从容打量,这种拉开了距离的打量使我体味这两个范畴里的特殊、神秘和平俗,两个范畴里的心智、能力和品格,其实那么不同,其实又那么相像。我越发感觉在我的视野里似乎不可能没有乡村,这恐怕是作为我这样一个人抒发对自己民族的情感的一个重要渠道。而我看重《埋人》,是因为它成就了我在叙述此类故事时一种朴素的心情。"①

10月 小说集《遭遇礼拜八》由华艺出版社出版,收录了《埋人》等13部中短篇小说。

冬 妹妹铁婷回国探亲。铁凝应邀与妹妹同去河北涿州影视城参观,这是电视连续剧《唐明皇》的拍摄基地。

铁凝在娄村住过些天。娄村在保定西部山区和平原的接壤处,属于丘陵地带。铁凝住在乡政府文化站的一间屋子里写作。在这里,铁凝结识了食堂里一位非常负责的姜师傅,他是一名复员军人,在乡政府食堂做饭长达40年。

本年 创作短篇小说《唇裂》。

本年度重要研究论著

董瑾:《困惑与超越——铁凝、王安忆作品之解读》,《上海文论》第4期。

于青:《走出"玫瑰门"——谈女性文学中的"自赏意识"》,《文艺争鸣》第1期。

---

① 铁凝:《写在卷首》,《埋人》,江苏文艺出版社1996年版,第2—3页。

1992 年　35 岁

1 月　散文集《女人的白夜》由上海文艺出版社出版。

2 月 18 日（正月十五）　创作《温暖孤独旅程》，记述了铁凝与汪曾祺交往的二三事。

2 月　小说集《棉花垛》由时代文艺出版社出版。

3 月　《温暖孤独旅程》刊《长城》第 2 期，《青春岁月》第 9 期转载。

《笛声悠扬》《孕妇和牛》刊《中国作家》第 2 期。本期还有赵玫的文章《铁凝的故事》。《孕妇和牛》在《小说月报》第 6 期、《新华文摘》第 6 期转载。后收于《1992 年全国短篇小说佳作集》。[①] 获 1992 年《中国作家》优秀小说奖、《十月》文学奖、《小说月报》第五届百花奖和第五届河北省文艺振兴奖。小说表现了一位从山区嫁到平原的文盲孕妇，为了自己的孩子而生出的对知识和文明的向往。

这是又一部为铁凝带来极高声誉的短篇小说，它和《哦，香雪》有着极高的相似性，首先都是铁凝在河北涞水县挂职锻炼时的作品，其次，都以一种清新、优美的艺术风格以小见大地传达了人们对知识和文明的向往。对于研究者提出的纯净风格的"回归"之说，铁凝认为"细读起来，《孕妇和牛》表达的感动更内在、更深厚一些，不是简单意义上的回归"[②]。汪曾祺在《推荐〈孕妇和牛〉》中说他很喜欢这篇小说："这篇小说'俊

[①] 上海文艺出版社编:《1992 年全国短篇小说佳作集》，上海文艺出版社 1994 年版。
[②] 赵艳、铁凝:《对人类的体贴和爱——铁凝访谈录》,《小说评论》2004 年第 1 期。

得少有'。"①

春 去海南天涯海角。同行的有徐光耀等。

初夏 与陈钢（冰心外孙）同去看望王蒙。

4月 中短篇小说集《麦秸垛》由作家出版社出版。

5月 和汪曾祺同游苍岩山。

中篇小说集《没有钮扣的红衬衫》由时代文艺出版社出版。

《安格尔在过街通道里》刊《文学自由谈》第3期。

6月 短篇小说《大妮子和她的大披肩》《峡谷歌星》刊《河北文学》第6期。

《峡谷歌星》在《传奇文学选刊》第10期转载。获河北省"丰收杯"农村题材小说奖。小说的主人公是一位在峡谷里表演唱歌的小男孩，他在不怀好意的游客的要求下一直唱歌，终至声带损坏，成为一个和狗相伴的哑巴。

被《女友》杂志评为"中国十佳作家"。接受《女友》杂志社特邀记者穆涛的采访。铁凝回顾了初次发表作品时的激动，认为在自己的创作中，虽然小说变化很大，但也潜藏着本质上始终如一的精神，那就是对人类和生活永远的爱和体贴。谈到挂职县委副书记深入生活时，她说作家应该有本领俯视生活，应该学会如何在了如指掌之后变成故事的局外人，这种俯视和"局外人"并不意味着对生活的隔膜。铁凝还介绍说，她习惯在下午和晚上写作，累了，就听听音乐，做简单的体操，看电影；目前喜欢读人物传记、政治、历史方面的回忆录及中国古典散文；她最喜欢她小说中的香雪、灶火、司猗纹和大芝娘，她没有在小说人物命名上花费太多脑筋，兴致所至，人名会自然随着故事的构思出来，人物名字的气质取决于她对题材和体裁感的把握。当问及她的婚姻观时，铁凝说："做好了失望的准备才能对婚姻产生希望。"（《答〈女友〉记者问》）

夏 应刘震云之约而写的散文《惦念》刊《农民日报》，文章记述了

---

① 汪曾祺：《推荐〈孕妇和牛〉》，《文学自由谈》1993年第2期。

在保定西部娄村乡政府食堂工作的姜师傅的事迹。

7月30日 创作《你在大雾里得意忘形》。后刊《美文》1992年创刊2号。

8月 《感受力与理解力》收于《写作概要》。① 铁凝以《哦，香雪》的创作来谈对生活的感受和理解。

10月 创作《闲话做人》。"我相信学会做一个人本是人生一件庄严的事情。这里所讲的做人并非指曲意逢迎他人以求安宁稳妥，遇事推诿不负责任以求从容潇洒；既不是唯唯诺诺，也不是有意与他人别扭。正如同攻击有时不是勇敢，沉默也并不意味着懦弱。真正的做人其实是灵魂和筋肉直面世界的一种冶炼，是它们经历了无数喜乐哀伤、疲累苦痛之后收获的一种无所畏惧、自信自尊、踏实明净的人生态度。……真正的做人当然还包括着在正直前提下人际关系的良好与融洽。"②

《棺材的故事》刊《时代文学》第5期。两个中年菜贩发生婚外情，他们在相邻摊位的棺材铺的棺材中幽会，结果在暴雨之夜因棺材被人买走而意外窒息死亡。

11月17日 给孙犁写信。

11月下旬 收到孙犁11月22日回信。孙犁在信中谈到《孕妇和牛》时说："觉得很好，印象很深。"对于《他嫂》则写道：

《他嫂》一篇，我是逐字逐句看完的。……农村场景描写入微，惟妙惟肖；行文如流水飞云，无滞无碍。这都是你的超长之处，应该发扬。至于后半部，有个别场面的描写，以及辞句的使用，当然还可以讨论。我以为这也许是您的一时的兴趣，或艺术上的尝试，原无不可，也不可厚非的。

但文学语言，还是需要纯洁的。小说后半部的用语，似乎滥了些，这样，就对艺术无补，反而成为多余的了。

---

① 河南省写作研究会编著：《写作概要》，河南大学出版社1992年版。
② 铁凝：《闲话做人》，《女人的白夜》，江苏文艺出版社1996年版，第191页。

在当代作家中，您的语言，还是很有修养的，素质也好。有些名家，并不注意语言之美，有的名家还公开声言：写几个错字，文法不通，没什么了不起。这是骇人听闻的。古今中外的作家，都是像爱护眼睛一样，爱护自己的语言，从来没有人说过这样的话。今天却在中国文坛上听到。

承问，"直言"如上，不知当否？①

11月 《别怕》刊《少男少女》第6期。

由张守仁编发的《砸骨头》刊《十月》第6期。后获第四届"十月文学奖"、《小说月报》第六届百花奖、首届《中华文学选刊》优秀短篇小说奖。

冬 在家中接受作家马原的采访。马原策划并主持一部电视系列片，是新时期几十位作家的谈话录，此系列片后来夭折。

本年 参加河北省作家协会举办的文学学习班。

从保定搬家至石家庄体育中街。创作了散文《风筝仙女》，记述了在郊外放风筝、风筝被刮跑又一路追逐着寻找的故事。

本年度重要研究论著

封秋昌：《孕育生命的诗——简议铁凝及其新作〈孕妇和牛〉》，《文艺报》8月22日。

唐晓丹：《新时期文坛上的双子星座——简论王安忆和铁凝创作流变中的契合现象》，《当代文坛》第5期。

尹晓慧：《只为心中的爱——铁凝的艺术世界》，《南通师专学报》（社会科学版）第3期。

---

① 孙犁：《曲终集》，百花文艺出版社1995年版，第417—418页。

1993 年　36 岁

1月中旬　收到孙犁1月13日来信。感谢铁凝寄去的书和信。信中说铁凝送给他的寿星泥塑,他一直保存良好。①

1月　《甜蜜的拍打》《马路动作》刊《天津文学》第1期。《马路动作》在《新华文摘》第8期、《小说月报》第11期转载。获《天津文学》小说奖。小说写一位在"文化大革命"中因受心理创伤导致自闭的男性在马路上热情地迎来送往的白日梦。

2月　《闲话做人》刊《当代人》第2期。

3月10日　乘火车去中国美术馆看罗丹雕塑展览。铁凝首先看到了《思想者》,当她绕到思想者的背后时,"我惊异于罗丹在思想者脊背上所倾注的良苦用心:原来在这面宽厚、雄健的脊背上,组织明确的肌肉群如汹涌的波涛正有节律地涌动起伏,使我忽然明白了罗丹在创作之初何以能摆脱诗人但丁原型的束缚,把身穿裙装、面庞清癯的苦行僧形象换成了今天的《思想者》。在这位肌肉发达、强壮雄健的思想者身上或许溶入了艺术家全部痛苦而又美好的理想吧?他渴望从雄健的身体里发生雄健的思想,或者只有如此雄健的身体才有产生雄健思想的力量?罗丹不忽略思想者的头颅,但他更倾心于支撑这头颅的躯干。于是即使思想者的一面脊背也成了表现这雄健思想不可缺少的因素。于是我在他的被观众冷淡着的脊

---

① 孙犁:《曲终集》,百花文艺出版社1995年版,第418页。

背上初次发现了一个完整的思想者,在这面脊背上,他那紧张而痉挛着的每一个细胞都使我生出一种全新的幸福感"[1]。

铁凝在美术馆遇到了从山西来的李锐和蒋韵夫妇。这种意外重逢的喜悦使铁凝和蒋韵在熙熙攘攘的人流中激动地拥抱。

蒋韵在《春天看罗丹》中记述了他们邂逅铁凝时的惊喜。

5月 《对面》刊《小说家》第3期,《小说月报》第6期转载。获该年度"庄重文文学奖"和首届《中华文学选刊》优秀中篇小说奖。

小说讲述了一位男青年对一位女游泳队教练私生活的窥视,并最终将其吓死的故事。小说用一种不断解构的方式,揭示出人在社会中是一个不断被改造、逐渐失去人的本真存在的过程。

收到汪曾祺的信。汪曾祺说他不喜欢1990年第2期《小说家》封二上的照片,因为铁凝穿着丝绸裙子,戴着珍珠项链,有种富贵气。其实,裙子是棉布的,项链是牛骨的,才十五块钱。铁凝说,可能是早晨的阳光把一切弄得分外剔透吧。

初夏 在河北涞源县境内的一个林场住过一段时间。林场的树木多为油松,也有少量白桦。铁凝在此第一次看到獾,知道獾有猪獾和猫獾。她说猪獾是平生所见最丑陋的动物。一只猪獾一夜可破坏一亩玉米地。后来工人杀了那獾,煮了请铁凝吃肉。铁凝不敢吃。

夏 与母亲随河北省专家团到山东旅游。

7月17日 陈超的评论《生命的眩晕和疼痛——读铁凝〈对面〉随想》刊《文论报》。

7月 散文《河之女》获第3届"青年文学"创作奖。

8月 《心灵的黑白故事——远看卜维勤先生和他的版画》刊《青年文学》第8期。文章记述了铁凝和卜维勤之间的几次交往。铁凝在文中说:"卜维勤们的价值就在于身处不愿听尽一首完整歌曲的时代,却能够俯下身来,成千上万刀地悉心雕琢着他那满树的叶子。他不忍心敷衍每

---

[1] 铁凝:《罗丹之约》,《女人的白夜》,江苏文艺出版社1996年版,第8—9页。

一片树叶，正好比他不忍心敷衍整个时代和人生。他绝不排斥时代的喧哗，但他更知道怎样寻找自己的灵魂与时代的真正契合。"

8—10月 完成《无雨之城》的初稿。这是铁凝应春风文艺出版社之约写的畅销书。她在一次发言中说："我在写作长篇小说《无雨之城》时，很久都为找不到如何描写开头而发愁。某天中午，我站在窗前，无意中看见一个放学回家的小女孩，一路踢着一只高跟鞋走进院子大门。这个快乐的踢着一只被遗弃的旧鞋的女孩子激发了我的灵感，因为这情景正符合我那部长篇小说的气质。一部长篇小说的开头几乎奠定整部作品的风格。"① 作为畅销书，小说包括了政坛、商战、艺术圈及小市民的生活场景。故事主线是市长普运哲与女记者陶又佳的婚外情故事。

9月 《法人马婵娟》刊《长城》第5期，次年《传奇文学选刊》第6期转载。

10月1日 创作《冰心姥姥您好》。

11月 完成《无雨之城》。

12月 张守仁和《十月》主编谢大钧要了一辆桑塔纳直奔石家庄取《无雨之城》的稿子。当时从北京到石家庄的高速公路尚未竣工，有些路段只能单向行驶。他们驱车三个多小时才到铁凝家里。他们本来计划在《十月》上发表《无雨之城》。后因为"布老虎"丛书出书太快，最后只能割爱，空手而归。②

本年 创作《孙犁与纸》。文章记述了铁凝在孙犁80岁寿辰前，将自己收到的典雅、精美的华笺赠送给孙犁，孙犁在回信中说："同时收到您的来信和惠赠的华笺，我十分喜欢。"又说："我一向珍惜纸张，平日写稿写信，用纸亦极不讲究。每遇好纸，笔墨就要拘束，深恐把纸糟蹋了……"铁凝感叹："也许孙犁先生珍惜的也并非纸的本身，他终生

---

① 铁凝：《幽灵之船》，《以蓄满泪水的双眼为耳》，生活书店出版有限公司2016年版，第240页。

② 张守仁：《看着铁凝一路走来》，《星火》2017年第2期。张守仁在文章中说是1992年12月，但是应该是1993年12月。这时铁凝刚刚完成《无雨之城》。

珍重的是人生全部的质朴和美丽。"①

中篇小说《对面》获得该年度中国作家协会颁发的"庄重文文学奖",并代表获奖作家在颁奖会上发言。铁凝说:"文学不是万能的,但一个国家、一个民族乃至一个城市没有属于自己的文学是万万不能的。"

当选为中国共产党第十四次全国代表大会代表。

在北戴河开会。遇到贾大山。

本年度重要研究论著

汪曾祺:《推荐〈孕妇和牛〉》,《文学自由谈》第 2 期。

陈超:《生命的眩晕和疼痛——读铁凝〈对面〉随想》,《文论报》7 月 17 日。

袁仁标:《感动是不容易的——铁凝近作解读》,《当代文坛》第 5 期。

程德培:《为铁凝的短篇叫好》,《天津文学》第 5 期。

刘乐群:《"反"中取胜——读铁凝的〈孕妇和牛〉与〈马路动作〉》,《文论报》9 月 19 日。

---

① 铁凝:《孙犁与纸》,《女人的白夜》,江苏文艺出版社 1996 年版,第 232 页。

1994 年　37 岁

1 月　长篇小说《无雨之城》由春风文艺出版社出版，首印 5 万册。小说后来发行近百万册，连续 4 个月列为上海、深圳、北京畅销书排行榜第一名。

《散文河里没规矩》刊《美文》第 1 期，《散文选刊》第 4 期转载。

2 月　《罗丹之约》刊《散文（海外版）》第 2 期。

宗仁发的《铁凝带着〈无雨之城〉走进市场》刊《文艺争鸣》第 2 期。论文分析了布老虎丛书的策划及小说中的性描写意义及其结构层次。

3 月 3 日　陈映实的《铁凝的"做人"》刊《文学报》。

3 月　散文集《共享好时光》（当代青年女作家散文精粹丛书）由群众出版社出版，收录了《你在大雾里得意忘形》《艺术的沉淀和我的沉淀》《闲话做人》等 33 篇散文。

4 月　散文集《女性之一种》（九十年代女性散文 11 家）由中原农民出版社出版，收录了《就这样走着，劳作着》《又见香雪》《李羚带我"回家"》《申跃中的故事》等 26 篇散文，并附刘思谦的评论《由纯真走向成熟》。

5 月 13—18 日　铁扬在中国美术馆举办个人画展。展览期间，铁凝陪华君武看父亲的画。华君武很欣赏一幅名为《腊月二十三》的油画。在北方农村，腊月二十三是杀猪准备过春节的日子，这幅画表现的就是乡间杀猪的喜庆气氛。华君武由此说起他在干校喂了好几年猪，发现猪并不像人们所认为的那样蠢笨,有一次他为一头猪挠痒痒,其他猪一见,立刻侧身躺成一排,静候他依次来给它们挠痒痒。

5月 《河之女》(布老虎丛书·散文卷)由春风文艺出版社出版,收录了《草戒指》《洗桃花水的季节》等47篇散文和随笔。这是铁凝继《无雨之城》后与春风文艺出版社的第二次合作。铁凝在书的《自序》中说:

> 我不是一位纯粹意义上的散文家,对散文却一向不曾怠慢。我以为,散文的不可制作性确立了她在某种意义上高出小说的地位,亦令她始终具备着时尚所打不倒的魅力。散文的本质也自有她的矜持:她无法"制作",更用不着"急就"。散文本不是人生道路上的"赶集",散文于我,实在是对心灵和精神的终生磨砺。
>
> 散文究竟因什么而生?在我看来,世上所有的散文本是因了人类尚存的相互惦念之情而生,因为惦念是人类最美好的一种情怀。人类的生存需要相互的惦念,即使最高尚的文学也离不开最平凡的人类情感的滋润。《河之女》里的一些篇章或许都流露着被人惦念和惦念别人的幸福之感吧?这样的幸福酿造心灵的充沛激情,日子的光影便由此而生。
>
> 在生命的长河里,若没了惦念,怎么还会有散文?①

《我与绘画》刊《长城》第3期。

《我看父亲铁扬的画》刊《名人》第5期。铁凝认为:"父亲这一代人经历了战乱、饥荒和文化的浩劫,经历了那么多悲凉和孤寂的时光,是什么使他挽留住了直面人生的一片童贞?在父亲的画里,最少有的便是世故。他固守着自己的灵魂所感知的世界,他又用颜色和笔触为观众创造出充满动感的新奇,使我每每温习生命的韧性和光彩。假如人生犹如一幅幅

---

① 铁凝:《自序》,《河之女》,春风文艺出版社1994年版。

风景,父亲的风景线上,处处是浪漫的真情。"

夏 随中央电视台"LTV"(文学电视)摄制组到河北易县乡村选取外景,拍摄《草戒指》。后来节目播出之后,铁凝认为像个产品说明书,没有任何"文学电视"可言,因为很多时候作家和导演是无法沟通的。这是一个系列片,铁扬为《河之女》做设计。

初秋 创作《自序》,为《铁凝小说精选》而作。铁凝首先说明,在《遭遇礼拜八》那本小说集中,《棉花垛》被责编删去了几个她认为比较重要的段落,这个集子中的这部小说是完整的。然后她谈到自己对短篇小说的重视:

> 我看重的是好的短篇给予人的那种猝不及防之感。在滞缓、恒久的巨大背景前后,正是不同的人在上演着同一剧目的不同片段,走马灯似的。好的短篇正在于它能把这些片段弄得叫人无言以对,精彩得叫你猝不及防。因为世界上本不存在一气呵成的人生,我们看到的他人和自己,其实都是他人和自己的片段……
>
> 过于精确的算计固然能够免除我们在生活中吃亏上当,但我们失掉的却可能是整个的真实幸福。这话也同样适用于写小说的人吧:别让过于精确的算计滞住你的心和笔。我常常对我说。[1]

8月 《无雨之城(长篇小说节选)》刊《作品与争鸣》第8期。

中短篇小说集《甜蜜的拍打》(跨世纪文丛)由长江文艺出版社出版,收录了《对面》《埋人》《麦秸垛》《棉花垛》等14部中短篇小说,并附有王绯的评论《铁凝:欲望与勘测》以及铁凝主要作品目录。

9月 戴锦华的论文《真淳者的质询——重读铁凝》刊《文学评论》第5期。论文认为,铁凝小说中不断变奏的主旋律是"直面着世故的真淳"。铁凝拒绝了铁肩担道义的启蒙使命与社会代言人的光环,从不采取

---

[1] 铁凝:《自序》,《铁凝小说精选》,太白文艺出版社1995年版,第2页。

优越、俯瞰的视点,而是以一种特殊的宽厚原有了庸俗与怯懦。"事实上,铁凝的质询,并不多见于对历史与历史中的暴行的记述;而更为深刻、细腻地表现为她对日常生活中的权力场景的发现。……在铁凝的笔下,可怕的不是权力的高压与迫害,而是普通人的权力异化:人们在日常生活中微缩了权力模式,复制着权力模式的偏狭与伪善。在铁凝那里,与其说文明是一种暴行,不如说它更多呈现为苍白、孱弱与贫血,铁凝称之为一种'可怕的单调'。它呈现为困扰着、挤压着孩子的成年人的世故与教育的伪善,呈现为苍白的婚姻与种种荒诞或常态的'礼仪'"。与此同时,"铁凝之于女性体验的书写,更多的是一种内省,是对女性的历史与现实境遇的深刻的、近于冷峻的质询,一种对文明社会中女性位置的设问。"铁凝的女性题材小说,"似乎是对五四时代关于女性的话语的淡淡的反讽,旧世界的女人/大芝娘们,并非史中的'死者',她(们)是生者,是拒绝文明的放逐,而仍遭遇着这放逐的、寂寞的生者。而对于'新女性',她们经历了解放,因而深刻地承受着放逐:社会、法律意义上的解放,在铁凝那里,更像是一种'挪动'———一个单纯的空间位移。"由此,铁凝完成了将女性写作由控诉社会到解构自我的深化。

10月8—17日[①] 第六届全国书市在武汉展览馆开幕。铁凝和洪峰、梁晓声、崔京生一起亮相书市,签名售书。铁凝被安排在书市二楼一进门大厅的入口处,连续两天为读者签名售书,铁凝签售的两本书是《无雨之城》和《河之女》。

8日上午,一个腼腆的小女孩徐立要铁凝在最新出版的小说集《甜蜜的拍打》上签名。铁凝此时尚不知道自己的新书已经出版,因此乍见之下有几分惊喜。铁凝从徐立那里得知一楼大厅有售时,就开玩笑说一会儿也要下楼买一本自己的书。不料徐立很快又买了一本送上来,并在扉页上写道:"赠铁凝……"落款是徐立。

参观了黄鹤楼、长江大桥等。

---

① 铁凝在1994年10月写作《寻找徐立》一文中,说在书市签名售书是在"去年十月"。全国书市是1994年在武汉举办的。

11月8日 写作《日文版小说集〈给我礼拜八〉序》。文中谈到,将《遭遇礼拜八》改为《给我礼拜八》是池泽实芳的想法,也是铁凝的意愿。在池泽实芳的倡议下,铁凝请父亲为这本书做了封面设计和插图。

12月 《我读关仁山的小说》刊《大地》第12期,《小说》1995年第2期转载。

本年度重要研究论著

戴锦华:《真淳者的质询——重读铁凝》,《文学评论》第5期。

宗仁发:《铁凝带着〈无雨之城〉走进市场》,《文艺争鸣》第2期。

王绯:《铁凝:欲望与勘测——关于小说集〈对面〉》,《当代作家评论》第5期。

刘荣林、张健全:《论铁凝小说的自然观与悲剧意蕴》,《张家口师专学报》(哲学社会科学版)第1期。

王力平:《倘徉于心灵的牧场——铁凝散文漫议》,《文论报》4月25日。

陈映实:《深刻传神的生命写真——评铁凝新作〈孕妇和牛〉与〈对面〉》,《小说评论》第3期。

田中元:《别开生面的艺术世界——〈玫瑰门〉叙事和语言艺术初探》,《阴山学刊》第3期。

1995 年　38 岁

1月1日　《小说和我》刊《文论报》。

1月　铁凝随笔集《长街短梦》由知识出版社出版。

2月4日（正月初五）　写作短文《我心所想》，这是应《当代人》编辑的邀请所写。

2月14日（正月十五）　创作短篇小说《世界》。

2月　创作《写作的意义》。文中说"写作是不容易的，作家通过自己讲述的故事，不仅要让读者感受他们熟知的种种气息，还需有本领引读者发现他们没有能力发现和表述的一切陌生的熟悉。……任何一个刻意取悦读者的作家都不会是一个能有好的发展的作家。因为刻意取悦读者的作家的精神必然缺乏必要的集中，写作时的情态也定然缺少必要的忘我。写作需要忘我"。①

3月3日　季红真的《返回原欲：铁凝阅读印象》刊《辽宁日报》。

4月1日　《铁凝的不打旗号》刊《文论报》。

4月12日　《创造女人》刊《中华读书报》。《当代文学研究资料与信息》第3期转载。

4月　《小说和我》刊《大地》第4期。

短篇小说《世界》和散文《我心所想》刊《当代人》第4期。《世

---

① 铁凝：《写作的意义》，《女人的白夜》，江苏文艺出版社1996年版，第216—217页。

界》在《小说月报》第 7 期、《散文选刊》第 7 期转载。

中短篇小说集《对面》（红罂粟丛书）由河北教育出版社出版，收录了《对面》《他嫂》《棉花垛》《麦秸垛》等 14 部中短篇小说，其中大部分写于 20 世纪 90 年代初期，也大多是关于不同女人的故事。铁凝在书后的《跋》中说："我本人在面对女性题材时，一直力求摆脱纯粹女性的目光。我渴望获得一种双向视角或者叫做'第三性'视角，这样的视角有助于我更准确地把握女性真实的生存景况。在中国，并非大多数女性都有解放自己的明确概念；真正奴役和压抑女性心灵的往往也不是男性，恰是女性自己。当你落笔女性，只有跳出性别赋予的天然的自赏心态，女性的本相和光彩才会更加可信。进而你也才有可能对人性、人的欲望和人的本质展开深层的挖掘。并不是每一次努力都能获得成功，重要的是你不曾放弃这种努力。"①

4—5 月 应美国政府之邀，参加美国总统创立的有五十年历史的"国际访问者计划"。两个月间，铁凝走访美国 10 个州 13 个城市，并接受俄克拉荷马州"名誉副州长"之证书。

在华盛顿参观国会图书馆亚洲部，铁凝被特准进入书库，并在该部研究员胥浩功的陪同下，为国会图书馆收藏的铁凝的八种书签名；在华盛顿美国国家基金会（简称 NEA）与文学部主任麦克·谢作了一次文学和金钱之间的关系的谈话；铁凝和她在美国的翻译陈一川先生被邀请旁听了接受"文学疗法"的"患者"们的一堂文学课；参观华盛顿的"作家之家"和纳粹屠杀纪念馆。

在德克萨斯州友人戴维·费尔斯汀家做客。戴维·费尔斯汀是一位美国犹太青年，深棕色头发，高个子，精干灵活，既天真快乐，又有着超出同龄人的某种冷静与成熟。铁凝曾撰文《生命与和平相爱——戴维·费尔斯汀其人》。铁凝在一家名叫贝尔特的风味烤肉店请客，以表达对费尔斯汀一家的感激。铁凝的这次宴请花了 17 美元。午餐结束时，费尔斯汀

---

① 铁凝：《跋》，《对面》，河北教育出版社 1995 年版，第 374 页。

全家对铁凝表示感谢,费尔斯汀先生说:"你知道吗?以后每当我们路过贝尔特就会想起你,我们会对人说:这就是铁凝请客的地方。"①

访问期间,在亚特兰大与妹妹铁婷同游石头山公园,这公园是为纪念南北战争中几位著名将军而建,将军们的头像刻在突起的峭壁上,铁凝和妹妹乘缆车到达山顶,才发现石头山就是一块完整圆滑的大石头,公园便因这块巨石而得名。

铁婷还驱车三个小时带铁凝到一个名叫海伦的小镇。此地德裔美国人居多,因此建筑也多是德式风格。街很窄,房子五颜六色、变化多端。当时天下着雨,空气非常好,姐妹俩挨家逛商店。妹妹在一家小店为铁凝买了一只八音盒作纪念。女店主在包装盒子时和妹妹聊天,详细地询问如何发豆芽,因为她女儿嫁了一位东方人,她希望女儿掌握这门手艺,好给丈夫发豆芽吃。铁凝为此觉得海伦小镇不再是神话,这里毕竟有着食人间烟火的居民,这条街上就住着一个想学发豆芽的女店主。②

5月15日 《珍贵的良心——写在"红罂粟丛书"出版之际》刊《出版广角》第5期。"红罂粟丛书"是由王蒙主编、河北教育出版社推出的一套女作家作品系列。这套丛书以自选的形式,编辑了叶文玲、王小鹰、铁凝、陆星儿、赵玫、蒋子丹、张抗抗、残雪、迟子建等22位女作家的小说和报告文学。出版社以此作为向即将在北京召开的联合国第四次世界妇女大会的献礼。

5月24日 来到俄克拉荷马城。俄克拉荷马城的联邦大楼在4月19日突遭爆炸,至5月4日救援工作结束时,有167人死亡(包括19名儿童),450余人受伤,另有3人失踪,财物损失达5亿美元以上。铁凝是灾后第一个访问俄克拉荷马城的外国作家,市长高级助理瑞克·莫尔先生向铁凝赠送了一只有市长签名的陶瓷烧盘,向她表示感谢;副州长玛丽·法琳女士向铁凝宣布了州政府的一项决议,即任命铁凝为俄克拉荷马州名誉副州长,并把一份深蓝色的印有烫金州徽的证书交到铁凝手中,微笑着

---

① 铁凝:《我在奥斯汀请客》,《女人的白夜》,江苏文艺出版社1996年版,第414—415页。
② 铁凝:《铁凝影记》,河北教育出版社1998年版,第38页。

对铁凝说:"俄克拉荷马的大门随时为你敞开。"①

铁凝在这里还访问了美国红十字会、俄城消防队和该城著名心理学家威廉姆斯夫妇。

访问期间,由于喜欢美国影星汤姆·汉克斯,铁凝花了几天时间看了他的全部电影。

5月 《铁凝散文自选集》由百花文艺出版社出版,这是铁凝应出版社之约编选的。编辑在《内容提要》中写道:"铁凝的散文,文笔柔和细腻,感情纯真清雅,无拘无束且饱含情趣,同时又蕴含着深沉的思考和独特的见解,令人赏心悦目。"

《铁凝小说精选》(中国当代实力派作家大系)由太白文艺出版社出版,收录了《对面》《他嫂》等8部中篇和《马路动作》《法人马婵娟》等14篇短篇小说,书后附录有铁凝作品的获奖情况。

《你在大雾里得意忘形》收于《当代女性散文精选》。②

夏 看望萧乾。

6月中下旬 应高雄文艺协会之邀,随大陆作家代表团访问台湾,为期10天。代表团成员还有李準、叶斤澜、蒋翠林、蒋子龙、金坚范、阿尔泰。

6月29日 铁凝在台北拜会林海音,并应邀参观她的纯文学出版社,同行的还有金坚范和蒋翠林。

在台期间,萧飒赠给铁凝一本他自己的小说集《裸画》,铁凝回赠他《无雨之城》。后来,萧飒专门从高雄打来电话,谈他对《无雨之城》的读后感。

阿尔泰是来自内蒙古的诗人,他教铁凝用蒙文演唱《敖包相会》,二人在宴会上的演出受到大家的欢迎,他们从高雄一直唱到台北,铁凝一行还在皇冠出版社与平鑫涛、琼瑶夫妇座谈。

---

① 铁凝:《俄克拉荷马城纪事》,《女人的白夜》,江苏文艺出版社1996年版,第424—435页。俄克拉荷马城是俄克拉荷马州的首府。

② 季红真编:《当代女性散文精选》,北京十月文艺出版社1995年版。

归途中路过香港。又遇潘耀明。

8 月 在北京王府井外文书店为王蒙主编的"红罂粟丛书"签名售书，铁凝签售的书是小说集《对面》。

9 月① 在北京参加第四次世界妇女大会非政府论坛。

9—11 月 在《河北日报》和《文学报》上发表了一些旅美游记。

秋 去正定看望病中的贾大山。

> 当我在这个秋天见到他，他已是食道癌（前期）手术后的大山了。他形容憔悴，白发很长，蜷缩在床上，声音喑哑且不停的咳嗽。疾病改变了他的形象，他这时的样子会使任何一个熟识从前的他的人难过。只有他的眼睛依然如故，那是一双能洞察世事的眼，狭长的，明亮的。正是这双闪着超常光亮的眼使贾大山不同于一般的重病者，它鼓舞大山自己，也让他的朋友们看到一些希望。
>
> 那天我的不期而至使大山感到高兴，他尽可能显得轻快地从床上坐起来跟我说话，并掀开夹被让我看他那骤然消瘦的小腿——"跟狗腿一样啊"，他说，他到这时也没忘幽默。我说了些鼓励他安心养病的话，他也流露了许多对健康的渴望。看得出这种渴望非常强烈，致使我觉得自己的劝慰是如此苍白，因为我没有像大山这样痛苦地病过，我其实不知道什么叫健康。②

11 月 1—20 日 创作《何咪儿寻爱记》。

11 月 《生命与和平相爱——一个美国犹太青年的故事》刊《今日名流》第 11 期。文中的犹太青年即戴维·费尔斯汀。

《想象胡同》刊《女子文学》第 11 期。

易光的论文《非女权主义文学与女权主义批评——兼读铁凝》刊《当代文坛》第 5 期。

---

① 有些资料里说是 8 月。会议是从 1995 年 9 月 4 日至 15 日，为期 12 天。
② 铁凝：《天籁之声，隐于大山》，《人民日报》2014 年 2 月 18 日。

12月6—28日　创作《青草垛》。至此"三垛"完成。铁凝说:"在一九八九年初,等我写完《棉花垛》之后,实际上就有了《青草垛》的构思。迟迟未能动笔,是因为我找不到一种最合适的表述方式,来讲那个名叫'一早'的主人公的故事……在'三垛'的写作中,我也本能地愿意以完成'第三垛'来结束对这三种至今还维系着人类生存的'物质'的思考。或者换句话,我思考的是在这些物质注视下的人类境况"。①

评论家们也将"三垛"作为整体,更深入地研究铁凝的创作。闫红认为:"'三垛'继承了五四女性文学对理想的诗意追求,对女性现实生活的瞩目和生命价值存在的追问;但在作品中表现女性追求自我回归的渴望中,传达出的对女性灵魂的拷问、对女性负面价值的无情犀利的解剖和批判,则在对五四女性神话传统和男权社会的颠覆和解构中显示出超越性。"② 褚洪敏指出:"由于独特的叙事策略的运用,铁凝的'三垛'在其创作中占有重要地位,它以独特的审美风貌丰富了新时期文学史。"③

贺绍俊持不同看法,他认为:"三垛"作为一个系列来要求的话,其内在性并不很充分。无论从小说内涵还是从创作方法上,《青草垛》都与前两部中篇小说有很大的不同。

本年　小说集《给我礼拜八》(日文版)由日本东京近代文艺社出版,池泽实芳翻译。书中收录的9篇小说,全部由他选定,背景都是中国华北一带的平原。小说集以《给我礼拜八》(小说原名《遭遇礼拜八》)作为书名,是铁凝和池泽实芳共同的想法。铁扬为这本书做了封面设计和插图。池泽实芳曾就此书同铁凝探讨过上百个题目,还曾专程赴铁凝的祖籍河北赵州考察。④

---

① 铁凝:《写在卷首》,《青草垛》,江苏文艺出版社1996年版,第1—2页。
② 闫红:《论铁凝"三垛"对五四女性文学的继承和超越》,《廊坊师范学院学报》2003年第3期。
③ 褚洪敏:《叙事学视野下的铁凝"三垛"》,《河北师范大学学报》(哲学社会科学版)2002年第2期。
④ 铁凝:《日文版小说集〈给我礼拜八〉序》,《女人的白夜》,江苏文艺出版社1996年版,第206—207页。

《红衣少女》（日文版）由日本东京近代文艺社出版，池泽实芳翻译。

电视剧《遭遇礼拜八》（上下集）播出。

本年度重要研究论著

易光：《愤怒之舞——铁凝小说一解》，《当代文坛》第 1 期。

萌萌：《一种不能忘怀的经历——读铁凝的〈草戒指〉》，《光明日报》4 月 20 日。

马云：《男性叙事话语中的孕妇情境——铁凝小说〈孕妇和牛〉引起的话题》，《河北师范大学学报》（哲学社会科学版）第 3 期。

闫红：《论铁凝"三垛"对五四女性文学的继承和超越》，《廊坊师范学院学报》（社会科学版）第 3 期。

褚洪敏：《叙事学视野下的铁凝"三垛"》，《河北师范大学学报》（哲学社会科学版）第 2 期。

易光：《非女权主义文学与女权主义批评——兼读铁凝》，《当代文坛》第 5 期。

1996 年　39 岁

1 月　散文集《温暖孤独旅程》（女作家爱心系列）由珠海出版社出版。

《风筝仙女》刊《散文》第 1 期。《热风》1999 年第 3 期转载。

《何咪儿寻爱记》刊《长城》第 1 期。

田心季的论文《师法·凸现·超越——铁凝创作的影响透视》刊《烟台师范学院学报》（哲学社会科学版）第 1 期。论文认为，铁凝的前期创作在整体上深受孙犁的影响。从最初单纯的表现手法的借鉴，到之后现实主义精神的汲取，铁凝完成了艺术个性从模糊到明晰的审美建构，完成了师法、凸现、超越的"三级跳"，使其创作跃上了一个新高度。

3 月　《小黄米的故事》《沙果》刊《青年文学》第 3 期。这一期杂志的封面是铁凝的照片。为了拍摄照片，《青年文学》的美编李鸿飞专程在春节前到石家庄来，此前铁凝曾将两张现成的照片寄给他，但他坚持要自己来拍摄。尽管做了充分准备，但是到铁凝家之后，发现相机出了故障，李鸿飞急得出了一头汗。铁凝给父亲打了电话，父亲放下手中的事情，立刻带着他的相机从城市的另一端赶来了。

散文集《罗丹之约》（当代名作家寄语青年丛书）由吉林人民出版社出版。

《当代中国作家随笔精选》[①] 出版，收入铁凝的《真挚的做作岁月》

[①] 柯灵主编：《当代中国作家随笔精选》，东方出版中心 1996 年版。

等 15 篇散文。

6 月 《黄金与钻石》刊《当代人》第 6 期。

夏 陪蒋子龙到正定看望病中的贾大山。蒋子龙应邀来石家庄参加一个作品讨论会,他希望铁凝能陪他去看贾大山,他们是中国作协文学讲习所的同学。

> 是个雨天,我又一次来到正定。蒋子龙的到来,使贾大山显得兴奋,他们聊文讲所的同学,也聊文坛近事。我从旁观察贾大山,感觉他形容依然憔悴,身体更加瘦弱。但我却真心实意的说着假话,说着看上去他比上次好得多。病人是需要鼓励的。这一日,大山不仅下床踱步,竟然还唱了一段京剧给蒋子龙。他强打着精神谈笑风生,他说到对自己所在单位县政协的种种满意……他很知足,言语中又暗暗透着过意不去。
>
> 他不忍耽误我们的时间,似又怕我们立刻离去。他说你们一来我就能忘记一会儿肚子疼;你们一走,这肚子就疼起来没完了……我们告辞时他坚持下楼送我们。他显然力不从心,却又分明靠了不容置疑的信念使步态得以轻捷。他仿佛以此告诉人们,放心吧,我能熬过去。[1]

7 月 散文《一个人的热闹》刊《鸭绿江》第 7 期,《中国文学》第 5 期转载。

9 月 《铁凝文集》(5 卷本)由江苏文艺出版社出版,包括中篇小说卷《青草垛》和《埋人》、短篇小说卷《六月的话题》、长篇小说卷《玫瑰门》和散文卷《女人的白夜》。

秋 重游位于涞水县的十三王爷坟。铁凝 1992 年在这里写出了短篇小说《孕妇和牛》。

---

[1] 铁凝:《天籁之声,隐于大山》,《人民日报》2014 年 2 月 18 日。

10月 在河北省作家协会第三次代表大会上，当选为河北省作家协会主席。

11月 水天戈的论文《善良是一棵矮树》刊《小说评论》第6期。文章认为《何咪儿寻爱记》对何建军的性格刻画，完全停留在一个静态的立足点上，即处在忍让与逆来顺受的层次上，其性格始终无丝毫无变化与开展……完全没有做人的最起码的判断力。

12月8日 为祖籍停住头村修筑街道纪念碑撰文。

12月 在中国作家协会第五次全国代表大会上，铁凝当选为中国作家协会副主席，是历史上最年轻也是唯一一位女性作协副主席。

散文集《大街上的梦》（露珠丛书）由河北少年儿童出版社出版。

《门外观球》刊《体育博览》第12期。

本年度重要研究论著

水天戈：《善良是一棵矮树》，《小说评论》第6期。

田心季：《师法·凸现·超越——铁凝创作的影响透视》，《烟台师范学院学报》（哲学社会科学版）第1期。

谭湘：《地上的人，天上的云——读铁凝〈风筝仙女〉》，《文艺报》2月16日。

1997 年　40 岁

1 月 18 日　在石家庄通用图书公司举行的五卷本《铁凝文集》首发式上签名售书。

1 月　创作《写作之外的生活》。写作之外，除了日常生活，文章主要是写了陪父亲收集擀面杖的一些故事。

《秀色》刊《人民文学》第 1 期，小说表现了干旱山区的张品为留住钻井队而奉献自己的身体，共产党员李技术最终带领钻井队为山区成功钻井后却不幸牺牲的故事。《小说月报》第 3 期（附创作谈《我看短篇小说》）、《小说选刊》第 3 期、《作品与争鸣》第 12 期转载。获《小说月报》第八届百花奖。后收于《中国短篇小说精选　1997》[1]《乡镇世态小说》[2]。《岁月流金　短篇小说卷　上》[3]《中国文学年鉴　1997—1998》[4] 等。

崔道怡说他读小说时流下了眼泪："与其说《秀色》让我们看到了山野女性另外一种崇高伟大，不如说是作家意在透过《秀色》让我们去看共产党人应禀赋的伟大崇高。"他认为小说"清新而丰厚，深刻又沉重，耐寻味，堪回味，苦涩甘甜，精灵隽永。能得如此，固然源于铁凝的灵气，出自她的匠心，但我以为，更重要的是，这位作家确实深入了生活、

---

[1] 中国作协创研部编：《中国短篇小说精选　1997》，长江文艺出版社 1997 年版。
[2] 牛玉秋编选：《乡镇世态小说》，北京师范大学出版社 1999 年版。
[3] 崔道怡主编：《岁月流金　短篇小说卷　上》，新世纪出版社 1999 年版。
[4] 中国社会科学院文学研究所《中国文学年鉴》编辑委员会编：《中国文学年鉴　1997—1998》，作家出版社 2002 年版。

真切地爱着人民、执著忠诚于事业,这是从她笔下的字里行间可以领会得到的"①。而丁夫则认为"《秀色》是一篇缺乏生活真实,只凭写作技巧创作出来的胡编'精'造之作"②。

《蝴蝶发笑》刊《天涯》第1期,《传奇文学选刊》第6期转载。铁凝后来谈到小说创作缘起时说:"十几年前我在韩国曾读到报纸上一则故事:一个年轻人的自行车坏了,他想扔掉再买辆新车。祖父对他说,你应该学着修一修自行车。年轻人对祖父说,如今谁还会自己修自行车啊。祖父说,如果你的什么东西坏了都是一扔了事,那么有一天你的脑子坏了你也要把脑子扔了吗?灵魂出了事你也要把灵魂一扔?这个朴素的故事引发我写了短篇小说《蝴蝶发笑》,我觉得那位韩国祖父和晚辈的对话其实涉及到现代人如何唤醒处理自身种种难处的能力,还有对进步或者是退化的困窘和疑惑。"③

2月3日(农历腊月二十六) 最后一次见到贾大山。他已瘦得不成样子,他的病态使铁凝失去了再劝他安心养病的勇气。于是他们不再说病,只是不着边际地说世态和人情。大山对铁凝说有几个陌生的中学生,曾经在病房门口探望他。这使他感到自豪。

2月24日(农历正月十四) 贾大山去世。

2月28日 创作《安息 大山兄》。

2月 《在台北和林海音聊天》刊《当代人》第2期,《散文选刊》第5期转载。

3月 《安息 大山兄》刊《长城》第2期。

连保的论文《铁凝文艺观念初理》刊《河北师范大学学报》(哲学社会科学版)第2期。

4月 《疾步热岛》刊《当代》第2期。记述了台湾之行中的见闻

---

① 崔道怡:《令人落泪的短篇小说——我读铁凝的〈秀色〉》,《作品与争鸣》1997年第12期。
② 丁夫:《〈秀色〉能"永远"吗?》,《书屋》1997年第5期。
③ 铁凝:《幽灵之船》,《以蓄满泪水的双眼为耳》,生活书店出版有限公司2016年版,第240—241页。

以及与萧飒、裴源、林海音、琼瑶等人的会面。

《会飞的镰刀》《对面》《自言自语》收于《作家的处女作和代表作　跨度》（上）。①

5月16日　汪曾祺因病医治无效去世，享年77岁。

5月　《小郑在大楼里》刊《北京文学》第5期。《小说月报》第7期转载。获1997年《北京文学》优秀短篇小说奖。

《铁凝自选集》（4卷本）由作家出版社出版，包括《玫瑰门》《无雨之城》《告别伊咪》《色变》。

7月1日　汪曾祺的《铁凝印象》刊《文论报》。

7月8日　在石家庄重逢张守仁。张守仁来参加阿宁作品研讨会。铁凝见到张守仁很高兴，把他送到房间，还说晚上要好好聊聊。后因铁凝临时要找省里领导商量作协重要事项而作罢。晚上河北的作家到张守仁的房间里闲聊，说铁凝当了作协主席之后，解决了许多棘手问题，也使她心力交瘁。遇到麻烦时铁凝哭过，甚至说过气话"不干了"，但事后还是咬牙坚持下去。他们还说铁凝工作、写作两不误，廉洁自律，责任感强，帮助作家解决了许多具体困难。张守仁感慨地说："你们有这样一位年轻、有担当的作协主席，多么幸运。"

7月　《午后悬崖》刊《大家》第4期。后收于《'97中国年度最佳小说》（中篇卷·上）②、《女性体验小说》等。③

汪曾祺的《铁凝印象》、陈超的《写作者的魅力——我认识的铁凝》何玉茹的《我看铁凝》刊《时代文学》第4期。

9月12日　许海涛的《铁凝：潜入生活的海洋》刊《中国青年报》。

9月12—18日　在北京参加中国共产党第十五次全国代表大会。

秋　应美邀请，随中国国务院知识产权考察团访问美国。

---

① 黄宾堂主编：《作家的处女作和代表作　跨度》（上），云南人民出版社1997年版。
② 中国作家协会《小说选刊》选编：《'97中国年度最佳小说》（中篇卷·上），漓江出版社1998年版。
③ 陈染编选：《女性体验小说》，北京师范大学出版社1999年版。

10月 《安德烈的晚上》刊《青年文学》第 10 期,《小说选刊》第 12 期、次年《新华文摘》第 1 期、《中外书摘》第 11 期、《名作欣赏》1999 年第 1 期等多家刊物转载。获 1997 年《小说选刊》优秀短篇小说奖。小说反映了一位一生都循规蹈矩的工人安德烈在下岗后渴望"犯规"却最终失败的故事。

《母亲在公共汽车上的表现》刊《散文百家》第 10 期。

中短篇小说集《午后悬崖》由百花文艺出版社出版。

12 月 9 日 完成《B 城夫妻》。

本年 铁凝被河北师范大学中文系聘为客座教授。

本年度重要研究论著

范川凤:《寻找理想和现实的和谐——铁凝小说创作心路历程探析》,《河北师院学报》(社会科学版)第 1 期。

连保:《铁凝文艺观念初理》,《河北师范大学学报》(哲学社会科学版)第 2 期。

赵纯兴:《论新时期主旋律新人形象塑造——兼评铁凝〈秀色〉》,《理论与创作》第 4 期。

汪曾祺:《铁凝印象》,《时代文学》第 4 期。

陈超:《写作者的魅力——我认识的铁凝》,《时代文学》第 4 期。

许海涛:《铁凝:潜入生活的海底》,《中国青年报》9 月 12 日。

张志忠:《沐浴纯真——铁凝〈大街上的梦〉简评》,《文论报》10 月 9 日。

刘绍本、张以平、阎兰娜:《〈秀色〉可餐——铁凝短篇小说〈秀色〉漫评》,《河北日报》12 月 1 日。

崔道怡:《令人落泪的短篇小说——我读铁凝的〈秀色〉》,《作品与争鸣》第 12 期。

丁夫:《〈秀色〉能"永远"吗?》,《书屋》第 5 期。

1998 年　41 岁

1 月　《河之女》《麦秸垛》收于《二十世纪中国女性主义文学精粹》。[①]

2 月 9 日　《女人的白夜》获第一届鲁迅文学奖散文杂文奖。担任评委的张守仁在众多参赛散文集中看到了铁凝的《女人的白夜》。

> 审读之后，我发现铁凝不仅小说写得好，散文也佳，颇具特色。她的散文语言婉约清新，艺术感觉独特，且颇有绘画的形象、色彩感。她说散文是"心灵的牧场"，我认为散文是"内心的独白"，两者不谋而合。我细读全集，对《罗丹之约》《草戒指》《闲话做人》等篇章最感兴趣。
>
> ……
>
> 我写作、翻译、编研散文已数十载，认为好散文除思想性、艺术性外，更要有我，有个性，有独特性，而《女人的白夜》里的多数篇章，是符合我一贯坚持的九字散文观"要有我，写独特，独特写"的主题的，于是写了详细的审读意见，提供给包括袁鹰、冯骥才、舒乙等名家在内的十多位评委研讨。结果一致通过，铁凝《女人的白夜》荣获第一届鲁迅文学奖散文杂文奖。[②]

[①]　张慧敏：《二十世纪中国女性主义文学精粹》，北岳文艺出版社 1998 年版。
[②]　张守仁：《看着铁凝一路走来》，《星火》2017 年第 2 期。

2月　随中国作协代表团赴香港参加香港作家协会成立10周年庆祝活动。应邀到金庸家做客,把《玫瑰门》赠送给金庸先生。金庸第二天一见她就说:"我昨晚一夜没睡看完了《玫瑰门》。你的小说写得非常好,写女人之间的较量,互相的依恋,互相的争斗,非常精彩,你写的是玫瑰战争。"

活动期间,与《文艺报》记者应红一起逛街。

小说集《银庙》(名家处女作系列)由山东文艺出版社出版。铁凝在《自序》中说:

接到约稿信之初,我对是否编辑此书曾经产生过犹豫。我相信那多半是我的虚荣心在作祟:我似乎不愿让读者如此集中地、眼睁睁地阅读我的幼稚、笨拙和浅露的热情。

其实,这又何必呢?

向前看需要大智大勇,向后看亦需大勇大智。我是多么愿意步履沉实地在文学之路上一直向前向前,所以我明白了:我必须有胆量正视从前的我自己。

3月　应以色列希伯来作家协会邀请,率中国作家代表团访问以色列。

散文集《想象胡同》(她们文学丛书)由云南人民出版社出版。

《B城夫妻》刊《小说家》第2期。《小说选刊》第6期转载。

5月　应韩国亚洲美术馆邀请,陪同父亲访问韩国。韩国亚洲美术馆原计划是在汉城为铁扬举办个人画展,但由于亚洲金融危机,不得不推迟画展,改为邀请铁扬父女访问韩国。他们访问了汉城、济州岛和雪岳山等。

6月20日　在家中接受人民日报高级记者、报告文学作家孟晓云的采访。访谈中,铁凝回忆了第一次拜访徐光耀时的狼狈与自卑,为了当作家而选择下乡时的虔诚与认真。她重点谈了在筹建河北省文学馆中所做的工作。她先是在省作协会议上集思广益,后来花了一年时间,从立项到申请了 6000 万元的经费，然后是选址、开工。她谈到了种种艰辛，也感激省委书记的支持，后来这个项目得到了省委、省政府及市委、市政府的一致支持，还列入了中华人民共和国成立 50 周年的献礼项目。铁凝说："一个作家一生只在那儿封闭式地进行个人写作，是很幸福的，但也许它并不完全适合我，因为我现在在这个位置上，我确实有一种责任心。短浅地看可能耽误了你的两个短篇、或者一个中篇，但是长远地看，它对你的一生、你的人生经历注入了很多饱满的、丰富的、以前从来不知道的内容。这些内容不会立刻对你的写作发生直接的影响，产生立竿见影的作用；它是潜移默化的，它会帮助你，认识社会，认识人生。另外支撑我的是，它也是文学事业的一部分，我能够为河北省文学界的大利益付出辛苦，为我的同行们的利益付出点辛苦，也值了。"①

6月　《树下》刊《作品》第 6 期，《小说月报》第 8 期、《小说选刊》第 9 期、《新华文摘》第 9 期、《中外书摘》第 12 期转载。小说中老于想求当市长的女同学帮忙调换一套有暖气的房子，却囿于教师身份，空谈了一晚上而始终无法说明来意，回家后对着一棵树倾诉自己的愿望。

7月2日　郑熙亭的文章《文学的魅力是真淳：读〈铁凝文集〉札记之一》刊《文论报》。

9月18日　铁凝就"体验生活"发表了不同的看法："'体验'有一种隔膜，有一种表演、做作的成分在里边，是旁观者的观望，是沽名钓誉者的故作姿态。作家就要在生活中，不应是旁观者。"②

9月25日　《伸向过去的欲望》刊《当代作家》第 5 期。这是铁凝为"女作家影记"作的总序。

1995 年第四届世界妇女大会在中国召开，河北教育出版社出版了一套由王蒙主编的女作家作品系列丛书，名曰"红罂粟丛书"。此书一经面世，便受到海内外众多读者的欢迎，并获得第二届全国优秀妇女读物一等

---

① 孟晓云：《与文学一起成熟——铁凝访谈录》，《非隐私访谈录》，当代世界出版社 2000 年版，第 166—183 页。
② 徐怀谦、杨少波：《"挂职作家"说"挂职"》，《人民日报》1998 年 9 月 18 日。

奖和第十届中国图书奖。这套丛书的重点策划人、河北教育出版社社长兼总编王亚民,决定由铁凝主编一套"女作家影记"丛书,作为"红罂粟丛书"的第二系列。这套丛书共有九册,九位女作家每人一册,每册包括作家精心挑选的一百余幅照片,以及由照片引发出的文字,侧重表现的是作家的生活、阅历、写作、亲情、友谊,读者从中看到的是作为一个"人"的她,而不仅仅是作为一个作家的她。

9 月 散文集《心灵修炼》由江苏人民出版社出版。

《铁凝小说精粹》由四川人民出版社出版。

《铁凝影记》由河北教育出版社出版,收录了铁凝在不同人生阶段的珍贵照片,并配以简单的文字说明。

12 月 30 日 王洪的《长篇需要特别大的力气来支撑——铁凝专访》刊《中华读书报》。

本年 主编九人卷"女作家影记",由河北教育出版社出版。

在第七届河北省文艺振兴奖评选中,获该奖项中的最高奖"关汉卿奖",即"个人终生成就奖"。

被《萌芽》杂志社聘为"新概念作文大赛评委"。

本年度重要研究论著

许艳文:《铁凝随笔艺术初探》,《怀化师专学报》第 1 期。

田中元:《都市女性的情爱尴尬——浅论〈无雨之城〉的人物内涵及结构艺术》,《阴山学刊》(社会科学版)第 1 期。

黄轶:《一株妩媚而狰狞的罂粟花——谈〈玫瑰门〉中的司猗纹》,《郑州大学学报》(哲学社会科学版)第 1 期。

郑熙亭:《文学的魅力是真淳:读〈铁凝文集〉札记之一》,《文论报》7 月 2 日。

1999 年　42 岁

1 月　《第十二夜》刊《长城》第 1 期。《小说月报》第 3 期转载，获《小说月报》第九届百花奖。

《永远有多远》刊《十月》第 1 期，《中华文学选刊》第 2 期、《新华文摘》第 5 期、《作品与争鸣》第 9 期、《北京文学》第 11 期转载。获第二届"鲁迅文学奖"、首届"老舍文学奖"、《十月》文学奖、《小说选刊》年度奖、《小说月报》百花奖等。

《永远有多远》以白大省的成长经历和她的三次失恋为主线，表达了一个被强行塑造为"仁义"的女性渴望反抗命运而不可得的悲剧人生。小说发表后引起了广泛关注。

许多读者喜欢主人公白大省，她的善良、仁义、吃亏让人和死心塌地的爱与失恋，是打动人心的理由。亦有评论说白大省身上有一种硕果仅存的东方美德，她能够唤起我们内心最柔软的部分。在这篇小说里，我的确用了很多篇幅叙述白大省和几个男性的关系，但读者可能忽略了她和另一个女性——西单小六的关系。西单小六是胡同里的美女，白大省的一切与她相去甚远。但是，这个我行我素的风骚的西单小六，正是有几分"傻"气的白大省的内心深处的艳羡对象，是她梦想成为的人物。所以，这个小说如果只写了一个胡同里的女孩子的美好，那它就是平庸的。在这里我想探究的是，一个人想要改变自己的可能性和合理性。被世人赞扬的白大省并不想成为她现在已经成为的这种人，由于她秘密的梦想，她和西单小六并不是世俗意义上的对立，她们形成了一种实际上的艳羡关系。她对改变自己和他人的"习惯性"的关系有一种崭新的向往，而她的艳羡本是有其合理性的。她的悲剧在于约定俗成背景下大众对她的不可改变的认可，使她的羡慕的梦想永远无法实现。也许我们现在成为的人都不是我们想要成为的人，但是事情发生在白大省这样一个人身上，就格外地带出了某种心酸。①

赵建国的论文《铁凝文学创作二十年》刊《石家庄师范专科学校学报》第1期。文章指出，铁凝的文学创作与新时期社会生活和文学的时代潮流同步相关而又若即若离。她对诗意美的追求和对人物隐秘及丑陋的探掘形成了两种不同创作风格，相互交替又包容。在她关于短篇创作的"景象说"指导下创作出的一些出彩之作建立了她在文学史上的地位，但"意想不到"和"猝不及防"说却使她的一些作品缺失了原汁原味的真实；铁凝长篇小说《玫瑰门》中的司猗纹这一"国产"的独特形象，因其包孕着丰富的社会内容和文化意义，具备了向典型形象行列迈进的实力和文学价值，但又有着可以克服的缺陷。

2月 《寂寞嫦娥》刊《中国作家》第1期。一个进城的中年女保姆和她的男作家雇主之间由聚到散、最终实现自我价值的故事。

《永远的恐惧和期待》刊《小说月报》第2期。这是小说《永远有多远》的创作谈。"白大省可能是一个过时的北京女人，……作为社会角色，她是众口一词被人说成是理想的楷模，逢到个人生活，她则老是处于劣势。亲友、家人、同学、同事，谁都可以为了自己免遭伤害、获得利益而把麻烦拽给白大省。她所挚爱的男人也只有在走投无路的时候才选择了她。她承接了这一切，且心甘情愿，浑然不觉。……这就使得白大省几乎

---

① 铁凝：《"关系"一词在小说中——在苏州大学"小说家讲坛"上的讲演》，《当代作家评论》2003年第6期。

不像生活在 20 世纪末的一个北京人了,她更像北京的一个死角,死角里一团温暖而略显悲凉的物质,一缕硕果仅存的精神。"但是,"问题是白大省已然成为(着重号为原文所有,下同)的这种人却原来根本就不是她想成为的那种人。而她梦想成为的那种人又是如此的渺小,那只不过是从前胡同里一个被人所不齿的风骚女人'西单小六'。白大省的这种秘密梦想就不免叫人又急又怕。""面对白大省这个'死角',我们有理由期待'永远'能够天长地久,这和白大省内心的秘密渴望形成了对立。我们这一方的期待虽说是留住美妙事物的通常心态,但因有种与己无关的空洞,反过来又露出了几分冷漠和残忍"[1]。

5 月 26—29 日 在北京参加中国、挪威作家文学研讨会,来自中国和挪威的数十名作家、出版家及文学评论家参加会议。铁凝在会上做《无法逃避的好运》的专题发言,她指出王朔小说中"那些看起来教养不深的平凡的主人公们,内心深处其实往往是柔软而又挑剔的,善意并充满对现实不妥协的率真:一种更好的生活、一种更好的生活方式在哪儿?会有的肯定有,找一找……我有时会在王朔的小说背后听见这样的句子。这样,他实际无法对责任真正背过脸去"。她还指出:"文学可能并不承担审判人类的义务,也不具备指点江山的威力,它却始终承载理解世界和人类的责任、对人类精神的深层关怀。它的魅力在于我们必须有能力不断重新表达对世界的看法和对生命新的追问;必须有勇气反省内心以获得灵魂的提升。还有同情心、良知、希冀以及警觉的批判精神。文学也可以像蒙克那样对生活表现深深的失望,强烈的失望本身就蕴含着希望。因为没有失望就无所谓希望,正如同我们有时候对生活不恭敬是渴望生活更神圣。"[2]

5 月 《省长日记》刊《人民文学》第 5 期。《新华文摘》第 8 期、《中国文学(英文)》2000 年第 4 期转载。获《人民文学》1999 年优秀小

---

[1] 铁凝:《永远的恐惧与期待》,《像剪纸一样美艳明静》,人民文学出版社 2006 年版,第 253—254 页。
[2] 铁凝:《无法逃避的好运》,《铁凝散文》,人民文学出版社 2015 年版,第 109 页。

说奖。

6月12日 出席"张庆田半个世纪文学生涯暨《战火纷飞的年代》出版"座谈会。

8月 《小格拉西莫夫》刊《青年文学》第8期。《小说选刊》第10期转载。

《铁凝小说选：英汉对照》（大学生读书计划）由外语教学与研究出版社、中国文学出版社出版，收录了《哦，香雪》《六月的话题》等五部中短篇小说的中文和英文版本。

洪子诚撰写的《中国当代文学史》由北京大学出版社出版，该书把铁凝放在20世纪80年代女性作家群中予以考察，"在80年代艺术创新热潮中，她的小说显得平实而'传统'；常以写实的笔法，写当代变革中的生活矛盾。社会现代化进程的表现，与对文明的质询和对女性处境的思考相关联。她的作品发现没有被现代文明的浸染，或带有原始生命体验的女性的宁静，对她们的描述，也增添了恬淡与充盈的抒情因素"①。

9月 河北文学馆及河北省作家协会新址落成。这是全国首家省级文学馆，也是陈列河北文学和燕赵文化的重要窗口。铁凝从最初的设想、打报告、审批，到后来选址、建造，投入了大量的精力。

陈思和主编的《中国当代文学史教程》由复旦大学出版社出版。该著在"为了人的尊严与权利"一章中专节介绍了《哦，香雪》："《哦，香雪》是铁凝的成名作，和大部分青年作家一样，铁凝也在这篇作品里倾注了相当多的抒情成分，作家特有的女性的细腻、敏感也突出了作品的抒情风格；但更重要的是时代思潮的影响，七十年代末兴起的个性解放和主情主义思潮，使这一时期的小说出现了一种抒情化倾向。也就是说，这种抒情倾向是人道主义文学思潮在一个短篇小说中的感应，又是《哦，香雪》所敏感感应的时代精神的形式化体现。"②

《无法逃避的好运》刊《美文》第9期。

---

① 洪子诚：《中国当代文学史》，北京大学出版社1999年版，第311页。
② 陈思和主编：《中国当代文学史教程》，复旦大学出版社1999年版，第225页。

10 月 散文集《铁凝人生小品》由花山文艺出版社出版。

11 月 13 日 创作《用右手写字》。铁凝在比较了电脑录入和手写的区别之后，写道："我看重的真是这种笨拙的、'落伍'的书写方式么？我害怕丢掉的大约是一种可靠的、踏实的生活姿态，和人与人心灵沟通的另一条美妙渠道。"

年底 长篇小说《大浴女》脱稿。

本年度重要研究论著

赵建国：《铁凝文学创作二十年》，《石家庄师范专科学校学报》第 1 期。

梁静：《寻找女性经验世界的真我——对〈玫瑰门〉的一种女性阅读》，《江西师范大学学报》（哲学社会科学版）第 1 期。

梁刚：《文化启蒙冲动的审美置换——从修辞论美学直读铁凝的〈哦，香雪〉》，《浙江学刊》第 2 期。

王家伦：《"几乎无事的悲剧"——铁凝小说的女性悲剧》，《徐州教育学院学报》第 2 期。

王泉：《简论铁凝小说的意象语言》，《语文学刊》第 3 期。

余昌谷：《把心中的"景象"呈现给读者——铁凝九十年代短篇小说创作概观》，《江淮论坛》第 3 期。

2000 年　43 岁

1 月　《新世纪笔谈》（铁凝、袁鹰、祝勇、邓友梅、雷达、冯秋子、池莉、徐坤、邹静之、叶廷芳）刊《人民文学》第 1 期。

《用右手写字》刊《人民文学》第 1 期，《散文选刊》第 6 期转载。

散文集《您的微笑使我年轻》（金犀牛丛书·散文卷）由明天出版社出版。

《永远有多远》（小说六家新作丛书）由解放军文艺出版社出版。

3 月 17 日　《大浴女》作品研讨会在北京召开。

3 月　《铁凝》（中国当代作家选集丛书）由人民文学出版社出版。

《大浴女》由春风文艺出版社出版。小说题目的灵感来自塞尚的《大浴女》。小说以"文化大革命"中三岁的私生女尹小荃的意外死亡为切入点，呈现了尹小跳在"罪"与"罚"的纠缠中艰难成长的人生历程，进而通过尹小跳的深刻反思，传达了"人的生命价值高于一切"的信念。

《大浴女》第一版印刷 20 万册，后来遭遇了很多盗版。《大浴女》在市场上有很大的需求。

4 月 27 日　雷达的评论《女性命运和心灵的吟味——我读〈大浴女〉》刊《文学报》，《中国现代、当代文学研究》第 6 期转载。文章指出，《大浴女》是一部绝对的女性小说——用女性的心灵、眼睛、感官来触摸一切，观察一切，思索的是女性化的特别富于性别意识的问题，表达的是女性的悲哀和欢欣。小说通过"审母意识"表达了女性的局限和生存困感。小说切入生活的方式，是瓮式结构，开口小，却别有洞天，包蕴丰厚。铁凝的小说从映现时代流行主题渐渐转向人自身，《大浴女》像铁凝的其他小说一样，灌注着丰沛的诗性。

5月1日 火华根据3月17日《大浴女》研讨会记录整理的《解读〈大浴女〉》刊《文论报》。周政保认为小说容量比较大，每个人物都值得专题评论。从艺术的角度，从政治的角度，从历史的角度，都可以。让读者能从多角度阅读，这是小说艺术成熟的标志。白烨说，这部小说给我感受最深的是，它通过尹小跳充满理想不断寻找，结果各个方面都处于无着的飘逸状态，写出了女性在当代社会"成长"的艰辛。安波舜回忆说，三年前他和铁凝有一次谈话，说希望出现这样一本书：第一，能消除一些意识形态的色彩，能够彻底在人本上、在文学母体上做点文章的作品；第二，也希望出现一本能够和世界对话的作品，就是说在人类普遍的情感层面上能够和所有人对话的作品；第三，希望能写一本存活得长久一些的书。这本书逼近了"金布老虎"的征稿标准，但铁凝婉言谢绝了我们的建议，这件事让我对铁凝和她的作品有了新的认识。雷达指出，在《大浴女》中，铁凝追求从灵与肉全面审视，但这个审视又是结合着社会实践等外在变化的。这本书是一个审美品位非常高的书，它的诗化和诗性的东西比较多，是艺术的，不是回答什么社会热点的。李陀说，铁凝的小说有意思的地方在于她对道德的质疑有个距离，这个质疑是多重的。铁凝写这些不像有的作家那样简单处理，而是与整个社会制度性的危机和道德危机之间的复杂关联密切相关。像《大浴女》这样的作品，我们应该多提倡。贺绍俊则认为，从《玫瑰门》到《大浴女》，铁凝对母性的理解更进一步，作品批判了传统意义上的母亲。作品展示了女性解放的艰难，实际上女性解放是对现存秩序进行的一种彻底反叛，而这种反叛是非常不容易的，所以小说的结尾很耐人寻味。敬一丹表示，小说中唐菲这个人物，让她感到又熟悉又陌生，因而她觉得铁凝是一个过于透彻的人。肖雄说他也有同感，小说中的人和事他们都感到很熟悉，好像是自己经历的大回放，读起来有点儿放不下的感觉。何振邦高度肯定了这部作品，他说，《大浴女》在今后十年、二十年，甚至在文学史上留下痕迹都有可能。这部小说的主题很多，人物也写绝了，同时小说是一个心理结构，以尹小跳的生活经历和心理的流动过程来结构这部小说，很流畅且自然。陈超也赞同地说，这部小说非常成熟非常有活力，它在叙述上有很多层面，可以说它是心理分析小说，也可以说它是生存情景的小说，也可以说是内省的成长小说，甚至也可以说它是女性主义小说。这部小说就好像几个棱镜一样相互折光。小说独树一帜的地方，就是对生存和生命那些不为人知的揭示，铁凝在此有非常惊人的才能。过去我们对生存对历史的个人化是遮蔽的，往往用风云史，在这里确实出现了历史的个人，小说揭示了不被我们认知的东西。张志忠指出，作品中每个人都以不同的方式进行自我救赎、自我援助，小说的结尾过于完满。这种书给大众来读的时候很好，但是在作品中还可以更深一点，在结尾还可以留一些余力。铁凝最后说，在《大浴女》整个的写作过程中，我感觉说了我自己想说的话，写了自己想写的字，所以我整个过程是幸福的，也是快乐的，我很珍视这个过程。

5月 《铁凝新作〈大浴女〉座谈纪要》刊《当代文学研究资料与信息》第3期。

8月 由《永远有多远》改编的同名连续剧在西安开拍。编剧是广西青年作家东西。导演赵文忻。

夏—9月 陪父母游俄罗斯。参观了特列契雅柯夫国家画廊、托尔斯泰故居、陀思妥耶夫斯基故居等。铁凝在莫斯科时，见到了俄罗斯爱乐乐团团长左贞观先生，俄罗斯美术家协会第一书记、画家萨罗明先生等人。他们告诉铁凝，他们喜欢伊蕾，喜欢她待人的友善和天真。

归途中阅读了大江健三郎的《燃烧的绿树》。

9月15日 参加《长城》"栏目新人"刘建东、刘燕燕、李浩作品座谈会，参会的作家和评论家还有刘小放、陈冲、封秋昌、陈超、郭宝亮，此次座谈记录以《诚恳的赞叹与冷静的批评——本期新人作品座谈会纪要》为题刊《长城》第5期。

2000 年　43 岁

9 月 27 日　参加由中国社科院主办的作家大江健三郎作品讨论会。在座的还有王蒙、莫言、余华、林白、徐坤、阎连科等作家,文学评论家雷达及王中忱、陈喜儒、高慧琴等日本文学研究者。

> 那天研讨会的气氛庄重、朴素、热烈。大江先生身着典雅、内敛的黑色正装,安静地坐在那里,倾听中国同行对他作品的评价,神情专注而谦逊,还有些许拘谨。当时正是这些许的拘谨打动了我,我仿佛从中看到了一位真正的文学大师不事表演的心灵本色。给我印象深刻的还有,大江先生婉拒研讨会设的午宴,他建议与会者以盒饭为午餐,说这样既简朴又节约时间。于是我们每人都拿到了一个盒饭。①

9 月　《草戒指》刊《散文选刊》第 9 期。

王蒙的文章《读〈大浴女〉》刊《读书》第 9 期。他说:"由于个人的阅读口味和习惯,更由于儿时受到的教育,我不怎么容易接受《大浴女》的书名,也不易接受书里某些比较露骨和感官的描写。"但是,"这是一本相当纯粹的小说……《大浴女》使我们面对原初的天真,面对生之快乐,面对一种纯洁和纯粹。顺手一击的社会背景描写并没有减少批判的力度。但更惊人的是即使在那个物质匮乏精神荒芜的年代,生活仍然是那样有声有色而趣味盎然,人性仍然是那样五彩缤纷而澄明透亮,情感仍然是那样热烈赤诚,悲欢仍然是那样可歌可泣,精神世界仍然是充满了真实的惶惑、追求、升华,叫做被作践了的嫩芽,'成全了一座花园'"。②

雷达指出:"作为女性小说,《大浴女》不是那种肤浅地抨击男权专制主义,揄扬一番女性意识觉醒的小说。在铁凝看来,男性的世界固然是残缺的……而女性的世界同样充满了缺憾。它甚至有很强的'审母意识'(姑且这样称呼,铁凝的某些小说中,母女关系往往紧张)。对于嫉妒,

---

① 铁凝:《以蓄满泪水的双眼为耳》,《以蓄满泪水的双眼为耳》,生活书店出版有限公司 2016 年版,第 18 页。
② 王蒙:《读〈大浴女〉》,《读书》2000 年第 9 期。

虚荣，脆弱，自私，以及隐蔽很深的幽暗心理，也敢于正视。"①

11月中旬 《大浴女》的影视改编权被湖北唯艺传播有限公司买断，将被拍摄成一部二十多集的长篇电视剧。

11月 《在河北省诗歌座谈会上的致辞》刊《诗选刊》第11期。

王一川的论文《探访人的隐秘心灵——读铁凝的长篇小说〈大浴女〉》刊《文学评论》第6期。

本年 小说《永远有多远》由广西作家东西改编为20集电视连续剧，对原著改动较大。

本年度重要研究论著

王蒙：《读〈大浴女〉》，《读书》第9期。

雷达：《雷达专栏：长篇小说笔记之四——铁凝的〈大浴女〉》，《小说评论》第3期。

郝雨：《铁凝近期小说的新开掘与新创造》，《小说评论》第1期。

李正西：《铁凝论》，《安徽教育学院学报》第1期。

范川风：《也谈铁凝的〈秀色〉》，《石家庄师范专科学校学报》第1期。

王海燕：《对立与和谐——论铁凝的短篇小说》，《中国文化研究》第2期。

李琳：《论铁凝书写女性的独特方式》，《首都师范大学学报》（社会科学版）第3期。

张华：《平淡中蕴涵深刻——铁凝近年小说创作扫描》，《新疆师范大学学报》（哲学社会科学版）第5期。

范川风：《直面人生的悲剧和心灵的深渊——铁凝近作中现实主义和荒诞手法运用小议》，《石家庄师范专科学校学报》第3期。

郭宝亮：《灵魂的忏悔与拷问——评长篇小说〈大浴女〉》，《文艺报》

---

① 雷达：《雷达专栏：长篇小说笔记之四——铁凝的〈大浴女〉》，《小说评论》2000年第3期。

7月18日。

王一川:《探访人的隐秘心灵——读铁凝的长篇小说〈大浴女〉》,《文学评论》第6期。

翟业军:《我的家在哪里?——解读铁凝〈大浴女〉》,《当代文坛》第6期。

《小说评论》第5期刊发"长篇小说《大浴女》评论小辑":

朱青:《人性解剖的新突破》。

王春林:《荡涤那复杂而幽深的灵魂——评铁凝长篇小说〈大浴女〉》。

郝雨:《欲的突围与溃败——评铁凝的长篇小说〈大浴女〉》。

2001 年　44 岁

1月12日　《河北日报》"文艺评论"栏目刊发《新世纪，河北文学的姿态》。特邀嘉宾有：铁凝、王力平、陈超、关仁山、吕新斌。

1月28日（正月初五）　创作《"纸"上反腐败的一合》，介绍河北作家一合。二人在1996年冬天河北省作协的一次会议上结识。

1月　《行走的大脚》刊《天涯》第1期。关于瑞士雕塑家阿尔贝托·贾科梅蒂。

《散文河里没规矩》《无法逃避的好运》收于《散文研究》。[①]

中短篇小说集《甜蜜的拍打》《B城夫妻》由群众出版社出版。

《大浴女》由江苏文艺出版社出版。

《铁凝散文集》由时代文艺出版社出版。

3月　散文集《生活在坏话里》（中国当代名人语画书系）由西苑出版社出版。收录了《我见我闻我悟》《另类部落》等14篇杂文，且配以形象的漫画。

电视连续剧《永远有多远》在北京电视台播出，随后在国内40余家电视台先后播映。电视剧对小说改动较大，主要表现在将白大省与西单小六简化为"天使"与"妖女"的二元对立，取消了白大省内心世界的丰富性，使电视剧主题简化并落入惩恶扬善的窠臼。陈伟明说电视

[①] 贾平凹主编：《散文研究》，河北大学出版社2001年版。

剧《永远有多远》"只是借着古老城市这个外壳来包装一个现代的情感故事。……这两个女性分别代表人性的两个方面,她们相互纠缠,彼此羡慕,每个人都有自身的优点和缺陷。只有她们性格形成互补,我们才能看到一个完整的女性。把这两个性格迥异的女性,放在中国当代社会转型时期,商品经济冲击,传统伦理道德和文化受到外来文化影响和侵蚀的背景下演绎故事,目的是要表现中国女性对现今社会伦理道德以及情感需求的认识和判断"[①]。

看片会上,各位专家对剧中两位女主角能否代表都市女性形象进行了质疑。中央党校妇女研究中心副主任李慧英说:"把西单小六和白大省两位女性写成两极,一个特坏,一个特好,没脱出窠臼,这似乎是两种模式,都市女性形象怎么能这么简单呢?"而毕淑敏坦言自己平日从不看电视剧,包括由她的小说改编的也不看,看了几集《永》剧样片后,她也有与李慧英一样的同感:"都市女性应该是什么样的?我想西单小六和白大省都不能作为代表,即使她们两人结合在一起,也不一定就是。生活中的都市女性性格会很复杂。"[②] 来自美国圣地亚哥加州大学的教授詹尼弗开始不大理解当今社会怎么还会有白大省这样的女性存在,可当她知道故事是发生在七十年代末到八十年代中时,她又接受了剧中两种女性的行为。

铁凝曾表示不希望采用熟悉的演员,因为太熟悉的演员使观众精神不集中,好像是演员本人的生活。但铁凝的意见未被采纳。

春 由《安德烈的晚上》改编、陈国星导演的同名电影,在中央电视台电影频道播出。

4月 应日本日中文化交流协会邀请,率中国作家代表团访问日本。

5月 《铁凝作品精选》(跨世纪文丛)由长江文艺出版社出版。

6月 《从一支歌想起……》刊《中国女性》(中文海外版)第6期。

7月13日 与河北省省委宣传部副部长聂瑞平、河北省社会科学院文学研究所所长张永泉在《河北日报》共同刊发《学习"三个代表"重

---

① 陈伟明:《"永远"的魅力是人(创作手记)》,《人民日报》2001年11月30日。
② 未云:《电视剧〈永远有多远〉已经不远》,《羊城晚报》2001年3月7日。

要思想笔谈：做先进文化的建设者传播者和实践者》。

7月 《铁凝随笔自选集》由广西民族出版社出版。

王童的访谈《铁凝让文学带来一些温暖》刊《小说界》第4期。

8月 担任第二届鲁迅文学奖短篇小说评选委员会主任委员。

小说集《永远有多远》（中国小说50强）由时代文艺出版社出版。

崔志远的《燕赵风骨的交响变奏——河北当代文学的地缘文化特征》出版。在分析铁凝的创作时，作者认为"北京市、保定市、张岳村三地的生活经历，使铁凝的文化滋养交织在两个坐标系中：京都文化和燕赵文化，城市文化与乡村文化。京都文化具有庙堂性、包容性、典雅性，燕赵文化豪侠、古朴，显示出强烈的地域精神，二者的交融自元代以来便成为河北文化的一大特征。保定作为京畿之地更是如此，因而更带有传统性、古典性。这种交叉在铁凝的文化思想上并没有显出多少矛盾性。城市文化与乡村文化的矛盾则更带现代性，也较为尖锐，它不仅表现在铁凝身上，而且也表现在同期的知青作家的创作心理中"[①]。因此，铁凝的小说中经常出现流浪的意象，如火车、车站、铁路、铁轨、长途汽车、公路、山路、马路、客店等。崔志远把铁凝的小说创作分为三个时期：（1）单纯澄明期（20世纪80年代前期），《哦，香雪》的发表是开端，代表作品有《六月的话题》《明日芒种》，中篇小说《没有钮扣的红衬衫》《村路带我回家》等；（2）迷离混茫期（20世纪80年代后期到20世纪90年代初），铁凝小说中的心理剖析向无意识拓展，代表作品有《晚钟》《死刑》《三丑爷》，中篇小说《麦秸垛》《棉花垛》以及长篇小说《玫瑰门》；（3）单纯混茫期（20世纪90年代中后期），铁凝追求单纯澄明与迷离混茫的结合，主要作品有《孕妇和牛》《砸骨头》《马路动作》《世界》《遭遇礼拜八》《树下》《秀色》《安德烈的晚上》《省长日记》，中篇小说有《永远有多远》《埋人》《对面》，长篇小说《大浴女》，这也是铁凝小说创作的成熟期。崔志远在分析了铁凝小说的艺术风格后，指出"铁凝小

---

① 崔志远：《燕赵风骨的交响变奏——河北当代文学的地缘文化特征》，作家出版社2001年版，第171页。

2001年 44岁

说自有其不足。她的短篇小说写得最好，精致、凝练、韵味十足；中篇次之；长篇则显出底气和功力的不足。我感到，这与她的流浪意识有关。由于她未能潜入某一生活领域，对其进行广度的积累和深层把握，创作长篇巨制，便缺乏足够的生活和人物故事支撑。写家庭、亲人虽不失为聪明的选择，但要不断地更新变化。我们看到，在她的长篇和一些中篇中，往往有一种父、母、姐、妹式的人物格局的雷同，人物性格也有重复之处"[①]。

9月 与李刚共同主编的《河北文学画史》由河北大学出版社出版。《铁凝散文》由浙江文艺出版社出版。

《铁凝小说精选》（中国当代实力派作家大系）由太白文艺出版社出版。书后附获奖情况。

《马路动作》（中日女作家新作大系）由中国文联出版社出版。

10月16日 赴天津领取《小说月报》百花奖时，在《天津日报》文艺部的宋曙光和孙犁女儿孙晓玲的陪同下，去医院看望久卧病榻的孙犁。

> 病床上的孙犁先生已是半昏迷状态，他的身材不再高大，他那双目光温厚、很少朝你直视的眼睛也几近失明。但是当我握住他微凉的手，孙晓玲告诉他"铁凝看您来了"，孙犁先生竟很快做出了反应。他紧握住我的手高声说："你好吧？我们很久没有见面了！"他那洪亮的声音与他的病体形成的巨大反差，让在场的人十分惊异。我想眼前这老人是要倾尽心力才能发出这么洪亮的声音的，这真挚的问候让我这个晚辈又难过，又觉得担待不起。在四五分钟的时间里，我也大声说了一些问候的话，孙犁先生的嘴唇一直嚅动着，却没有人能知道他在说什么。在他身上，盖有一床蓝底小红花的薄棉被，这不是医院的寝具，一定是家人为他缝制的吧。真的棉布里絮着真的棉花，仿佛孙犁先生仍然亲近着人间的烟火，也使呆板的病房变得温暖。[②]

[①] 崔志远：《燕赵风骨的交响变奏——河北当代文学的地缘文化特征》，作家出版社2001年版，第190页。

[②] 铁凝：《四见孙犁》，《人民日报》2002年10月24日。

12月18—22日 在第七次全国文代会第六次全国作代会上,铁凝再次当选为中国作家协会副主席。

12月18日 上午 中央首长和中国作家协会第六次全国代表大会全体代表在人民大会堂宴会厅前合影留念。

拍照前,张守仁在大厅遇到铁凝。

  她微笑着走过来:"张老师,好久不见了,您好!"我一见她,脱口而出:"铁凝,你怎么变瘦啦?""是吗?我可怕人说我瘦,以为我在努力减肥呢。其实我能吃,吃得可多啦。"我见她穿着西服裙子,脚蹬长筒靴,清清爽爽,精精神神,风姿绰约,干练宜人,便问她:"近来在忙什么?""正在写一部小说。"这时头顶天花板上的大灯全亮了,中央领导们快入场了,便和她匆匆分手,目送她的背影在耀眼的光辉之中移向河北作家团的队伍。

  那天,铁凝所说的"正在写一部小说",就是她潜心写了多年、人民文学出版社于2006年出版的长篇巨著《笨花》。①

马识途专程到会。他感冒发烧,铁凝知道后,和同事一起去看望他。

本年 上海作家陈村在《中华读书报》上发表评论,说他每读中国作家小说写性的时候,就心慌意乱,很紧张,总是有不好的预感,因为一些人要不就夸张性地扭捏,先认为性不洁净,写的时候心态就是躲闪的或以为龌龊的,或者审美层次不高。但是《大浴女》中的性是干净和明亮的。

本年度重要研究论著

郝雨:《铁凝近期小说论》,《河北师范大学学报》(哲学社会科学版)第1期。

---

① 张守仁:《看着铁凝一路走来》,《星火》2017年第2期。

齐红：《拒绝与诱惑——〈玫瑰门〉与当代女性写作的可能性》，《齐鲁学刊》第1期。

翟兴娥：《铁凝小说中的人性意识——读铁凝的〈玫瑰门〉和〈大浴女〉》，《滨州师专学报》第1期。

杨光：《〈大浴女〉对爱情、婚姻与性的探讨》，《长春大学学报》第2期。

崔志远：《解读〈大浴女〉》，《河北师范大学学报》（哲学社会科学版）第2期。

伍梅：《趟不过欲望河的对面——评铁凝中篇小说〈对面〉》，《钦州师范高等专科学校学报》第2期。

牛殿庆：《铁凝〈永远有多远〉中白大省精神解读》，《齐齐哈尔大学学报》（哲学社会科学版）第3期。

徐茜：《关于爱的悖论——铁凝〈对面〉的一种解读》，《当代文坛》第4期。

尚秋：《论〈大浴女〉的叙事特点及其叙事效果》，《沈阳师范学院学报》第4期。

崔志远：《探寻"人类情感"的心灵艺术——铁凝小说创作综论》，《河北学刊》第4期。

逄锦波：《"少女时代"的远逝——铁凝女性审美意识流变论略》，《青岛大学师范学院学报》第4期。

2002年　45岁

年初　被上海大学文学院和河北大学人文学院聘为客座教授。

1月　《玫瑰门》（涨潮丛书）由北岳文艺出版社出版。

铁凝小说集"镜子里的城市"系列丛书由花山文艺出版社与河北教育音像出版社出版，本丛书共有《午后悬崖》《遭遇礼拜八》《第十二夜》《永远有多远》《何咪儿寻爱记》五卷。

2月　《"纸"上反腐败的一合》刊《北京文学》第2期、《大时代》第2期。

《午后悬崖》（鲁迅文学奖获奖女作家小说精品）由华文出版社出版。

阿成的《陌生中的铁凝先生》刊《小说选刊》第2期。阿成在文章中回忆了1990年向铁凝约稿的往事，高度评价她的小说，称《哦，香雪》给了他"天籁之音的感觉"，铁凝笔下那些乡村题材的作品"真的像似出自一个男性的、成熟的、理智的、几乎是土生土长的，从农村走出来的、卓尔不群的画师之手，透着一种云蒸霞蔚般的大气和不容置否"。

3月12日　为赵万里的散文集《静水流深》作序《有体温的字》。该书在2003年由花山文艺出版社出版，2010年由人民出版社再版。

3月　由《安德烈的晚上》改编的同名电影开始上映。陈国星执导，青年电影制片厂拍摄。

5月　应伊蕾邀请，赴天津参观她的卡秋莎美术馆。闭馆后，她们在馆内的小客厅喝茶聊天。

2002年 45岁

《谁能让我害羞》刊《长城》第3期，《短篇小说（选刊版）》第7期、《新华文摘》第8期、《小说选刊》第8期、次年《作品与争鸣》第2期转载。

7月11日 孙犁逝世。享年90岁。

7月 《有客来兮》刊《人民文学》第7期，《小说月报》第9期、《中华文学选刊》第9期、《短篇小说（选刊版）》第9期转载。获《小说月报》第10届百花奖。

应加拿大世界华裔作协邀请，与项小米同赴加拿大参加第6届"华人文学——海外与中国"研讨会。该届研讨会主题为"文学作品中的文明与暴力"。铁凝做题为《从梦想出发》的专题演讲。

主讲者还有项小米、孙隆基、梁丽芳、《明报》与《星岛日报》专栏作家苏庚哲。

在温哥华期间，受到加华作协会长陈浩泉、副会长刘慧英的悉心关照；中国驻温哥华总领馆的文化领事周勇、王英夫妇闻讯赶来，与铁凝等同在洛夫家中午餐。

会后，受魁北克华人作协主席郑南川邀请，与项小米一同访问了蒙特利尔等地。

9月1日 在河北省文学艺术界联合会第七次代表大会和河北省作家协会第四次代表大会上，再次当选河北省作家协会主席。

9月22日 下午 在北京饭店与日本作家黑井千次对话交流。

铁凝、刘颋《文学要给世界以温暖》刊《创作》第5期。

《遥远的完美》刊《大家》第5期。

《回到欢乐》（鲁迅文学奖散文获奖者丛书）由河南文艺出版社出版。书中提到"铁凝的散文具有独特的韵致和异常的气质。快乐的铁凝，眼中的世界到处都充满着温情和微笑。普通的小人物、琐碎的生活小事，在她的眼里和笔下，都变得生趣盎然，富于哲理，读之，令人忍俊不禁。她的细腻、流畅、清新的风格，使其散文达到了一种自然而又丰满的层次。对于人类和生存，对于文学和艺术，铁凝又以敏锐的目光，道出了自己深刻的见解,传达出女性的智慧和别样的理性及情感"。2009年再版。

10月24日　《四见孙犁先生》刊《人民日报·大地副刊》。次年《散文百家》第1期转载。铁凝开门见山地讲述了徐光耀和孙犁对自己的文学影响,继而回忆了自己与孙犁四次会面的往事,最后表达了自己对孙犁精神品格的理解:

> 他一直淡泊名利,自寻寂寞,深居简出,粗茶淡饭,或者还给人以孤傲的印象。但在我的感觉里,或许他的孤傲与谦逊是并存的,如同他文章的清新秀丽与突然的冷峻睿智并存。倘若我们读过他为《孙犁文集》所写的前言,便会真切地知道他对自己有着多少不满。因此我更愿意揣测,在他"孤傲"的背后始终埋藏着一个大家真正的谦逊。没有这份谦逊,他又怎能甘用一生的时间来苛刻地磨砺他所有的篇章呢。
>
> ……
>
> 孙犁先生对前人的借鉴沉着而又长久,他却在同时"孤傲"地发掘出独属于自己的文学表达。他于平淡之中迸发的人生激情,他于精微之中昭示的文章骨气,尽在其中了。大师就是这样诞生的吧。①

10月　短篇小说集《谁能让我害羞》(鲁迅文学奖获奖作家新作精品系列)由广州出版社出版,收录了《有客来兮》《豁口》等37篇短篇小说,附丛书主编张曰凯的评论《不着一字,尽得风流——铁凝短篇小说审美意蕴浅论》。

中短篇小说集《谁能让我害羞》(中国作家档案书系)由新世界出版社出版,收录了《秀色》《夜路》等12部中短篇小说,附印象记《写作者的魅力》(陈超)和对话录《对面、永远有多远和大浴女》(刘学斤、铁凝)。

---

①　铁凝:《四见孙犁》,《人民日报》2002年10月24日。

2002年　45岁

11月7日　梁若冰的《真善美是我的作品底色：记党的十六大代表、女作家铁凝》刊《文学报》。

11月8日　参加中国共产党第十六次全国代表大会。

11月16日　刘颋的采访《作家要捍卫人类精神的健康：访中共中央候补委员、中国作协副主席铁凝》刊《文艺报》。

11月20日　参加河北省委宣传部组织的省会各界学习党的十六大精神座谈会。铁凝在会上发言，表达了自己第四次当选党代表，参加党的十六大的感想。她和另外五位领导的发言以《欢聚一堂话盛会　满怀信心向未来》为题刊《大时代》第12期。

11月　陪父亲铁扬在韩国汉城参加密拉尔美术馆和音乐厅的落成典礼。
《怀念孙犁先生》刊《人民文学》第11期，《散文选刊》第12期转载。
《从梦想出发》刊《长城》第6期，次年《中华文学选刊》第1期转载。
《哦，香雪》由天津人民美术出版社出版。

12月7日　《捍卫人类精神的健康》刊《文艺报》。

本年　艺术随笔集《遥远的完美》脱稿。
《永远有多远》获第二届鲁迅文学奖中篇小说奖和首届老舍文学奖。
法文版《大浴女》由法国比基耶出版社出版。

本年度重要研究论著

于晨绥：《从铁凝、陈染到卫慧：女人在路上——80年代后期当代小说女性意识流变》，《小说评论》第1期。

袁靖华：《建筑小说结构艺术的七宝楼台——〈玫瑰门〉〈大浴女〉的启示》，《石家庄师范专科学校学报》第1期。

魏兰：《为女性的隐痛而创作——铁凝小说创作的另一种解读》，《宁夏大学学报》（人文社会科学版）第1期。

林莹：《铁凝小说对人的"存在"的追问》，《宁波大学学报》（人文科学版）第1期。

杨莉、张卫超：《从被塑走向自塑——铁凝长篇小说的女性形象探析》，

《黄河科技大学学报》第 2 期。

薛南:《平和之中寓深意　无拘无束露真情——读铁凝散文集〈河之女〉》,《扬州大学学报》(人文社会科学版)第 2 期。

王芳:《从三个女性形象的塑造解读〈大浴女〉》,《河池师专学报》第 3 期。

黄旭、王草红:《最后一分钟离场——论铁凝小说的否定之美》,《当代文坛》第 4 期。

谢有顺:《发现人类生活中残存的善——关于铁凝小说的话语伦理》,《南方文坛》第 6 期。

2003 年　46 岁

1 月　中短篇小说集《第十二夜》由江苏文艺出版社出版。

美术批评《遥远的完美》（鸢尾花图文书丛）由广西美术出版社出版。该书以图文并茂的方式，展现了铁凝对于画家以及画史的独特领悟。主编张燕玲在《总序》中，对铁凝的才情进行了高度评价："《遥远的完美》本身就是一个完美的美文美画的读本，她对艺术的形象意象态象的顿悟，她对画家画史画理的透彻，她文字的灵动睿智，文风的从容沉意，除却她的天资，什么是家学，这便是了。"①

《伊蕾和特卡乔夫兄弟》《怀念孙犁先生》刊《散文（海外版）》第 1 期。

2 月 12 日　《局外人谈绘画》刊《中华读书报》。

2 月　《武强年画　奥地利天才埃贡·席勒》刊《红豆》第 2 期。

《当代女作家谈艺录：铁凝卷》刊《青春》第 2 期。

3 月　短篇小说《逃跑》刊《北京文学》（精彩阅读）第 3 期。《小说选刊》第 5 期、《新华文摘》第 7 期转载。

创作谈《人生可能不是一部长篇小说》刊《北京文学》第 3 期。《当代作家评论》第 6 期、《短篇小说（选刊版）》第 6 期转载。铁凝表示："我看中的是好的短篇给予人的那种猝不及防之感：在滞缓、恒久的大背景前后，正是不同的人在上演着同一剧目的不同片段，走马灯似的。好的

---

① 张燕玲：《以画面穿透情感——鸢尾花图文书丛总序》，《广西电业》2003 年第 3 期；铁凝：《遥远的完美》，广西美术出版社 2003 年版。

短篇在于它能够把这些片段弄得叫人无言以对，精彩得叫你猝不及防。因为世界上本不存在一气呵成的人生，我们看到的他人和自己，其实都是自己和他人的片段，……重要的在于你毕竟被那猝不及防的精彩迷惑过，不过如此的人生，是不可以没有片刻的迷惑，片刻的忘情的，甚至于片刻的受骗。"

《遥远的完美》刊《散文百家》第 3 期。

《巧克力手印》刊《小说月报》（原创版）第 3 期。《短篇小说》（选刊版）第 6 期转载。

4 月 12 日　与季红真、牛玉秋、阎纲的《抒写当代中国农民命运——关仁山长篇小说〈天高地厚〉四人谈》刊《文艺报》。

4 月 22 日　与父亲铁扬一道去北京办理赴韩国的签证。与韩国驻华大使金夏中会面。金夏中向他们赠送了他用中文写作的新著《腾飞的龙》。

4 月 28 日　陪父亲乘汽车离开石家庄到北京。这时正是 SARS[①] 流行时期，客房里到处弥漫着消毒水的味道。

4 月 29 日—6 月 9 日　陪同父亲在韩国汉城密拉尔美术馆举办个人画展。

5 月 2 日　下午　陪父亲在密拉尔美术馆参加个人画展的开幕式。

5 月 7 日　在俞杰先生家做客。

5 月 9 日　陪父亲在美术馆为馆藏的朝鲜绘画作品做全面鉴定。

5 月 10 日　参观汉城附近的民俗村。

5 月 14—19 日　在奥克贝利度假。

5 月 15 日　给河北作协打电话。得知石家庄已经有 19 例输入性 SARS 病人。河北作家协会一切安好。

5 月　朱育颖的访谈《精神的田园：铁凝访谈》刊《小说评论》第 3 期。

---

①　传染性非典型肺炎，又称严重呼吸综合征（Severe Acute Respiratory Syndromes），简称 SARS，是一种因感染 SARS 相关冠状病毒而导致的以发热、干咳、胸闷为主要症状的呼吸道传染病。

河北电视台的专访《完美是遥远的——作家铁凝专访》刊《出版广角》。

6月11日 周晓丽的专访《遥远的完美：铁凝专访》刊《读书时报》。

6月 《短篇小说（选刊版）》第6期刊发铁凝作品小集，包括《逃跑》《巧克力手印》《人生可能不是一部长篇小说（创作谈）》，以及访谈《当代女作家谈艺录：铁凝卷》，采访人：雪静。

7月 朱育颖的访谈《走近铁凝》刊《百花洲》第4期。

8月6日 《读父亲铁扬的画》刊《光明日报》。

9月 《玫瑰门》由春风文艺出版社出版。

明红的文章《铁凝：写作对我而言是一种使命》刊《全国新书目》第9期。

秋 在苏州大学"小说家讲坛"，作题为《"关系"一词在小说中》的演讲。

11月 《人生可能不是一部长篇小说》《"关系"一词在小说中——在苏州大学"小说家讲坛"上的讲演》刊《当代作家评论》第6期。

铁凝、王尧对话《文学应当有捍卫人类精神健康和内心真正高贵的能力》刊《当代作家评论》第6期。

《当代作家评论》第6期，在"铁凝评论小辑"刊：谢有顺的论文《铁凝小说的叙事伦理》和贺绍俊的论文《铁凝：快乐地游走在"集体写作"之外》。

12月 开始创作第四部长篇小说《笨花》。

本年 应河北少年儿童出版社之邀，主编5卷本丛书"鲁迅文学奖获奖小说选读"，并为之作序。

应新加坡教育部邀请，赴新加坡"写作营"授课。

日文版小说集《麦秸垛》由东京现代文艺社出版。

本年度重要研究论著

陈晨：《铁凝笔下的女性世界》，《西安联合大学学报》第1期。

吴德利：《商业社会的生存境况与人际交往——读铁凝的〈谁能让我害羞〉》，《理论与创作》第1期。

张同俭：《论铁凝的女性小说》，《保定师范专科学校学报》第1期。

马望、张克勇：《主体精神的续延——读铁凝〈永远有多远〉》，《保定师范专科学校学报》第1期。

邵宝辉、胡孝忠：《个体欲望的道德化嬗变——〈大浴女〉中尹小跳形象解读》，《保定师范专科学校学报》第1期。

苏晓芳：《铁凝小说忏悔意识探源》，《云梦学刊》第2期。

刘莉：《从〈玫瑰门〉看女性小说的反成长主题》，《阜阳师范学院学报》（社会科学版）第2期。

吴宏凯：《〈永远有多远〉：文化差异中的女性文本》，《名作欣赏》第3期。

张曰凯：《铁凝短篇小说的审美意蕴》，《文学报》4月10日。

闫红：《论铁凝"三垛"对五四女性文学的继承和超越》，《廊坊师范学院学报》第3期。

郑园珺：《时代的二律背反——〈永远有多远〉的叙事策略》，《中山大学研究生学刊》第4期。

柯贵文：《承认斗争的符号化书写——解读铁凝的〈谁能让我害羞〉》，《当代文坛》第4期。

李广琼：《审美与审丑的双重变奏——论铁凝小说的审美意识》，《理论与创作》第5期。

朱桂林：《女性命运的历史演变——简析铁凝〈玫瑰门〉》，《山东教育学院学报》第5期。

马云：《画面与情感的互相穿透——读铁凝艺术随笔集〈遥远的完美〉》，《文艺报》10月21日。

铁凝、王尧：《文学应当有捍卫人类精神健康和内心真正高贵的能力》，《当代作家评论》第6期。

《当代作家评论》第 6 期刊发"铁凝评论小辑":

谢有顺:《铁凝小说的叙事伦理》。

贺绍俊:《铁凝:快乐地游走在"集体写作"之外》。

2004 年　47 岁

1 月　《阿拉伯树胶》刊《人民文学》第 1 期。后获《小说月报》第 11 届百花奖。

《遥远的完美［梵·高］篇》刊《散文百家》第 2 期。

《铁凝日记　汉城的事》由人民文学出版社出版。

《铁凝专辑》刊《小说评论》第 1 期。包含《主持人的话》（於可训）、《文学·梦想·社会责任——铁凝自述》、赵艳的访谈《对人类的体贴和爱——铁凝访谈录》和赵艳的论文《罪与罚——关于铁凝小说的道德伦理叙事》。附《铁凝著作目录》。

2 月 11 日　《这本日记的由来》刊《中华读书报》，介绍《铁凝日记——汉城的事》一书的创作。

2 月　《遥远的完美［高更］篇》刊《散文百家》第 4 期。

《精神的家园——铁凝访谈》（采访人：朱育颖）收于《2003 中国年度文坛纪事》。①

3 月 25 日　《一次和艺术有关的谈话》刊《文艺报》。

3 月　《遥远的完美［米勒］篇》刊《散文百家》第 6 期。

创作《吉祥〈十月〉》。铁凝在文中历数了自己在《十月》上发表的重要作品及其获奖情况，在文章的最后写道：

---

① 白烨选编：《2003 中国年度文坛纪事》，漓江出版社 2004 年版。

2004年 47岁

《十月》的朴实宽厚和《十月》的鲜活敏感是并存的,正是这样的气质25年来吸引着、鼓励着、推出着一大批文学青年或不再年轻的作家和作者。为此我内心充满感激。

借此机会,祝《十月》的名字长久地响亮;祝健康的文学长久地吉祥!

4月 《遥远的完美[毕加索]篇》刊《散文百家》第8期。

《收藏俄罗斯名画的中国女诗人》刊《中外书摘》第4期,介绍女诗人伊蕾和她的卡秋莎美术馆。

5月 《遥远的完美[达利]篇》刊《散文百家》第10期。

《写在〈加华作家特辑〉之前》刊《长城》第3期。铁凝在文中简单记述了2002年7月在温哥华参加第6届"华人文学——海外与中国"研讨会的往事,以及《加华作家特辑》的编选情况。

6月 《我对小说的态度》刊《青年文学》第6期。《小说精选》第9期转载。

《不要和有婚姻的男人谈情说爱——汉城日记·2003年5月17日》刊《散文百家》第11期。

朱育颖与铁凝的对话《穿越性别的"屏蔽":与铁凝对话》刊《中国女性文化NO.5》。

7月 《晕厥羊》《小嘴不停》刊《长城》第4期。《晕厥羊》在《小说精选》第10期转载。《小嘴不停》在《小说月报》第10期转载。

《吉祥〈十月〉》刊《十月》第4期。

《遥远的完美[康丁斯基]篇》刊《散文百家》第14期。

9月1日 创作《我看青山多妩媚》。这是铁凝为张洁画册所作的序,文章高度评价了张洁在文学、摄影、油画方面的成就。

10月9日 访谈《铁凝:我追求穿越了复杂之后的单纯》刊《中国邮政报》,采访人:傅光明。

10月 贺绍俊的《铁凝评传》由郑州大学出版社出版,该书是第一本全面梳理铁凝成长轨迹和文学道路的著作。铁凝对该著颇为肯定："撇开本书中的'我'不说,作为一本当代作家评论性作品,写得这样有感情,既有学术的严谨又有传记的分寸是不容易的。就我个人来说,这是关于我的文字中很重要的一部分,因为这是一本不掺杂任何私心杂念,非常负责的、有批评深度的书。这恰恰是文学批评应该大力倡导的。"

12月 《库尔贝:〈浴者〉(油画)》刊《诗选刊》第12期。

本年 日文版《大浴女》由日本中央公论社出版,译者饭冢容。翻译得非常成功。日本的评论家们既从中看到了"文化大革命"中的人性,也看到了"文化大革命"后这三十年一批中国年轻人的心路历程。2001年春,铁凝第一次访问日本时,曾和饭冢容有过愉快的交谈,饭冢容对中国文学的热切关注,给铁凝留下了异常深刻的印象。

大江健三郎曾经告诉铁凝,他买了20多本日文版的《大浴女》,见到他觉得有前途的年轻作家,就送给他们,让他们去学习。他对铁凝说:跟这批像你这样的中国作家比,日本的女作家写女性一般单个的比较多,你在《大浴女》里写了一组群像,而且那样生动。他说让他感动的是,在那种最贫困、最压抑的时代里,没有美食、时装,但是她们那种压抑不住的、在夹缝里生长出的顽强光彩最能打动读者。他说他看到一个真实的中国人,在更深的伤痛中还焕发出光彩。他认为无论是东方的还是西方的读者对这些女孩子的光彩、悲伤——还有主人公的情怀(虽然不是宗教的,但是有宗教的情怀在其中)都能够有相通的感受。好的文学各有不同,但必有共性,好的文学一定能够表现人类的心灵共同感受到的那部分东西。

本年度重要研究论著

贺绍俊:《铁凝评传》,郑州大学出版社2004年版。

赵艳:《罪与罚——关于铁凝小说的道德伦理叙事》,《小说评论》第1期。

赵艳、铁凝:《对人类的体贴和爱——铁凝访谈录》,《小说评论》第

1 期。

胡燕华：《铁凝近作中的女性形象——读〈玫瑰门〉和〈永远有多远〉》，《河北师范大学学报》（哲学社会科学版）第 1 期。

吴延生：《清淡自然　诗意醇郁——铁凝早期小说的内在诗意》，《小说评论》第 2 期。

张志忠：《现代人心目中的罪与罚——〈大浴女〉与〈为了告别的聚会〉之比较兼及陀思妥耶夫斯基命题》，《长城》第 2、3 期。

马云：《翩翩起舞的小说家铁凝》，《河北师范大学学报》（哲学社会科学版）第 2 期。

马琳、马宇菁：《重蹈失败的女性历史——以〈红玻璃的故事〉、〈玫瑰门〉、〈无字〉为例论悲剧的女性宿命》，《社会科学辑刊》第 3 期。

邓星明、蔡美娟：《铁凝近作的"黑色幽默"倾向》，《当代文坛》第 3 期。

赵秋棉、周海丽：《挣扎的韧性与反抗的无奈——对铁凝小说中人物生存困境的解读》，《河北大学学报》（哲学社会科学版）第 4 期。

褚洪敏、翟德耀：《城市和乡村人性的二重奏——铁凝城乡小说对照分析》，《山东师范大学学报》（人文社会科学版）第 6 期。

2005 年 48 岁

1月 红孩的《走入铁凝的第三世界：读〈遥远的完美〉产生的联想》刊《文化月刊》第1期。

短篇小说集《安德烈的晚上》（新经典文库）由春风文艺出版社出版。其序言《诱惑我一生的体裁》刊《当代作家评论》第1期。

《护心之心：铁凝散文集》由新华出版社出版。

2月 完成《笨花》初稿。

范川凤的著作《美人鱼的鱼网从哪里来：铁凝小说研究》由中国文史出版社出版。

3月12日 出席由中国作协和人民文学出版社为日本作家辻井乔举办作品研讨会。辻井乔是日本著名作家、诗人、企业家，曾在日中文化交流协会等机构担任要职，多次访问中国。这次国内翻译出版的是他的诗集《异邦人》和短篇小说集《桃幻记》。《桃幻记》收录的8个短篇小说全部是以当代普通中国人的日常生活为题材的作品，这样的题材在外国文学作品中非常罕见。与会专家表示，小说从异国人的角度，细致入微地刻画了当代中国人生活的点点滴滴，折射了当代中国经历的沧桑变化，以及普通人在历史变革中的希望与困惑。铁凝说："辻井乔先生笔下的中国故事和中国作家的故事可能永远存在着差异，但是作品的价值也就在于这种差异。"作家邓友梅、诗人牛汉等出席了研讨会。

6月 应邀担任由《天津日报·文艺周刊》等单位联合举办的梁斌文

2005年 48岁

学奖征文活动评委。

《在天一阁"说书"》收于《中国作家看宁波》。① 文章提到有一年的早春,浙江省作协和宁波市文联请作家一行同聚天一阁。

7月18日 晚 在河北省驻京办事处接受夏榆采访。后以《铁凝:任何状态都能回到自己的灵魂中》刊《南方周末》2006年2月9日。

7月19日 为即将出版的小说集《小嘴不停》写《自序》。铁凝在文中回顾了最初在北京出版社发表《会飞的镰刀》的往事,铁凝还在做知青时,曾经赴北京办事,到当时还在新文化街(旧称石驸马大街)的出版社和编辑老师见面。一位编辑老师除赠她几本新书外,还赠给她两大本印有浅绿色"北京出版社"字样的、八开规格、每页500字的大稿纸。铁凝对此十分珍惜,从来没有动用过。

9月 完成《笨花》二稿。

中短篇小说集《小嘴不停》(名家近作自选集)由北京十月文艺出版社出版。

自述《文学·梦想·社会责任》、赵艳的访谈《对人类的体贴和爱》、赵艳的评论《罪与罚——关于铁凝小说的道德伦理叙事》收于《小说家档案》。② 附《铁凝主要作品目录》。

10月17日 中国作协主席巴金逝世。

10月24日 铁凝与其他中国作协主席团成员赴上海巴金家中吊唁。

10月 再次修改《笨花》。

《对人类和生活永远的爱和体贴》《铁凝答〈美与时代〉特约记者问》收于《对话:与当代文艺名家面对面》。③

《玫瑰门》《自由的激情与沉着的光泽》刊《长篇小说选刊》第4期

《老实是最大的智慧》刊《美文》第10期。

11月 短篇小说《逃跑》获新世纪第二届《北京文学》奖。

---

① 杨东标、李建树主编:《中国作家看宁波》,大众文艺出版社2005年版。
② 於可训主编:《小说家档案》,郑州大学出版社2005年版。
③ 贾玉民主编:《对话:与当代文艺名家面对面》,远方出版社2005年版。

12月　沈红芳的著作《女性叙事的共性与个性——王安忆、铁凝小说创作比较谈》由河南大学出版社出版。该著在分析了铁凝的诸多作品外，还指出铁凝小说中的角色意识、网状结构和情节突转等叙事特征。

本年　艺术随笔集《遥远的完美》获第二届冰心散文奖。

英文版中短篇小说集《麦秸垛》（熊猫丛书）（王明杰等译）由外文出版社出版。

本年度重要研究论著

范川凤：《美人鱼的鱼网从哪里来：铁凝小说研究》，中国文史出版社2005年版。

沈红芳：《女性叙事的共性与个性——王安忆、铁凝小说创作比较谈》，河南大学出版社2005年版。

贺绍俊：《与男性面对面的冷眼——论铁凝女性情怀的内在矛盾》，《当代文坛》第1期。

贺绍俊：《女性觉醒：从倾诉"她们"到拷问"她们"——论〈玫瑰门〉及其文学史意义》，《海南师范学院学报》（社会科学版）第1期。

郑积梅：《对历史蒙昧的去蔽与敞亮——论铁凝女性意识小说创作》，《郑州轻工业学院学报》（社会科学版）第1期。

赵宇红：《铁凝近期中短篇小说"关系叙事"研究》，《扬州教育学院学报》第2期。

赵修广：《从贞贞到小臭子——〈我在霞村的时候〉和〈棉花垛〉中女性命运的比较解读》，《喀什师范学院学报》第2期。

褚洪敏：《铁凝小说研究综述》，《河北师范大学学报》（哲学社会科学版）第2期。

李丽、关玉红：《对生活永远的体贴、理解和爱——解读铁凝小说中的人性情分》，《廊坊师范学院学报》（社会科学版）第2期。

万孟群、李雪梅：《悲悯与救赎：女性性别自我指认的呐喊——王安忆、铁凝性爱小说合论》，《成都理工大学学报》（社会科学版）第3期。

徐晶：《铁凝小说的独特价值》，《河北大学学报》（哲学社会科学版）第 4 期。

余竹平：《铁凝的母性书写》，《河南纺织高等专科学校学报》第 4 期。

常纪、于波：《清纯世界与世俗人生的较量——铁凝小说创作心路历程》，《白城师范学院学报》第 4 期。

李在蓉、雷华：《还原　消解　颠覆——试论铁凝笔下的男性形象》，《湖南科技学院学报》2005 年第 9 期。

张燕萍：《洞察女性　展示人性——评铁凝长篇小说〈大浴女〉》，《河南大学学报》（社会科学版）第 5 期。

孟贵蕴：《女性心灵的追索——铁凝创作综论》，《理论学刊》第 10 期。

2006 年　49 岁

1月6日　《笨重与轻盈的奇妙世界——关于铁凝〈笨花〉的对话》刊《河北日报》，采访人：崔立秋。

1月　《笨花》刊《当代》第1期。获第三届《当代》长篇小说年度最佳奖、中宣部第十届精神文明建设"五个一工程"优秀作品奖、第三届中国女性文学奖。

长篇小说《笨花》由人民文学出版社出版，首印数达到20万册。

小说以铁凝的父系家族为原型，描述了冀中平原上以向喜一家为代表的笨花村人民从清末民初到抗战时期的乡间生活与时政社情。铁凝在动笔前，除了调动她的间接经验和直接生活外，还重温、查阅、掂量和筛选史料，对一些地方进行了多次走访，这些前期的准备花了三年多时间。虽然小说以战争为背景，但是"书写乱世风云和传奇不是我的本意，我的情感也不在其中，而在以向喜为代表的这个人物群体身上。他们最终可能是乱世中的尘土，历史风云中的尘土，但他们是非常珍贵的尘土，是这个民族的底色。我侧重的还是在这种历史背景下，这群中国人的生活，他们不屈不挠的生活之意趣，人情之大美，世俗烟火中的精神的空间，闭塞环境里开阔的智慧和教养，一些积极的美德，以及在看似松散、平凡的劳作和过日子当中的、面对那个纷繁、复杂年代的种种艰难选择，这群人最终保持了自己的尊严和内心的道德秩序"[①]。

---

① 铁凝、白烨：《透过历史，窥视"日子的表情"——关于〈笨花〉的对谈》，《像剪纸一样美艳明净》，人民文学出版社2006年版，第226页。

铁凝说:"'笨'和'花'这两个字让我觉得非常奇妙,我认为它们是非常凡俗的,也是最简单的两个字,但是,它们组合在一起却意蕴无穷。如果说'花'是带着一种轻盈的想象力的话,那么'笨'则有一种沉重的劳动基础和本分的意思在里面。我以为,在人类的日子里,这一轻一重都是不可或缺的。在'笨'和'花'的组合里面,人们还能看到人类生活连绵不断的延续性,这是一种积极的、顽强不屈的、永恒的连续性,这种连续性本身就是有意味的,这些东西可能比风云史更能打动我。"[1]

《笨花》出版后不久,铁凝收到章仲锷长达6页的来信,他在信中详述对这部小说的看法和评价。他说他在《当代》上读到了这部小说,指出了作品中的一些错别字,并就某一节中的一个词和铁凝商榷。他还特别谈到,铁凝在小说中用的几个字是他过去不认识的,而现在既知读音也知用法了,他为此感到高兴。铁凝有时会拿出这封信来读一读,她读到的是一位纯粹而严谨的编辑家对他的作者无私持久的关心和关注,字里行间洋溢出的,是某种"顽固不化"的古典的职业兴奋。

《奔突在落寞与不甘之间》刊《北京文学(精彩阅读)》第1期,文章分析了何玉茹小说《父亲》中父亲的形象和性格。

中篇小说集《棉花垛》由人民文学出版社出版,收入《棉花垛》《永远有多远》两部中篇小说。这是人民文学出版社编辑出版的《九元丛书》第一辑中的一种。

中短篇小说集《铁凝精选集》由北京燕山出版社出版。2009年由该出版社重印。

散文集《一千张糖纸》由凤凰出版传媒集团·江苏文艺出版社出版。

2月16日　《〈笨花〉与我》刊《人民日报》。

3月8日　访谈《铁凝:用笨的办法写〈笨花〉》刊《中华读书报》,《太原日报》27日全文转载。后收于《2006年中国文坛纪事》。[2]

---

[1] 铁凝、崔立秋:《笨重与轻盈的奇妙世界——关于铁凝〈笨花〉的对话》,《河北日报》2006年1月6日。
[2] 白烨主编:《2006年中国文坛纪事》,文化艺术出版社2007年版。

3月11日　上午　"走进文学，亲近读者——铁凝长篇小说《笨花》专家评介会"在河北文学馆举行。铁凝向河北文学馆、河北省图书馆、河北经贸大学图书馆捐赠《笨花》，并与专家、读者进行对话与交流。

4月12日　《笨花》研讨会在北京召开。金炳华首先发言说，铁凝同志是一位有着强烈社会责任感和历史使命感的作家，密切关注现实，敏锐把握和体察时代脉搏，这是铁凝作品能够引起读者共鸣的重要原因。她在艺术上不断创新的勇气，使其作品在今天这样一个文学多样化的时代仍然能够保持艺术魅力，受到关注。她的创作道路和艺术经验，值得进一步探讨和总结。杨志今说，他对铁凝作品的印象是可贵的史诗品格、鲜明的价值追求、质朴的美丽。铁凝这种创作态度和美学上的自觉追求，是难能可贵的。聂震宁认为，《笨花》是一部民族精神的史书，是一部河北平原上的通俗的抒情画卷，平实、自然、真切。小说既有二元结构的特点，又充满了丰富性、中间性，是铁凝文学创作的一个高峰式的作品。王力平指出，《笨花》是对河北现实主义文学传统的创造性续写，是对"五四"思想启蒙和文化批判精神的跨越时空的回应，具有自觉的文体意识和娴熟的叙事技巧。《笨花》出版才三个月，其艺术魅力还有待于更多的研究和挖掘。刘玉山认为，这部小说好看而不流俗，耐看而不艰涩。个人与时代、民俗与命运、生存与气节等一系列重大的命题在作者的艺术处理下，举重若轻，挥洒自如。吴秉杰说，《笨花》的独特性及其贡献，就在于它是对女性写作、历史写作、乡村写作的超越，小说的时间节奏给人留下了深刻印象，它独特的包容性与以往的单向度创作有明显差异，这可能就是我们对它有众多共同的感觉又说之不尽的原因。季红真指出，从《玫瑰门》到《大浴女》，铁凝的长篇小说创作构成了一个完整的序列，讲述了一个关于合法认同的文化寓言。因此《笨花》首先是一部关于父亲的叙事，是在家族—民族的系谱中寻找位置、自我确立的努力，缓解了此前文本中父亲缺席的焦虑。这一家族—民族的系谱，以无限广阔的乡土社会中的农耕文明为背景，以外族入侵导致的文化震动的城乡为舞台，这两点构成了这部作品文化史的基本视角，以不同的人生形态为中心，在意识形态的主导下，开掘出累积的文化岩层。父亲—民族的时间，累积在埋葬了无数女人无比坚硬的文化岩层的空间中，这就是《笨花》区别于其他家族史写作的意义。①

雷达积极肯定了小说去戏剧化而回归生活本真的写作努力，作家走向了广阔，是向大手笔大境界挺进的。铁凝抛弃了外在的东西，追求的是内在的东西，里面的人物也抛弃了外在特征化、戏剧化、夸张化的东西。小说非常突出的是追求生活的自在的东西，追求的是生活的整体性。何振邦同意这部小说是民族精神史诗，写出了中国文化与外来文化的共处、交流，也写了我们这个民族的风俗生活，写了我们这个民族最善良的人性。蒋元伦认为这部小说是华北平原民俗的风情的长卷。令人遗憾的是，小说的开局有十来户人家的感情纠葛，但是写着写着后来就变成了主要是向家、西贝家两家，这可能是由于时间上的展开方式，限制了她在空间上展开的表现。何西来认为，这部小说在铁凝个人创作和河北省文学史两个序列中，都攀上了高峰。小说中的主要人物都表现出燕赵之气，铁凝比她的先行者有着非常好的历史文化视野。但是这个作品的基本架构是一个家族故事的架构，小说里面有她个人很多家族的东西揉进去，但是她处理的这个材料是一段历史，所以是有很大难度的。

李敬泽指出，这部长篇小说的前半部分和后半部分有一个色调不同的变化，因此，它在民族精神、风俗化的基础上，还有一个很大的但是又很独特的志向，就是写中国现代化进程中，我们中国人关于现代民族国家的基本意识在我们的民间，在我们这个广大深厚的农村是如何生长的，以及这生长的资源在哪儿？动力在哪儿？后果、现象在哪儿？因此，我觉得这确实是一部给我们提出诸多问题和阐释上的考验的作品。作品确实体现了铁凝对于我们现代精神之形成的非常复杂的看法，这都有待于我们深入地琢磨。贺绍俊在发言中强调了铁凝的写作姿态，认为铁凝的叙事带有革命性的意义，她通过宏大叙事与日常生活叙事的融合，为我们提供了观照历

---

① 《凡人的心灵之光，民族的深沉底色——长篇小说〈笨花〉研讨会发言摘要》，《长城》2006年第3期。

史的另一种方式——对过去的宏大叙事的一种扬弃。因此，铁凝在《笨花》中表现出的是一种对民族和历史充满敬畏之心的写作姿态。她的创作贯穿在对父亲的反思过程中，但她面对父亲形象的变迁，始终保持着审慎的态度。孟繁华认为，《笨花》是一部既表达了家国之恋，又表达了乡村自由的小说。因此，这是一部国族历史背景下的民间传奇，是一部在宏大叙事的框架内镶嵌的民间故事。可以肯定的是，铁凝这一探索的有效性，为中国乡村的历史叙事带来了新的经验。陈超说铁凝写出了大生命、大灵魂——民族气韵，本土文化精神。《笨花》是一个共振的"磁场"结构，宏细各部分以其空间感的均衡和真切，实现了相互的关联、呼应和熏染。铁凝两年的劳动终得报偿，她找到了新的精神和写作资源，写出了既令人耳目一新又深具可信感的"中国形象"，写出了汉语的诚朴、神奇和欢乐。郭宝亮认为，《笨花》不仅是铁凝的转型之作，也是当代文坛上此类作品的转型之作。《笨花》的叙述模式不是魔幻模式、寓言模式、传奇模式以及它们的亚种，而是回到了日常生活叙事。因此，铁凝重点叙写的不是50年的历史变迁，而是历史变迁中不变的东西，即人情美、民俗美以及向善的心性及民族精神。这种精神沉淀在民间日常生活中，沉淀在历史的褶皱里。

　　陈晓明指出《笨花》表达了"乡土中国的倔强性"问题。这部作品最突出的历史特征是在卷入历史和退出历史之间所构成的紧张关系，那种紧张感和审美上的张力。小说在时间和空间上的处理，既表现出铁凝对历史、对乡土中国的存在性有透彻的认识，也表现出中国作家面对自身的历史、记忆以及文化身份的认同所产生的巨大困难，这是非常独到的。这部作品包含着多声部，包括写出现代性的混杂性，一个乡村融入现代历史的困难。尽管最后乡村的本真性还是被历史淹没了，但是那种渴望如此强烈地从背后透示出来，它们始终会从历史的缝隙中透示出来。牛玉秋说，这本书是民族文化精神的一种日常化的叙述。为此，铁凝既抛弃了许多富有成效的艺术手段，也避开了此类作品中的风云人物。相比较而言，贾平凹对中国民族文化精神的沉沦、衰败有一些焦躁，铁凝则是非常冷静的，她要为即将消失的中国民族文化精神作记录，让后人知道，在我们这个民族的成长历程中，还曾经有过这样一种精神状态。白烨评价这部作品"内容丰赡，艺术精湛"，充满了精彩的细节群。把民俗细节写得这样好，把生活文学化这么好的还很少，这部作品应该归到我们比较经典的或者是获得茅盾文学奖的好的作品一类。王必胜说，这部作品写的是民族精神的心灵史，在叙事风格上，是一种平原长调，是多声部、多声调的；日常生活的描写有一种散文化、民俗化的风格，人物的姓氏当中暗示着作家的寓意。胡平则认为这个作品的实验性非常明显，在艺术上非常灵巧、朴素、内敛，从戏剧化转向日常化，从读者本位转向了作者本位。在这个写作当中，铁凝也丢掉了许多她擅长的东西，所以这部作品很成功了，并不意味着铁凝下一部作品一定还要这样写。张颐武觉得这部作品好像是民俗志和社会史的组合，这部作品有一个很独特的不可思议的意义，就是中华民族怎样建构自己的文化想象，怎样去发现来自民间的文化的力量，文化精神、民族精神怎样灌输在里面。这对小说是最大的一个挑战。在小说中，文化自觉的问题通过掉到粪坑里的向喜表现出来了，那就是浴火重生。所以这本书最大的意义就是提出了在今天全球化时代，中国人怎样建构文化自觉的可能性。

铁凝感谢各位专家中肯、坦诚、细致的分析，她说《笨花》的写作，"对我也是一个挑战。但是我必须正视他们生存的那个背景，我以为每个人都有它生存、生长的根基和依托的，这个乱世给他们的生活、命运带来一些或偶然、或必然的变化，他们才不是来无影去无踪的。这段历史确实很难把握，我试着去触摸和把握这段历史，或者说通过触摸这段历史去刻画活动在其中的一群中国凡人""他们是这个民族的底色，他们保持了自己的尊严和内心的道德秩序""重新打量和掂量我们民族的精神历史，并试着做出属于我的理解和表达，大约也是我这次写作的初衷之一"。[①]

4月　《笨花的黄昏》刊《美文》第4期。

[①]《凡人的心灵之光，民族的深沉底色——长篇小说〈笨花〉研讨会发言摘要》，《长城》2006年第3期。

5月　《花非花　人是人　小说是小说——关于〈笨花〉的对话》刊《南方文坛》第3期。

《凡人的心灵之光，民族的深沉底色——长篇小说〈笨花〉研讨会发言摘要》，《长城》2006年第3期。

《坚硬的都市　朴素的心》刊《小说月刊》第5期。

《写作着是美丽的》收于《中国文情报告　2005—2006》。①

《高原红柳》刊《求是》第10期。

6月7日　在石家庄市文艺创作会议上讲课，题目是《长篇小说创作中的四个问题——从〈笨花〉说开去》。以《笨花》为例讲述长篇小说创作中的四个问题，即人物的培育、叙述者的声音和人物的声音、小说的结构以及小说叙事节奏的快与慢。

6月　中短篇小说集《铁凝小说》（名家精品阅读之旅）由吉林文史出版社出版，本书主要精选了铁凝的部分中短篇小说，并加以精当的评析。

作品合集《铁凝自选集》由海南出版社出版。收录了中短篇小说、散文和随笔等多种作品。2008年由该社重印。

7月18—24日　铁凝一行来到延边，并在延边作家协会等相关部门负责人的陪同下，到珲春圈河中朝口岸、防川国家名胜风景区、珲春中俄口岸、长白山等地进行了为期一周的采风。

7月　《长篇小说创作中的四个问题——从〈笨花〉说开去》刊《长城》第4期。

《笨花》《三言两语读和写》刊《长篇小说选刊》第7期。

8月　《云南是一块适合想象力驰骋的土地》收于《文化慧眼读云南》。②

9月　《不褪色的旗》刊《河北画报》第9期，推介河北美术出版社在纪念中国共产党成立85周年之际出版的大型连环画丛书《红旗颂》。

应日本日中文化交流协会会长辻井乔先生邀请，铁凝同中国社会科学

---

① 白烨主编：《中国文情报告　2005—2006》，社会科学文献出版社2006年版。
② 丹增编著：《文化慧眼读云南》，云南人民出版社2006年版。

院代表团一道，赴东京参加日中文化交流协会成立 50 周年纪念活动。在东京会馆的纪念酒会结束之后，大江健三郎特别邀请代表团一行做半个小时的恳谈。这是铁凝与大江先生的第二次会面。在恳谈会上，大江健三郎对铁凝说："我们的两次见面，你给我的印象是年轻、勇敢。中国的女作家是不是都很勇敢呢——敢于向年长者发问。"这是指在 2000 年秋天的研讨会上，铁凝与王蒙悄声对话的情形让大江先生感到有趣。这次会面，铁凝感到大江先生"一扫我在六年前见到的拘谨，他的神情呈现出年轻人的清新的热烈，原本半个小时的恳谈会延长至一个小时。就在这时，我仿佛看到眼前有一棵'燃烧的绿树'"。[1] 铁凝认为大江健三郎是"一位深度介入社会现实、奋不顾身地以生命致力于呼唤世界和平的作家，一位在小说艺术上对自己极为苛刻的、在技艺上绝不退让的作家，一位用小说的方式，却把诗的沉静而又荆棘般的锐利植入读者心中的作家"。[2]

在日本访问期间，铁凝在东京做了文学演讲，和日本著名电影导演小栗康平对谈；访问了仙台医学院，和经济系的几位教授聊天。她发现他们非常热衷于谈论鲁迅，并为他感到自豪。他们谈到鲁迅并不特别优秀的成绩，他和藤野先生之间的别扭。他们没有把鲁迅看做圣人，他们爱他。他们和仙台市民自发地编演了一出《鲁迅在仙台》的话剧，编剧就是几位经济系的教授，而鲁迅的扮演者是仙台的一名微机操作员。这几位教授还告诉铁凝，自从那位微机操作员扮演了鲁迅之后，他本人也长得越发像鲁迅了。这一切使铁凝感到亲切。

铁凝参观鲁迅当年上课的教室及寓所等。后在《文学是灯》中记述了此行的感想。

马云的著作《铁凝小说与绘画、音乐、舞蹈——兼谈西方现代艺术对中国文学的影响》由河北人民出版社出版。

---

[1] 铁凝：《以蓄满泪水的双眼为耳》，《以蓄满泪水的双眼为耳》，生活书店出版有限公司 2016 年版，第 19 页。

[2] 铁凝：《以蓄满泪水的双眼为耳》，《以蓄满泪水的双眼为耳》，生活书店出版有限公司 2016 年版，第 22 页。

11月12日 在中国作家协会第七届全委会第一次全体会议上当选中国作协第三任主席。中国作协前两任主席是茅盾和巴金。

梁晓声说,他认识铁凝多年,"铁凝是一个很有能力的人,年富力强是其特色"。并认为她能出任主席,对作协是件很好的事。

11月14日 中国作家协会第七次全国代表大会在北京闭幕,铁凝致闭幕词《在构建社会主义和谐社会的伟大进程中创造中国文学的新辉煌——中国作家协会第七次全国代表大会闭幕词》。铁凝强调了作家在历史进步中的重任,呼吁增强作家群体的凝聚力,鼓励艺术创新,自由绽放艺术才情。发言刊《文艺报》11月15日、《中国艺术报》11月15日、《文学报》11月16日。

11月20日 对铁凝的专访《我永远深爱着河北这块土地》刊《河北日报》。铁凝说她现在的心情是"喜悦和惶恐并存,压力与责任同在",为此她讲了"五个不敢忘记"(不敢忘记这个位置绝不是非我莫属、不敢忘记前辈作家的培养扶持、不敢忘记加强学习、不敢忘记肩负的责任、不敢忘记写作这个"根本")和三个"倍加珍惜"(倍加珍惜文学界大团结大繁荣的宝贵局面、倍加珍惜中华民族来之不易的盛世、倍加珍惜文学界同行的信任)。谈到她在河北的亲人、朋友和同事时,铁凝一度流泪。

11月21日 在河北省作家协会办公室接受夏榆采访。

11月23日 访谈《文学有能力温暖世界——访新任中国作协主席铁凝》刊《大河报》。

11月30日 接受《南方周末》采访,当记者以作家洪峰挂牌乞讨一事为切入点问及作家供养制度时,铁凝说:"我想在当下的中国,'作家供养制度'恐怕一时是不能取消的。我们这么一个大国,国家是可以拿出一定钱来,供养一部分优秀作家的。供养作家在很多国家都有先例,比如法国有很多文化和文学艺术基金,用来支持作家和艺术家的创作活动。"同时铁凝也指出,专业作家制度并不意味着吃闲饭,也不意味着铁饭碗,"作家体制的变革势在必行。实际上专业作家群体,在文学体制中在逐年缩小,更多的是采取合同制作家方式。……'合同制作家'是一

个竞争机制，它不养一个不写作的人"。(《铁凝的"坛经"》)

11月 与王蒙共同主编的《河北读本》由花山文艺出版社出版。

12月13日 《文学应该有能力温暖世界》刊《人民日报》。

12月25日 《财经时报》"中国作家富豪榜"发布，铁凝排名第15位。

12月 《创造中国文学的新辉煌——学习胡锦涛同志在中国文联第八次、中国作协第七次全国代表大会上的重要讲话》刊《求是》第23期。

《中国当代作家系列·铁凝卷》（9卷）由人民文学出版社出版。包括：

长篇小说三卷：《玫瑰门》《无雨之城》《大浴女》；

中篇小说两卷：《永远有多远》《午后悬崖》；

短篇小说两卷：《有客来兮》《巧克力手印》；

散文集两卷：《会走路的梦》《像剪纸一样美艳明净》。

本年度重要研究论著

马云：《铁凝小说与绘画、音乐、舞蹈——兼谈西方现代艺术对中国文学的影响》，河北人民出版社2006年版。

曹霞：《女性心灵的自我救赎——评铁凝的长篇小说〈大浴女〉》，《广州广播电视大学学报》第1期。

方扬：《青少年解读"自恋情节"指要——以铁凝小说为例》，《南通大学学报》（社会科学版）第1期。

王金城：《铁凝小说的女性书写》，《商丘师范学院学报》第1期。

景莹：《铁凝小说对女性觉醒的反思》，《南通大学学报》（社会科学版）第1期。

范川凤：《铁凝小说的语言艺术》，《石家庄学院学报》第1期。

王春林：《凡俗生活展示中的历史镜像——评铁凝长篇小说〈笨花〉》，《小说评论》第2期。

马新莉：《透视生命的真相——铁凝20世纪90年代小说中的人性探索》，《哈尔滨学院学报》第3期。

铁凝、王干：《花非花　人是人　小说是小说——关于〈笨花〉的对话》，《南方文坛》第 3 期。

陈立萍：《论铁凝对女性模仿性生存的女性叙事》，《长春大学学报》第 3 期。

刘成才：《无母、审母与自审意识——铁凝小说中的"母亲"形象分析》，《太原师范学院学报》（社会科学版）第 4 期。

王凤秋：《人的主体存在的迷失——〈永远有多远〉中白大省形象分析》，《齐齐哈尔师范高等专科学校学报》第 4 期。

赵秀芬：《铁凝笔下的女性意识——以〈玫瑰门〉为例》，《湖北经济学院学报》第 9 期。

褚红兵：《温暖孤独旅程——铁凝小说中的流浪意识》，《理论与创作》第 5 期。

吴雪丽：《乡村、本土与日常美学——论〈笨花〉在乡土小说史上的意义》，《理论与创作》第 6 期。

沈红芳：《铁凝小说的叙事艺术》，《海南师范学院学报》（社会科学版）第 6 期。

陈映实：《营养心灵——由〈笨花〉说开去》，《小说评论》第 6 期。

王志华：《均衡与和谐——论铁凝小说的悲剧观》，《理论学刊》第 6 期。

《当代文坛》第 5 期刊发"《笨花》评论小辑"：

刘芳：《走进笨花村的乱世风云——论铁凝力作〈笨花〉》。
闫红：《〈笨花〉：女性叙事的隐痛及其艺术解决》。
程桂婷：《未及盛开便凋零——铁凝的〈笨花〉批判》。

《当代作家评论》第 5 期刊发"铁凝评论专辑"：

南帆：《快与慢，轻与重——读铁凝的〈笨花〉》。
韩春燕：《在轻与重之间飞翔——读铁凝长篇小说〈笨花〉》。

胡传吉：《世俗烟火与兵荒马乱的叙事伦理——论铁凝的长篇小说〈笨花〉》。

陈超、郭宝亮：《"中国形象"和汉语的欢乐——从铁凝的长篇小说〈笨花〉说开去》。

2007 年　50 岁

1月29日　晚　首次拜访杨绛。在三里河南沙沟杨绛家中，保姆开门后，杨绛亲自迎至客厅门口。杨绛身穿圆领黑毛衣，锈红薄羽绒背心，藏蓝色西裤，脚上是一尘不染的黑皮鞋。她一头银发整齐地拢在耳后，皮肤是近于透明的细腻、洁净，实在不像近百岁的老人。她笑着看着铁凝。铁凝有点拿不准地说：我该怎么称呼您呢？杨绛先生？杨绛奶奶？杨绛妈妈……只听杨绛略带顽皮地答曰："何不就叫杨绛姐姐？"铁凝自然不敢，二人一同笑起来，"笑得很乐"[①]。

铁凝曾想为杨绛引见一位台湾"中研院"的女学者，被婉言拒绝。这位女学者十几年前在剑桥写过关于铁凝小说的博士论文。

1月　《玫瑰门》由人民文学出版社出版。

《笨花》收于《2006 中国小说》[②]。

2月　拜访多位在京文学老前辈，听取他们的文学见解以及对她本人、对中国作协工作的意见和建议。

中短篇小说集《永远有多远》由香港明报出版社出版。

4月1日　出席何建明报告文学《为了弱者的尊严》研讨会。这是何建明继报告文学《根本利益》之后，再一次生动记述优秀党员干部梁雨

[①] 铁凝：《"何不就叫杨绛姐姐"——我眼中的杨绛先生》，《以蓄满泪水的双眼为耳》，生活书店出版有限公司 2016 年版，第 114—115 页。

[②] 曹文轩、邵燕君主编：《2006 中国小说》，北京大学出版社 2007 年版。

润的先进事迹。铁凝在讲话中指出,《为了弱者的尊严》讲述了梁雨润站在执政为民、构建和谐社会的高度,以一位正直的人民公务员的赤诚之心,竭尽全力为人民排忧解难的故事。……何建明始终带着满腔的热情去面对自己笔下的主人公,这种真情使他在艺术上保持着难得的鲜活品质,这一点对于从事各种文学样式创作的作家都是难能可贵的。从艺术角度看,作品的结构和作家驾驭叙述的能力非常简朴,通篇读来有一气呵成之感,是既沉重又昂扬的一种结合。

4月26日 与华生①领证结婚。出发之前,铁凝从办公室出来,先回家换衣服。时间紧张,北京交通拥堵得厉害,赶到婚姻登记处,那儿已经快下班了。去的时候没带糖,临时让司机去买,把喜糖送出去以后还剩一些在车上,铁凝说:我们自己也吃一块糖吧。然后跟华生、司机三个人一起吃了巧克力。

领证以后,在与亲朋好友相聚时,铁凝和华生宣布了他们结婚的消息。

"这个人就是我要找的,是我一生要跟他相依为命的人。"铁凝说。

铁凝喜欢"相依为命"这个词:"爱情是什么?爱情是无法言说的,所谓爱情就是当它到来的时候,其他的一切都将落花流水。"

铁凝和华生没有透露他们相识和相爱的时间,双方都否认了一见钟情。华生对记者说:"一见钟情就不正常。一个人在我们这样的年龄,有我们这样的阅历,能真正开始一段情感之旅,不容易。在你没有遇见之前,你会觉得很困难……你内心有你的情感标准,你等待,寻找,追求,然后你又确实被命运指引,有机缘相遇的时候,你对爱情的预设和标准就都变活了。"②

在此之前,铁凝和华生跟朋友有过一次旅行,在苏州的山塘街一起听评弹,听《杜十娘》,也听《太湖美》,但是真正打动他们的,是根据陆

---

① 华生(1953—):江苏无锡人。1986年被评为首批"国家级有突出贡献专家"。1987年赴英国牛津大学学习。2000年以后,任燕京华侨大学校长。中国社会科学院研究生院、东南大学、武汉大学教授、博士生导师,被认为是最有影响力的经济学家之一。

② 夏榆:《幸福是"心喜欢生"》,《南方周末》2007年5月17日。

游和唐琬的词改编的古曲《钗头凤》。台上一男一女两个艺人，端庄、清雅和凛然，他们的吟唱深切哀婉。两个心怀爱情的中年人，听着陆游和唐琬的爱情绝唱，听到"内心温湿柔润"。

正是这次旅行，让华生与铁凝都有着更多的惊喜与惊讶。原来他们有着那么多奇妙的共同点，包括价值观，甚至对文学的喜好、生活习惯，等等。

4月 在中国作协与罗马尼亚驻华大使维奥雷尔·伊斯蒂奇瓦亚会谈。

5月8日 接受夏榆专访，后以《幸福是"心喜欢生"》刊《南方周末》5月17日。

5月18日 参加纪念汪曾祺研讨会，并做了题为《人间送小温——怀念汪曾祺先生》的发言。

5月25日 访谈《铁凝："一个人在等，一个人也没有找，这就是我跟华生这些年的状态"》刊《青岛早报》。

5月 在中国作协接待奥地利作家代表团，团长是奥地利联邦总理府艺术司文学与出版处处长罗伯特·施托克博士。

6月12日 《猜猜井上靖的笔记本》刊《人民日报》，《新华文摘》第16期、《散文选刊》2008年第2期转载。

6月16日 出席由中央四部委主办的全国"万家社区图书室援建和万家社区读书活动"第五期启动会议，并做《让农民振作起来，让农民充实起来，让农民健康起来，让农民快乐起来！》发言，后刊当日《中国社会报》。

6月17日 出席周文诞辰百年纪念座谈会。

6月 访谈《立志做"女高尔基"》（选自《羊城晚报》）收于《寻找文明的坐标》。[①] 文中说铁凝刚做河北省作协主席时，非常不习惯，一大堆事情等着她做，有一次一个部门的官员把她给轰出门。她也曾觉得还不如自己单干写小说。但是她后来就不这样想了，也不再为此痛苦。她觉

[①] 《读者参考丛书》编辑部编：《寻找文明的坐标》，学林出版社2007年版。

2007年 50岁

得做一个官员可以让她用自身的能力去帮助作家。当然，在多重身份中，她最看重的还是她的作家身份。

7月2日 参加"中国作家走军营"采风团出发式，为作家们送行并讲话，铁凝首先谈到军事文学在当代文学格局中的重要地位，然后指出，希望通过这次活动，作家和军人的心贴得更近，表现我军现代化建设和中国军人风采的文学作品会更多涌现，人民子弟兵的精神风貌会进一步激发广大作家的创作热情[①]。

7月14日 出席纪念萧军百年诞辰暨《萧军全集》出版座谈会，并为"纪念萧军诞辰百周年"专题展览开幕式剪彩。

7月15日 专访《中国作家协会首位女主席铁凝》刊《中国妇女》第7期，采访者：赵宁、程京京。

7月18—24日 参加第18届香港书展。书展期间，铁凝在"华文文学大检视"讲座上讲话，叙述了和香港作家潘耀明的几次见面。

7月21日 在香港书展上，与来自大陆、台湾及香港地区的多位著名作家就文学发展状况展开积极研讨，并在"两岸三地阅读文化"座谈会上作题为《阅读的重量》的发言。

7月27日 应中国铝业公司的邀请，与国资委国有重点大型企业监事会主席吕黄生、何家成，中国铝业公司党组书记、总经理肖亚庆等一同前往甘肃省参观考察中铝在甘企业。

《阅读的重量》刊《中国新闻出版报》，《党建》第9期、《新华文摘》第19期、《小品文选刊》第23期转载。

7月 《人间送小温——怀念汪曾祺先生》刊《北京文学（精彩阅读）》第7期。

8月 在中国作家协会会见日本著名电影导演小栗康平率领的日本文化界代表团一行，并一同观看电影《哦，香雪》。

《他对内地作家充满人情味》刊《香港作家》2007年8月。

[①] 《文艺报》2007年7月3日。

散文随笔集《从梦想出发》由湖南文艺出版社出版。

9月5日　《直抒胸臆情为真》刊《中国书画》第9期。这是为潘学聪的草书《赤壁赋》而写的小文章。

9月24日　出席《羊城晚报》文艺副刊《花地》50周年座谈会。

9月　率中国作家代表团赴俄罗斯参加俄罗斯的"中国年"活动,出席第20届莫斯科国际书展,并在中俄出版文化联谊会上,向索罗金、李福清等五位俄汉学家颁发荣誉证书,为俄罗斯作协主席加尼切夫等颁发特别奖,与时任莫斯科作家协会主席的著名诗人丽玛·卡扎克娃对谈女性与诗。

秋　在日本访问,特别去了仙台医学院。

10月8—25日　作为第四届鲁迅文学奖中篇小说奖终评委员会主任,主持评选工作。

10月22日　访谈《铁凝:文化应该是民族精神的火炬》刊《安庆晚报》。

10月28日　赴绍兴参加中国作协第四届鲁迅文学奖颁奖典礼并致开幕词。当被问及对本届鲁迅文学奖"阴盛阳衰"的实际状况作何感想时,铁凝说:"这并不是因为我对女性作家的偏爱,而是女作家在近几年的发展非常迅速所致。"[①]

10月31日　《当代作家要继承鲁迅精神》刊《人民日报》。

11月2日　参加"宗璞文学创作60年"座谈会,对宗璞的创作成就给予了充分肯定。

11月13日　出席全国青年作家创作会议并致开幕词。

12月13日　上午　会见韩国作家代表团团长、著名诗人高银,以及韩中文学论坛组织委员会委员长、著名评论家金禹昌等代表团成员。

12月14日　下午　出席"中韩文学论坛——从长江到汉江,从汉江到长江"活动并致辞。她呼吁中韩应加强作品互译,共促文学交流与文化繁荣。

[①] 《东方早报》2007年10月29日。

12月22日 出席第七届全国优秀儿童文学奖颁奖典礼，宣读时任中宣部部长刘云山的贺信，首都文学界、出版界、新闻界120余人出席了颁奖典礼。

12月23日 由《大浴女》改编的22集同名电视连续剧公开播映。据导演杨亚洲称，剧本先后修改了五次，历时三年，虽然保留了原著中的主要人物，但进行了大刀阔斧的改编，其中最重要的变化是主人公由原著中的女儿尹小跳变成了倪萍扮演的母亲章妩[1]。小说的深刻内涵因此被"三角恋""婚外情"所取代，电视剧以"实力明星倪萍首次饰演红杏出墙的寂寞女人"来炒作，以媚俗的姿态改变了原著的艺术风格和思想深度。铁凝对此感到无奈与失望："小说改编成电视剧或多或少会发生偏离，这是没有办法的事，无论形式如何改变，电视剧的主旨精神与故事情节应该与原著一脉相承，否则就对文学造成伤害。"[2]

12月28日 出席河北省第八次文代会和第五次作代会开幕式。

12月 当选河北省作家协会名誉主席。

本年 梁娟、汪素芳、李素珍合著的《冷峻的暖色——铁凝创作研究》由花山文艺出版社出版。

本年度重要研究论著

梁惠娟、汪素芳、李素珍：《冷峻的暖色——铁凝创作研究》，花山文艺出版社2007年版。

庞秀慧：《〈笨花〉与〈棉花垛〉乡土叙述的比较——兼及对铁凝的〈笨花〉批判的批判》，《理论观察》第1期。

陈卫萍、倪瑞红：《女性在实现性自主之后——铁凝〈棉花垛〉、〈玫瑰门〉解读》，《太原师范学院学报》（社会科学版）第1期。

孙新运：《现实人生的一种悲剧显现——浅谈铁凝小说里的残缺描写》，

---

[1] 见《北京晨报》2007年11月21日。
[2] 卜昌伟：《〈大浴女〉偏离主题变为三角恋，铁凝拒绝阅读改编剧本》，《京华时报》2004年11月2日。

《沈阳工程学院学报》（社会科学版）第 1 期。

闫红：《"启蒙理性的审美置换"——论〈哦，香雪〉、〈没有钮扣的红衬衫〉的现代性及其文学史地位》，《山东师范大学学报》（人文社会科学版）第 2 期。

王英：《母性·女性·男性的反思——对〈麦秸垛〉和〈棉花垛〉的另一种解读》，《辽宁行政学院学报》第 2 期。

梁惠娟：《论铁凝小说的审丑意识》，《河北学刊》第 3 期。

李欣：《颠覆到重塑——谈铁凝笔下的男性形象》，《宿州学院学报》第 3 期。

梁惠娟：《铁凝创作中的自我确认之路》，《文艺争鸣》第 6 期。

刘惠丽：《部族仪式与文化自救：〈笨花〉新解》，《小说评论》第 4 期。

缪爱芳：《构建女性未来话语——论小说〈玫瑰门〉在 20 世纪 90 年代中国女性写作中的意义》，《电影评介》第 11 期。

梁惠娟：《试论铁凝小说的乡土情结》，《理论与创作》第 6 期。

2008年　51岁

1月8日　出席"文艺作品中的国家形象"研讨会。铁凝指出，中国经济的飞速发展使中国形象在西方世界得到根本性扭转，然而文化发展的相对滞后使中国文学及文化的国际影响力依然不尽如人意。因而她希望"处在市场大潮中的作家、艺术家们，不能放弃文化自觉。新的时代应该有血肉丰盈、新鲜可信的中国形象在作家艺术家的孕育中诞生。作家艺术家应该更深入地追寻民族文化和审美精神，以汉语的劲道和神奇，塑造出真正有魅力的中国形象"[①]。

1月17日　出席鲁迅文学院第七届中青年作家高级研讨班（青年作家班）结业典礼。

1月22日　在中华基金会2008年度第一次理事会上，经全体理事推举，受聘担任中华文学基金会会长。

1月26日　出席韩美林《天书》出版新闻发布会暨研讨会。《天书》是当代著名艺术家韩美林的最新艺术巨著。他历经34年时间，从全国各地的甲骨、石刻、岩画、古陶、青铜、陶器、砖铭、石鼓等历代文物上搜寻、记录了数万个符号、记号、图形和金文、象形文字等，又耗时数年，呕心沥血，对这些历史文化遗存做了精心的钩沉、临摹、整理和创造，汇集成这部恢宏"天书"。

---

① 任晶晶：《"文艺作品中的国家形象"研讨会在京举行》，《文艺报》2008年1月10日。

1月28日 创作《以蓄满泪水的双眼为耳》。这是关于大江健三郎的随笔。

1月31日 主持中国作协七届四次主席团会议。

1月 访谈《对人类的体贴和爱——铁凝访谈录》刊《小说评论》第1期。

访谈《铁凝：爱情就是缘分》刊《妇女生活》第1期。

夏榆对铁凝的访谈《明朗的幸福 复杂的纯净》收于《她们的立场 她们的倾向 女性知识分子现场》。① 内容包括对铁凝的三次访谈，分别是关于《笨花》、铁凝当选第三任作协主席和铁凝的新婚。

《我的城市》收于《中国城市名片》。② 铁凝讲述了外省人眼中的石家庄以及她自己的独特观察和感受。

2月初（春节前） 率中国作协工作人员先后拜访了在京的一百多位老作家、老同志及部分著名作家遗属。

2月上旬 《我的诗人经历》刊《诗刊》第3期。

2月15日 散文《戴套袖的孙犁先生》刊《文汇报》，《散文选刊》第5期转载。

2月20日 浩然因冠心病引发心脏衰竭在北京辞世，享年76岁。铁凝前往家中吊唁并慰问其家属。铁凝表示从小就看过浩然的作品，她回忆在2000年浩然曾以北京作协主席身份亲自为她颁发了首届老舍文学奖。铁凝表示："我永远不会忘记他。"

2月28日 参加浩然的遗体告别仪式。

出席"春之声"中国作协学习抗击雪灾精神诗歌朗诵会并捐款。

2月 《哦，香雪》《长街短梦》由中国盲文出版社出版。

3月初 公开表态，在担任中国作协主席期间，其作品将不再参加所有由中国作协主办的评奖活动。

3月27—28日 在福州出席中国作协第七届全国委员会第三次会议。

---

① 夏榆：《她们的立场 她们的倾向 女性知识分子现场》，中国妇女出版社2008年版。
② 黄发有主编：《中国城市名片》，山东画报出版社2008年版。

会议期间，铁凝接受专访，就"八〇后作家现象"发表自己的意见："'八〇后'作家的成功是多方面促成的，包括他们的勤奋、才华、知识准备，这个时代为他们提供了良好的条件。他们轻松，没有什么心灵上的重负，不像上一代的作家，背负着一些很沉重的东西。出版界也对这些作家的作品很敏感，整个社会为这批人的出现，创造了内外两重好条件。"铁凝也谈到他们的创作局限："我看过一些年轻作家的作品，读一两篇时觉得挺兴奋，很新鲜。但是，读多了以后会感到它们可能有自我重复的一些东西。故事的格局可以小，但心灵的气象应该大。"①

3月 针对德国汉学家顾彬将当代作家写剧本视为背叛文学，丧失了作家起码的尊严的说法，铁凝提出不同意见。她以刘恒为例，说明作家与编剧并非不能身兼二任②。

3—4月 在中共中央党校学习。

4月 赴浙江莫干山参加由中国新闻出版总署与英国企鹅出版集团联合举办的中英文学翻译培训班。

《心灵的牧场》刊《文学自由谈》第2期。

5月12日 《大江健三郎口述自传》由新世界出版社引进出版，铁凝为该书作序《以蓄满泪水的双耳为眼》，称"大江先生的小说是不可思议的，大江先生的人生同样不可思议"。

5月12日14时28分 四川汶川县发生8级地震，受灾严重地区超过10万平方千米。经国务院批准，自2009年起，每年5月12日为全国"防灾减灾日"。

5月13日 给张庞回信。肯定了张庞关于倾心打造抢险救灾作品的三点建议。此信收于《军事与文学的互访·张庞诗文集》。③

5月15日 参加中国作协举办的向汶川地震灾区献爱心捐款活动。

5月18日 在中央电视台参加"爱的奉献——2008宣传文化系统抗

---

① 《福州晚报》2008年3月29日。
② 《温州日报》2008年4月5日。
③ 张庞：《军事与文学的互访·张庞诗文集》，解放军文艺出版社2008年版。

震救灾大型募捐活动"并捐款。在活动现场，铁凝接受采访时说："这些天，我和我的作家同行们想的最多的一件事就是，人民养育了作家，在国家和人民遭此大难的时候，作家不能缺席。我们要把最美好的祝福献给灾区同胞，献给所有在灾区的救援大军。我们除了解囊相助，更重要的是用文学去鼓舞士气，温暖生命，赞美真情和大爱，讴歌灾难中勇敢、不屈、团结、自信的民族精神。中国作协已经组织了作家抗震救灾采访小分队赶赴灾区，与当地的作家一道采访创作。相信爱、奉献爱，我们的四川一定会雄起，我们的中国肯定能挺住。"[1]

5月19日 参加中国作家抗震救灾采访团出发式。铁凝在救灾现场几度哽咽，她翻看了由作家采访团用五天时间编辑出版的诗集《中国：震撼5月——2008抗震救灾诗集》后，肯定了"地震诗""地震文学"对灾区人民的精神鼓舞，并鼓励更多的作家以不同的方式书写在大灾面前的温暖人性与坚强生命。铁凝还表示："我会动笔记录抗震故事，但我不是诗人，所以没办法在短时间内创作出作品，但我一定会为抗震救灾写点什么。"[2]

在成都看望老作家马识途、王火和流沙河。

5月26日 应中国作协邀请，2006年诺贝尔文学奖获得者、土耳其作家奥尔罕·帕慕克与布克奖获得者、印度女作家基兰·德赛来访。铁凝、刘庆邦、格非、余华、李敬泽、徐小斌等部分在京小说家、评论家参加会面。铁凝感谢帕慕克先生对汶川死难者的哀悼和对灾区的真诚援助，并表示中国作协将全力以赴投入灾后重建工作："大地震发生后，中国作家和千千万万中国公民一样，没有忘记自己的社会责任和使命，很多作家捐款捐物献血，以各种形式参加志愿者行动。中国作家协会先后组织四个作家抗震救灾采访团深入四川、陕西和甘肃三省等抗震救灾第一线，实地记录、采访。这次大地震给灾区带来的破坏非常严重，因此中国作

---

[1] 《用文学的大爱铸造民族魂——中国作家在"爱的奉献——2008年抗震救灾大型募捐活动"现场》，《文艺报》2008年5月20日。

[2] 《中国青年报》2008年5月29日。

2008 年　51 岁

家的援助行动不是一时的，它还将持久地进行下去。近期还会有作家分批赶赴灾区。"①

5 月 28 日　与中国作协党组书记金炳华率作家从北京飞赴都江堰，亲手将中国作协与各地作协筹得的善款和救灾物资交到灾区人民手中。同时带去的还有刚刚出版的《中国：震撼 5 月——2008 抗震救灾诗集》一书，该书选编了中国作家抗震救灾采访团现场创作的作品。

5 月 31 日　《我们的惦念》刊《文艺报》。由一张四川雅安灾区孩子打篮球的照片引发的惦念与再生的希望。

5 月　《笨花与我》收于《天下赵州——赵县》。②

《安格尔在过街通道里》刊《文学自由谈》第 3 期。

6 月　《准确把握时代生活本质》作为附录收于《天高地厚：献给中国改革开放三十周年》。③

7 月 10 日　出席鲁迅文学院第八届中青年作家高级研讨班（青年作家班）结业典礼。

7 月　《作家铁凝》由昆仑出版社出版。这是《铁凝评传》的修订本。

8 月 6 日　和王蒙一同出席由北京奥组委在北京国际新闻中心举办的"中国当代文学"专题采访，对"80 后作家"、地震和奥运题材创作等文坛热点问题进行畅谈。

8 月 8 日　晚上　在"鸟巢"观看第 29 届北京奥运会开幕式。

8 月 12 日　创作《最小的瞬间》。记述了她 8 月 8 日在"鸟巢"观看北京奥运会开幕式时的感受。

8 月 17 日　创作《再忆插图》。

8 月　《从梦想出发》刊《作品》第 8 期。

9—10 月　作为评委会主任，在北京主持第七届茅盾文学奖评奖工作。

9 月 10 日　访谈《文学没有最好　只有更好——访中国作协主席铁

---

① 《文艺报》2008 年 5 月 31 日。
② 赵志勇编著：《天下赵州——赵县》，河北美术出版社 2008 年版。
③ 关仁山：《天高地厚：献给中国改革开放三十周年》，河北教育出版社 2008 年版。

凝》刊《吉林日报》。

9月下旬 率中国作家代表团赴韩国首尔,参加"韩日中东亚文学论坛",并作题为《文学是灯——东西文学的经典与我的文学经历》的演讲。

9月 《洗桃花水的时节》刊《散文选刊》第9期。

10月9日 贺绍俊的访谈《作家铁凝》刊《文学报》。

10月12日 《文学是灯——东西文学的经典与我的文学经历》刊《文汇报》10月12日,次年《人民文学》第1期、《当代文学研究资料与信息》第2期、《散文选刊》第5期转载。

10月14日 出席中国作协党组扩大会议,传达党的十七届三中全会精神,学习胡锦涛总书记的重要讲话。

10月16日 赴鄂尔多斯市参加"第三届鄂尔多斯国际文化节暨首届中国·鄂尔多斯纪实文学节"闭幕式。铁凝、蒋子龙等七名作家被鄂尔多斯市人民政府授予鄂尔多斯"荣誉市民""荣誉牧民"称号。

10月17日 出席象山杯"我与奥运"全国有奖征文颁奖仪式暨中国民族文学传媒论坛开幕式,作题为《各民族作家的共同园地》的讲话。

10月29日 赴辽宁铁岭出席首届"中国小说双年奖"颁奖典礼并致辞。铁凝在致辞中向获奖作家表示祝贺,指出文学的繁荣和发展离不开良好的社会大环境,《小说选刊》杂志社和铁岭市政府联合举办小说双年奖就是营造这一良好环境的重要举措。"中国小说双年奖"是2008年年初由《小说选刊》杂志社提议设立,由中国作家协会核准、代表中国小说最高水平的奖项。"中国小说双年奖"每两年一评,设立长篇、中篇、短篇小说各项奖项。评委会由国内著名作家、评论家和教授组成。举办者希望其有助于提升文化软实力。

10月 《铁凝长篇小说图文本丛书》由湖南文艺出版社出版,本丛书共四卷,分别为:《笨花》《玫瑰门》《大浴女》《无雨之城》。

《谁能让我害羞》(英文版)收于《化妆》。①

---

① 李敬泽编:《化妆》,外文出版社2008年版。

11月2日 赴乌镇出席第七届茅盾文学奖颁奖典礼并致辞。铁凝在致辞中向贾平凹、迟子建、周大新和麦家四位获奖作家表示祝贺,她同时呼吁作家"以更加自觉的姿态,坚持贴近实际、贴近生活、贴近群众,沉潜生活,冷静思考,与人民同心,与时代同行,以更深邃的激情,更开阔的视野,更敏锐的视角,更广博的胸襟,挖掘题材资源、精神资源、情感资源和语言资源,创作出更多反映现实生活和人民主体地位、群众喜闻乐见的优秀作品,开创文学新境界,谱写文学新篇章"[①]。

11月10日 下午 出席鲁迅文学院第十届中青年作家高级研讨班(少数民族文学翻译家班)开学典礼。

11月12日 出席纪念周扬诞辰100周年座谈会。

11月16日 晚上 在贵州省贵阳市出席全国第九届少数民族文学创作"骏马奖"颁奖典礼并致辞,为获奖者颁发获奖证书和奖杯。铁凝在致辞中说,在我国少数民族文学发展繁荣的进程中,少数民族文学创作"骏马奖"起到了激励作家创作、催生优秀作品的重要作用。"骏马奖"的设立,充分体现了党的民族政策,体现了中华各民族的大团结,展现了各民族文学交流互补、共同繁荣的盛世气象。本届少数民族文学创作"骏马奖"的评选,是对我国少数民族作家、评论家、翻译家近年来文学创作、评论和翻译作品的一次检阅。从本届获奖和参评作品中,我们可以看到少数民族作家更自觉地承担起历史赋予作家的责任,看到少数民族作家对于塑造民族品格、弘扬民族精神的积极努力,看到少数民族作家更加关注本民族所面临的保持民族文化独特性与生存发展的问题。

11月25日 参加长篇报告文学《晋人援蜀记》首发式暨作品研讨会。该书由著名作家赵瑜和李杜以"5·12"汶川大地震为背景,采取独特的叙事角度,以大后方为主体,同时兼顾前方,翔实地记述了山西人民为支援四川地震灾区所作的巨大奉献和牺牲,充分体现了晋商后代诚信、忠勇、仗义的传统美德和在关键时刻义字当头、义勇争先、义无反顾的崇

---

① 《文艺报》2008年11月4日。

高品质。《中国作家·纪实》2008年第11期刊发,山西教育出版社同时出版。参加研讨会的还有著名作家、山西省副省长张平,山西省委宣传部常务副部长杨波,著名作家及评论家雷达、何西来、胡平、李炳银、田珍颖、何建明、萧立军、李建军、白烨、白描、黄传会、徐剑、阎晶明等。

11月　《正定三日》刊《文化月刊》第11期。

《安德烈的晚上》收于《改革开放30年短篇小说选》。①

《没有钮扣的红衬衫》收于《改革开放30年中篇小说选》(卷一)。②

12月1日　赴深圳参加中国改革开放30周年文学论坛开幕式并讲话。

12月11日　出席"欧阳山百年诞辰纪念"座谈会并讲话。铁凝在讲话中指出:欧阳山作为一个作家,几十年的文学创作,都是从现实出发,向生活学习。《三家巷》问世后产生强烈反响。她希望广大作家能学习欧阳山等老一辈作家为人民写作,与时代同行的精神,深入群众、深入生活、深入实际的优良传统,坚持他们不断创新不断探索的艺术追求。

12月13日　专程赴浙江省杭州市看望因病住院的叶文玲。

12月16日　出席中国作协主办的"我们走在大路上——改革开放三十周年文学成就展"开幕式。

12月17日　出席首都文学界改革开放30周年纪念座谈会,铁凝在讲话中回顾了改革开放30年来中国文学发展的历程,总结了关于改革开放30年文学事业的主要成就及其特点、经验和启示。她说,经过30年卓有成效的探索,中国文学显示出旺盛的艺术创造力,进入了一个持续繁荣的时期。一个开放的、多元的、对话的新格局正在初步形成,通向新世纪文学更大辉煌的前进道路已经向我们徐徐展现。我们正站在新的历史起点上,任重而道远。

12月26日　上午,在长沙出席湖南省作协成立50周年大会。

下午,出席"铁凝长篇小说图文本"新书发布会。该丛书由湖南文艺出版社出版,书中配有特邀画家精心设计的插图,制作考究,图文并

---

①　孙颙主编:《改革开放30年短篇小说选》,上海文艺出版社2008年版。
②　孙颙主编:《改革开放30年中篇小说选》(卷一),上海文艺出版社2008年版。

茂。贺绍俊在发布会上说："《玫瑰门》像一棵生长在悬崖峭壁上的松树，遒劲的树枝向上挺拔，有一种奇峻之美；《无雨之城》是春意盎然时节在江畔种下的杨树，有一种悠闲之美；《大浴女》是满树红花的凤凰树，有一种神圣之美；《笨花》则是屹立在辽阔华北平原上的一棵大槐树，有一种凝重之美。"[1]

12 月 参加中国日本友好协会理事会。

在北京与韩国驻华大使金夏中会谈。

本年度重要研究论著

贺绍俊：《作家铁凝》，昆仑出版社 2008 年版。

贺绍俊：《〈笨花〉叙述的革命性意义——重读〈笨花〉及其评论》，《解放军艺术学院学报》第 1 期。

莫雅波：《"寻根者"笔下的"原始"——〈小鲍庄〉与〈麦秸垛〉的比较研究》，《重庆科技学院学报》（社会科学版）第 10 期。

谢西娇：《不同的潜在时代场域 不同的女性话语空间——萧红、张洁、铁凝女性创作比较》，《湖北经济学院学报》（人文社会科学版）第 12 期。

〔澳〕萧虹：《铁凝早期作品中的暗流：〈灶火〉和〈麦秸垛〉的分析》，《南方文坛》第 4 期。

张喜田：《女性的性别在战争中凸显——论铁凝〈笨花〉的女性意识》，《河南师范大学学报》（哲学社会科学版）第 1 期。

程桂婷：《重复与抄袭——再谈〈笨花〉兼对宋菲、庞秀慧批评的回复》，《湖南工业大学学报》第 6 期。

---

[1] 《潇湘晨报》2008 年 12 月 27 日。

2009 年　52 岁

1月7日　《镌刻在丰饶大地上的改革履迹》刊《中国社会报》。《新华文摘》第5期转载。为纪念改革开放30周年,"情系农家,共创文明"系列公益文化活动之一是出版百部农民作品。这是铁凝为之作的总序。

1月8日　出席"回眸·创新·展望——2009中国文学创作与图书出版论坛",为冯骥才、黄永玉等作家的百部新作出版揭幕。

1月9日　出席鲁迅文学院第十届中青年作家高级研讨班(少数民族文学翻译家班)的结业典礼。

1月16日　在北京会见并宴请大江健三郎。莫言、陈众议、许金龙等参加会见。铁凝与大江健三郎就文学写作、创作与批评的关系及中日文学、文化交流等话题进行交流。大江健三郎表达了自己对铁凝及莫言作品的喜爱,同时赞赏铁凝的《大浴女》"与塞尚的同名美术作品都是在一定的篇幅容量里表现了一群人物的命运,因而都是了不起的文艺作品"[①]。

大江健三郎此次访问北京,是出席"二十一世纪年度最佳外国小说奖"颁奖仪式。大江健三郎此次获得2008年度最佳外国小说奖的作品《优美的安娜贝尔·李寒彻颤栗早逝去》。与大江健三郎以往的作品相比,这次是以一个女性为主人公进行文本创造。铁凝认为这是一部很有内涵、值得一读的作品。

[①]　《文艺报》2009年1月20日。

大江健三郎文学作品的研究者和翻译者许金龙教授将这次谈话翻译整理为《中日作家鼎谈》刊《当代作家评论》第5期。

1月19日 应香港艺术发展局邀请，以总评审团委员身份，参加香港艺术发展局主办的"二〇〇八香港艺术发展奖"总评审团会议。

1月 散文集《惊异是美丽的》由作家出版社出版。

《回到欢乐》由河南文艺出版社再版。

2月21—23日 由《秀色》改编的同名河北梆子现代戏，在河北大戏院上演。

2月24日 出席中国作协深入学习实践科学发展观活动总结大会。

3月10日 上午 出席鲁迅文学院第十一届中青年作家高级研讨班开学典礼。

3月 在中共中央党校为省部级班做题为《文学的力量——我所经历的"文学现场"》的报告。

创作《材料和小说》，这是铁凝在鲁迅文学院少数民族作家班的文学讲稿。铁凝以她的短篇小说《咳嗽天鹅》的创作为例，说明怎样把材料变成小说。她介绍说，她先是在内蒙古时从林业局的朋友那里听说了咳嗽天鹅的故事，但是想了一年多后，才动笔写小说。她在主人公和天鹅的关系外，设置了主人公和他妻子想离婚的关系。铁凝说："当你得到一个材料，或者以为这个材料很完整，以为这个材料就是小说的时候，那基本上是一个错觉。珍惜我们每一次所获得的能够属于小说的材料，想尽办法告诉自己，如何以最大的可能性让它变成一个相对比较理想的小说。"

《伊琳娜的礼帽》刊《人民文学》第3期，《小说月报》第5期、《新华文摘》第15期转载。后获首届郁达夫小说奖·短篇小说奖、第七届"茅台杯"人民文学奖·短篇小说奖。

《咳嗽天鹅》刊《北京文学》第3期，《小说月报》第4期、《新华文摘》第8期转载。获《小说月报》第十四届百花奖和第五届北京文学奖和韩国语言文化教育振兴院主办的"金狮文学奖"。

"世界当代华文文学精读文库·铁凝卷"《巧克力手印》由香港明报

月刊出版社出版。

4月3日 到泰州市调研，指出泰州作家可多关注农村、农业、农民，将农民工进城、农民工返乡潮、农民自主创业等作为文学创作的好题材。

4月5日 在泰州游览了梅兰芳纪念馆、溱湖风景区等，并就泰州文坛的创作情况与泰州市部分作家代表座谈。

晚上，乘画舫夜游凤城河。

4月11日 下午 林斤澜在北京病逝。享年86岁。

4月16日 出席林斤澜的遗体告别仪式。

4月18日 在人民大会堂出席由中国少数民族作家协会和内蒙古自治区党委宣传部联合举办的长篇报告文学《丁新民与他的民工兄弟》作品研讨会。

4月 赴新加坡参加主题为"书香满狮城"的世界书香日活动，与新加坡作家及广大文学爱好者进行交流，并举办了题为《我的文学旅程》的公开讲座。

《笨花》《大浴女》《玫瑰门》由作家出版社出版并收于《共和国作家文库》丛书。

《铁凝研究资料》由山东文艺出版社出版，该书由吴义勤主编，房伟、胡健玲选编。

访谈《作家铁凝》收于《2008中国文坛纪事》[①]。

5月4日 《网络阅读替代传统阅读 实用阅读替代"无用"阅读——阅读不应"失重"》刊《人民日报》。《文学报》5月14日转载（有改动）。

5月16日 《阅读是有"重量"的》刊《人民日报》（海外版）。

5月17日 创作《章仲锷教我学游泳》。

5月23日 赴西安出席第二届中国诗歌节开幕式并致辞。

[①] 白烨主编：《2008中国文坛纪事》，人民文学出版社2009年版。

5月28日　《教我学游泳的章仲锷》刊上海《文汇报》。

5月30日　出席中华文学基金会"育才图书室"工程五周年暨金叶杯"我爱这土地"主题征文活动颁奖典礼。

5月　《风度》刊《长城》第5期，《小说月报》第7期、《上海文学》第8期、《新华文摘》第15期转载。

6月3日　在新浪网开通博客，博客地址 http：//blog.sina.com.cn/tiening.

6月12日　在新浪博客发文《咳嗽天鹅》。

6月中旬　为《长江文艺》创刊60周年刊庆题词。

6月20日　出席全国少数民族作家"祖国颂"创作研讨班闭幕式。

6月22日　在西安会见美国"爱荷华国际写作计划"文化探寻项目的作家代表团一行。

6月23日　在西安出席第二届中国诗歌节开幕式并致辞。

6月29日—7月6日　在新疆参加"全国著名作家走进新疆"采风活动。

6月29日　上午，在乌鲁木齐参加"全国著名作家走进新疆"采风启动仪式暨王蒙写新疆作品研讨会。同行的作家有王蒙、陈建功、阿来、胡平、阿克拜尔·米吉提、于坚、舒婷、陆天明、柳建伟、刘庆邦、迟子建、刘醒龙、葛水平、谢有顺、红柯、彭学明、王山、查建英、了一容、温风桥等。铁凝在启动仪式上说，近半个世纪以前，当王蒙先生还是一个29岁的年轻人时，怀着对明天和未来的美好憧憬，怀着对新疆和新疆人民的美好感情，来到新疆，度过了他人生中最好的16年，使他与新疆和新疆人民产生了唇齿相依的亲情，他把这种亲情变成了对新疆人民生生不息的爱和报答，诉诸笔端，流传于世。他的《浅灰色的眼珠》《虚掩的土屋小院》等一系列新疆题材的小说及散文，就是对新疆人民最深切的爱和最深厚的报答。

下午，和采风团的作家们来到乌鲁木齐市中心的红山顶上。她凭栏远眺，面对这个现代化大都市，大为惊叹。随后，铁凝一行又参观了新疆历史博物馆、二道桥国际大巴扎。

6月30日　与采风团的作家飞往伊利，游览塔吾萨尼。

在毡房中用午餐时，铁凝换上哈萨克人赠送的服饰，和演员们共同跳起了哈萨克族传统舞蹈《黑走马》，激起了阵阵掌声。

下午，坐车去尼勒克。游览阿克塔斯。

访谈《铁凝：80年代跳跃的那一抹红色》刊《中学时事报》。

6月　《对我影响最深的两本书》刊《秘书工作》第6期。这两本书是《约翰·克里斯朵夫》和《聊斋志异》。前者扉页上的两句话震撼了铁凝，"在那个特殊年代，它对我的精神产生了重要影响，让我初次真正领略到文学的魅力。这魅力照亮了我精神深处的幽暗之地，同时也给了我身心的沉稳和力气"。后者"为我当时狭窄的灰色生活开启了一个秘密的、有趣味的，又不可与人言的空间"。铁凝由此认定："无论我们的笔下是如何严酷的故事，文学最终还是应该有力量去呼唤人类积极的美德。"

7月1日　上午，采风团作家一行到达伊宁市。参观伊犁州博物馆。他们来到巴彦岱镇巴彦岱村5组123号，这是王蒙当年住过的小院。

随后，他们坐着马车游览喀赞其民居。

下午，铁凝奔赴霍尔果斯口岸。

晚上，作家采风团受到伊犁州党委书记李湘林的会见与宴请。

7月3日　在新浪博客发文《伊琳娜的礼帽》。

7月4—6日　在喀什参加由新疆作协和《西部》杂志社共同举办的"喀什噶尔杯"首届西部文学奖颁奖活动。

7月5日、12日　凤凰卫视录制的"铁凝专访"（上、下集）在"名人面对面"栏目播出。2009年以来，中国作协与中央电视台、凤凰卫视合作，有计划地推介一批优秀作家及优秀作品，以加大对我国当代著名作家及优秀作品的宣传力度，进一步扩大当代文学的社会影响力，提高社会公众的文学兴趣，逐步培育和扩大文学市场。

7月10日　出席鲁迅文学院第十一届中青年作家高级研讨班结业典礼。

2009年 52岁

7月11日 季羡林辞世。享年98岁。

7月17日 参加纪念中国文联、中国作协成立60周年大会,向从事文学创作60年的中国作家协会会员颁发荣誉证章及证书。

7月19日 参加季羡林遗体告别仪式。据铁凝回忆,季羡林最后写下的题词可能是"庆祝作家协会六十周年"。铁凝说:"他对当代作家和当代文学的那种关爱、期待和期望非常宝贵,他在去世前专门做了这个题词,老人的手已经在颤抖了,所以看到这个题词,留给我们的思考分量是非常重的。"①

7月20日 在新浪博客发文《风度》。

7月23日 《以文学的名义向祖国致敬——写在中国作家协会成立六十周年》刊《文艺报》。

7月 《笨花》由人民文学出版社再版。

《玫瑰门》完整收入《中国新文学大系》第五辑长篇小说卷。该卷共有7部小说完整入选,25部节选收录。其他6部完整入选的长篇小说是,古华的《芙蓉镇》、张炜的《古船》、白先勇的《孽子》、王蒙的《活动变人形》、陈忠实的《白鹿原》、王安忆的《长恨歌》。主编雷达表示,长篇小说卷完全针对作品,不按人分配,不附加外在身份条件。"铁凝的《玫瑰门》对中国女性的体验探究得比较深刻。铁凝是很有风格的作家,《玫瑰门》是她最好的作品。外界有联想不奇怪,但是真正熟悉新时期文学的人不会奇怪。大家有不同看法很正常,我对争议有心理准备。"②

8月12日 在新浪博客发文《1988年夏》。记述了1988年夏初识章仲锷以及后来章仲锷教她学游泳的往事。

8月27日 出席柯岩创作生涯六十周年座谈会暨《柯岩文集》首发式并致辞。铁凝在致辞中说:柯岩同志是与新中国一起成长起来的作家。她的作品反映了新中国60年所走过的风风雨雨,是时代的实践者、记录者。新中国成立初期的艰苦创业,改革开放的开拓进取,阳光与乌云,欢

---

① 《天天新报》2009年7月12日。
② 《张家口晚报》7月6日。

笑与泪水,都在她的作品中得到真实、生动的反映。她的作品既让我们感到了时代脉搏的跳动,也给了我们丰富的美的感受。豪放壮阔,清新明丽,婉约细腻,是她独特的美学风格。从她的作品中,我们看到她对祖国的爱,对普通劳动者的爱,对孩子的爱,对生活的爱。她用无限深厚的爱温暖着人们的心灵,滋润着干涸的心田。她是当之无愧的时代歌手和人民作家。在她60年的创作历程中,她一直怀着强烈的责任感与使命感,紧握手中的笔,投入到生活的滚滚激流中,关注时代,热爱生活,不懈追求,精益求精,以她特有的个性与才情,绝佳的气派和风度,为文为人的品格与风骨,为我们做出了表率和榜样。①

9月5日 为杭州文学月刊《西湖》创刊50周年纪念题写贺词"呵护吴越文化净土,拓展西湖文学新域"。

9月8日 赴广东江门市五邑侨乡参加中国作家协会七届八次主席团会议,并在会议期间前往巴金笔下的小鸟天堂,以及梁启超故居、崖门古战场、开平自力村等地采风,同行的有蒋子龙、阿来、舒婷、张抗抗、李冰、叶辛、李存葆、陈建功、高洪波、谭谈等。

9月22—28日 率中国作家代表团一行八人在斯坦福大学参加"首届中美文学论坛",和美国的同行们一起就"全球化与文学""国族文学、政治与世界""翻译、文化交流与国际社会""阅读、写作与公共领域"四个专题进行了研讨,并以"文学对更开放的全球社会有什么贡献"进行了圆桌讨论。在开幕式上,铁凝作题为《让森林成为森林——共享文学的多元、理解、融合与进步》的演讲。

《内科诊室》刊《钟山》第5期,《小说月报》第11期、《新华文摘》2010年第3期转载。

《铁凝小说选》(中国文库)由人民文学出版社出版。

10月13—18日 应邀赴德国出席第61届法兰克福书展,并在开幕式上代表主宾国作题为《的确需要互相凝视》的致辞。后刊《法制资讯》

---

① 刘秀娟:《柯岩创作生涯60年座谈会暨〈柯岩文集〉首发式在京举行》,《文艺报》2009年8月29日。

第 11 期。同行的作家有李洱、阿来、余华、苏童、刘震云、莫言等。

10 月 15 日　在法兰克福书展上,中国举办了"世界华文出版论坛"等几个中外文学交流论坛,并在法兰克福文学馆上演了"中国文学之夜"。铁凝、莫言、刘震云、苏童、余华、阿来等与德国文学人士,在法兰克福的"文学之家"进行了交流。有德国汉学家问作协主席的工作对铁凝文学创作有无影响,铁凝答道:"坦白地说,这两年,它影响了我的写作,但主要是时间上的。""今天,中国作协的主要职能是为中国作家服务。这是我占据这个位置必须要承受的。"虽然"长的完整的时间不足,我就写短篇小说。今年,我写了 5 个短篇"。"我爱短篇小说,这不是我为自己没写长篇给出的借口。写得短,有时更需要时间。总之,你要写,你就需要时间。可每个人都只有 24 个小时。"当被问及"创造力和写作自由空间"有无受到影响,铁凝说:"我有心灵的自由。如果一个作家的心灵自由被局限,这个作家就失去了生命力。"谈到中外文学交流,铁凝强调说:"中国文学走出去",首要的问题是"作家要有好的作品"。当然,传播渠道也很重要,而目前"中国文学走出去,翻译是个大的问题,可以说是瓶颈之一"[1]。

书展期间,出席"文化中国丛书"签约仪式,外文版《文化中国丛书》已出版 180 余种介绍中国文化和中国作家作品的图书,该丛书出版的文学图书品种 40 多种,先后介绍了 300 位中国作家的作品。新闻出版总署署长柳斌杰、中宣部出版局局长张小影等共同出席签约仪式。

随后,铁凝赴柏林参加由中国作家协会和柏林中国文化中心共同举办的中德文学论坛,并首先进行了题为《经典与创新》的主题演讲。

10 月 23 日　参加《中国军旅文学 50 年》暨当代军旅文学研讨会,做题为《军队、军旅是一座丰厚富饶的文学宝藏》的讲话。

10 月 26 日　出席由中华文学基金会主办的庄重文文学奖颁奖典礼。

10 月 29 日　参加中国作协举办的文学创作座谈会,发表题为《走向

---

[1]　《铁凝:写作不是我生命的全部》,《株洲日报》2009 年 10 月 28 日。

世界的中国文学》的讲话，她结合德国之行的实际感受，重点讨论了当代文学如何在民族化的同时走向世界的问题。

10月30日　参加第七届"茅台杯"人民文学奖颁奖典礼，她的《伊琳娜的礼帽》获优秀短篇小说奖，诗人牛汉为其颁奖。

10月　《教我学游泳的章仲锷》刊《散文选刊》第10期。

11月3日　《走向世界的中国文学》刊《文艺报》。

11月16日　《用我们最好的东西加入文化竞争》刊《人民日报》。

11月18日　《警惕文化被"他者"化》刊《株洲日报》。

11月19日　《用最好的东西加入文化竞争》刊《文学报》。

11月　率中国作家代表团赴巴黎参加首届中法文学论坛，在开幕式上做题为《文学：窗口与桥梁》的演讲。

《铁凝散文》由人民文学出版社出版。

12月6日　参加由法国驻华大使馆文化处发起的首届傅雷翻译出版奖颁奖活动。

12月20日　藏族作家阿来的新作《格萨尔王》作品研讨会在北京举行，铁凝致辞《慢慢地走，专注地看》。铁凝分析了阿来通过晋美这个说书人传达的写作理念："故事，并不是作者的虚构，而是早就发生过，宝藏一样深埋在人的内心里。讲故事的人是被上天选中，将人生或历史的真谛泄露出来。我相信，在他那里，写作是一件有神性的事情，一切听凭机缘的发生，机缘到来时，故事自会从某个人的意识中探出头来，在世间流传。"[①]

12月22日　《神话在阿来的讲述中熠熠生辉》刊《重庆日报》。

12月24日　上午　在鲁迅研究院讲课，题目为《小说创作中关系的魅力》。

《慢慢地走，专注地看——在阿来长篇小说〈格萨尔王〉研讨会上的致辞》刊《中国新闻出版报》。

《用最好的东西加入竞争》刊《人民日报》（海外版）。

[①]　《文学报》2009年12月24日。

本年　《麦秸垛：铁凝作品选》（英文）（王明杰等译）由外文出版社出版。

本年度重要研究论著

王志华：《"玫瑰门"里看"身体"——从〈玫瑰门〉看铁凝身体写作的意义》，《山东科技大学学报》（社会科学版）第 3 期。

司真真：《铁凝作品研究综述》，《海南师范大学学报》（社会科学版）第 5 期。

肖向东、杨晶晶：《灵魂在场的言说——〈大浴女〉与铁凝的女性意识及"人性观"》，《江南大学学报》（人文社会科学版）第 5 期。

陈凤珍：《原型批评视域下铁凝作品中的母亲形象》，《邯郸学院学报》第 1 期。

修磊：《铁凝女性意识的指认与超越》，《黑龙江社会科学》第 2 期。

刘聪颖：《论铁凝小说中的罪与赎对陀思妥耶夫斯基的接受》，《黔南民族师范学院学报》第 1 期。

汪娟：《铁凝的女性世界：诗意抒写与冷峻揭示》，《伊犁师范学院学报》（社会科学版）第 1 期。

李晓艳：《铁凝农村题材小说研究综述》，《广西师范学院学报》（哲学社会科学版）第 3 期。

王宁宁：《试述铁凝小说创作的历史轨迹》，《中国政法大学学报》第 5 期。

高月娟、朱富铭：《新时期河北人文精神观照下的铁凝创作》，《河北学刊》第 6 期。

段崇轩：《人生中的"短篇"　短篇中的"人生"——铁凝的短篇小说》，《扬子江评论》第 6 期。

梁勇：《颠覆中的构建——铁凝小说与新时期女性写作》，《文艺评论》第 5 期。

周雪：《铁凝小说中的浴女形象与身体叙事》，《文艺争鸣》第 8 期。

2010 年　53 岁

年初　铁凝受聘为第五届中日友好 21 世纪委员会中方委员。

1 月 6 日　《文学是灯》刊《濮阳日报》。

1 月 9 日　陪同中宣部部长刘云山到鲁迅文学院看望少数民族作家高级研讨班学员。

1 月 14 日　出席"中国文学海外传播"工程启动仪式并致辞。

1 月 16 日　出席《中国作家》创刊 25 周年暨第三届（2009 年度）《中国作家》鄂尔多斯文学奖颁奖典礼。

1 月 17 日　会见来华访问的巴基斯坦作家代表团。

1 月 23 日　任朱自清散文奖组委会主任，颁奖地设在扬州。

1 月下旬　为《文学港》杂志创刊 30 周年题词。

1 月　被《扬子晚报》和《全国优秀作文选》联合评选为"全国中小学生最喜爱的当代作家"。

会晤德国作家马丁·瓦尔泽。他说自己非常羡慕今天的中国作家。中国社会的巨变，每一点进步都牵涉了许多人的命运变化。这些斑斓的生活对一名作家是多么宝贵的矿藏啊！瓦尔泽后来通过北京大学德语系主任黄燎宇转达了他对铁凝的《大浴女》的钦佩之情："我们的大自然事件（铁凝）也是一个艺术事件！！写得太美了！"

《在〈中国军旅文学 50 年〉暨当代军旅文学研讨会上的讲话》刊《解放军艺术学院学报》第 1 期。

2010年 53岁

《走向世界的中国文学》刊《散文选刊》第1期。

《写在〈儿童文学〉发行量逾百万之时大作家 and 小读者》刊《儿童文学》第1期。

河南文艺出版社出版"中国当代作家获奖作品典藏"丛书，铁凝作品卷为长篇小说《笨花》和短篇小说集《第十二夜》。

2月7日　参加第五届中日友好21世纪委员会第一次会议。

2月24日　创作《相信生活，相信爱》，怀念汪曾祺。

2月27—28日　参加"纪念汪曾祺先生诞辰90周年系列活动"，并发表题为《相信生活，相信爱》的纪念文章。

2月27日　《相信生活，相信爱》刊《扬州晚报》，《文艺报》3月8日选摘、《人民日报》3月24日转载。

3月2日　《以文学的方式对话世界——中国作家协会主席铁凝访谈》刊《光明日报》。访谈者：付小悦。

3月3日　《文化需要相互凝视——专访中国作家协会主席铁凝》刊《人民日报》。

3月4日　在新浪博客发文《文化需要相互凝视》。

3月9日　在新浪博客发文《相信生活，相信爱》。

3月16日　下午　会见美国作家协会主席斯科特·杜罗，双方就两国作家协会的关系及其他共同感兴趣的话题进行交流。

3月25日　出席艾青百年诞辰纪念座谈会并讲话。铁凝在讲话中指出，艾青是一位视写作如同生命，一生追求崇高精神生活的诗人。他的诗作把个人命运融合到民族和人民的苦难和抗争中，传达了不可抗拒的时代潮流和人民昂扬奋进的心声。他通过艰苦卓绝的艺术探索和艺术创新，把一个时代一个民族心灵深处的声音传达给我们，传达给世界，发人深思，让人铭记。

3月26日　《艾青："最伟大的歌手"》刊《人民日报》。

3月30日—4月5日　在重庆参加中国作家协会第七届主席团第九次会议和中国作家协会第七届全国委员会第五次会议。

会议期间，铁凝看望《红岩》的作者之一杨益言。

会后，铁凝接受媒体采访，就"网络文学""中国文学国际书展遇冷""何谓文学名家?"等中国文坛现实问题做出回答。访谈《铁凝自问：个人的写作配得上这个伟大时代吗》刊《华西都市报》3月31日。

4月　《我与乡村》刊《文学教育（上）》第4期。

4月8日　参加中国作家"走进红色岁月"活动启动仪式。

4月中旬　青海省玉树地震发生后，经铁凝提议，中国作协决定由中华文学基金会筹措50万元，支援抗震救灾。

4月22日　参加《小说选刊》创刊35周年暨出刊300期庆典活动。

4月24日　会见日本作家渡边淳一。渡边淳一此次来华，旨在与作家出版社商讨《失乐园》全译本等十部作品的宣传推广事宜。

4月　《桥的翅膀：在巴黎首届中法文学论坛的演讲》刊《人民文学》第4期。《新华文摘》第13期、《散文选刊》第7期转载。

《"为什么我的眼里常含泪水？因为我对这土地爱得深沉"：纪念我国著名诗人艾青诞辰100周年》刊《中国酒》第4期。

5月17日　在江苏扬州出席首届"朱自清散文奖"颁奖典礼。张承志、阎连科、龚鹏程、王小妮、蒋方舟5位作家、学者的作品获奖。活动结束后，赶赴朱自清故居和汪曾祺故居，缅怀现当代中国文学史上的两位巨匠。

5月19日　写作《碧树苍生》。这是为河北作家闻章撰写的徐光耀传记《小兵张嘎之父——徐光耀心灵档案》写的序。

5月底　作为第五届中日友好21世纪委员会委员，随温家宝总理访问日本，并在温家宝总理主持的中日文化界知名人士座谈会上，提出以"新世纪　新眼光"为主题，加强中日青年作家之间的文学交流，得到总理及在座文化人士的赞同。

5月　《1956年的债务》刊《上海文学》第5期。《新华文摘》第15期、《小说选刊》第6期转载，获第九届《上海文学》奖。

春风文艺出版社出版"布老虎长篇经典"丛书，收入铁凝的《无雨之城》《大浴女》。

6月5日 在清华大学出席2010年"文学走进大学校园"活动启动仪式，并做题为《青春是文学的永恒主题》的演讲。铁凝在讲话中阐述了文学主题、青春激情，以及文学与青春的关系等问题。铁凝还充分肯定了"文学走进大学校园"活动的积极意义，希望该活动在建立文学出版单位与首都高校各文学社团之间的互动合作机制、促进文学在校园中的推广传播方面发挥作用。

6月7日 出席萧乾百年诞辰纪念座谈会，座谈会由中国作家协会和中央文史研究馆、民盟中央委员会共同主办，铁凝说萧乾是中国作家永远的骄傲。

6月11日 《青春是文学的永恒主题——在2010年"文学走进大学校园"活动启动仪式上的讲话》刊《文艺报》。

致函辽宁省委常委、宣传部长张江"或者，将来的文学史也要记上一笔"，高度肯定《辽宁日报》"重估中国当代文学价值"栏目。[①]

6月19日 创作《山中少年今何在——关于贫富和欲望》，这是铁凝在12月日本九州第二届日中韩东亚文学论坛上的主题演讲稿。

6月26日 会见以美国爱荷华大学国际写作计划主任克里斯托弗·迈瑞尔为团长的美国"探索人生"青年作家代表团一行。铁凝表示中国作协愿意推动中外青年作家深入交流。

7月24日 与《大浴女》英文版主要译者张洪凌会面，回答译者关于作品、人生、价值观等方面的一百多个问题，高度赞赏张洪凌严谨的态度。后以《灵魂在场——答〈大浴女〉英文版译者张洪凌》收于《以蓄满泪水的双眼为耳》[②]。铁凝谈到自己这一代作家时说："五六十年代出生的人写'文革'实际上是一个新的开端，他们的父辈在那场革命中受到不公平待遇，他们成了'政治留守孩'，父母不在身边，自己管理自己，孩

[①] 《辽宁日报》2010年6月18日。
[②] 铁凝：《灵魂在场——答〈大浴女〉英文版译者张洪凌》，《以蓄满泪水的双眼为耳》，生活书店出版有限公司2016年版，第247—297页。

子之间的纯真友谊……他们也没有想当然地痛恨那场革命,在最残酷的革命中找到了你打不倒、不可扼杀的那种自然的、日常生活的魅力和乐趣。"

张洪凌认为,铁凝不是作为一个作家冷眼旁观世界,而是作为生活的一员在写。铁凝谈到,小时候在北京外婆家,经常利用卖废品的时候,在废品站待一天,阅读那些即将被卖掉的书,说那是她的幸福时光。

铁凝说,《大浴女》里肯定有政治——"文化大革命"。但它首先是文学的,因为它是从人出发的,而不是从政治出发的。好的小说不把文学和政治割裂开来。好的小说,它的政治一定渗透在你所创造的人和故事的整个情境当中,而不是贴在他们的皮肤上,或为了政治的需要去组合几个人来演讲你的政治。我认为这样的小说不是好小说。

铁凝指出,巴尔蒂斯最能打动她的,就是他画面上的女孩子很单纯的身体上那种对人生的未知的一种警觉和困惑,还有一点儿欲望。好像很老实,貌似画得很老实,但是他笔下的那些女孩子,我觉得都是有一种强烈的压抑的反抗心理……她是一个模范小女孩儿,同时她又可能是个坏孩子,但是不被理解。女孩子心里的复杂和单纯的那种对抗、那种交融,它是两种完全对立形态的总高度的统一,是很复杂的。而我为什么对这个非常感兴趣呢?恰恰是因为在我的少女时代、青春期时代,被人指责的最严重的一句话就是说"你这个人太复杂了"。一说这个人很复杂,就是个坏词。

对于小说中的性描写引起争议,铁凝解释说,性在《大浴女》中不是作料。特别是陈在和尹小跳的理想结合,是为了尹小跳最后的缺失。他们先经历了坎坷,然后有了心灵和肉体的完美的交融,但是她又退出了。这种退出对双方尤其是尹小跳是更大的一种打击,也是她惩罚自己的一个手段。如果不退出,她就会觉得心更不安,会永远不安心。

王宁的访谈《〈笨花〉飘过,良善永恒》收于《读书 29 位文化名家的书心文事》。[①]

周雪花的著作《永远的瞬间——铁凝小说叙事研究》由北京出版社

[①] 河北卫视《读书》栏目主编:《读书 29 位文化名家的书心文事》,新世界出版社 2010 年版。

出版。

8月10—11日 出席由她倡议的首届汉学家文学翻译国际研讨会并讲话。她指出"中国作家应该特别珍惜优美的汉语,应该警惕审美趣味的走低、语言的粗陋以及想象力、原创力的匮乏",她同时对从事中国文学翻译的海外汉学家承诺:"中国作协乐于帮助译者联系中国文学作品的作者和出版商,协助解决版权问题;乐于帮助译者申请中国文学作品翻译出版资助;乐于连续不断地在汉语的故乡接待大家,为大家创造和提供更多的与中国作家接触、交流的机会。"①

8月12日 《中国作家应警惕审美趣味走低》刊《人民日报》《宁波日报》《巢湖晨报》。《海南日报》8月13日、《潮州日报》8月19日、《黄金时代》第9期转载。

8月18日 上午,在山西太原主持中国作家协会第七届主席团第十次会议,李冰、金炳华、李存葆、张平、高洪波、何建明等出席会议。

下午,看望山西"山药蛋派"作家胡正和马烽夫人段杏绵。李冰等人同行。

晚上,由中国作家协会副主席、山西省副省长、全国政协常委张平等陪同在山西省晋剧院排练场一起观看晋剧《打金枝》。

8月19日 上午 出席中国作家协会向山西省未成年犯管教所、太钢集团赠书仪式。李冰、胡苏平、张平、金炳华、李存葆、高洪波、王巨才、张抗抗、陈忠实、蒋子龙等一起出席了此次赠书活动。

8月20日 铁凝一行在张平和山西省作协党组书记、常务副主席翁小绵等陪同下,赴大同云冈石窟、同煤集团塔山循环经济园区、华严寺采风。

8月30日 出席第十七届北京国际图书博览会"中国作家馆"开馆仪式。这是北京国际图书博览会首次设立"中国作家馆"。中共中央政治局常委李长春在国务委员、国务院秘书长马凯,国家新闻出版总署党组书

---

① 《中国新闻出版报》2010年8月13日。

记、署长柳斌杰，铁凝等人的陪同下到会参观。

8月 会见日本作家代表团。

9月1日 《伊琳娜的礼帽》获首届郁达夫小说奖。

9月2—5日 参加2010年中日青年作家会议。

9月4日 出席张炜长篇小说《你在高原》的研讨会并致辞。铁凝高度肯定了《你在高原》的文学价值："这部作品对于人类发展历程的沉思、对于道德良心的追问、对于底层民众命运和精神深处的探询、对于自然生态平衡揪心的关注等方面，都给我们留下了深刻的印象。而这些问题恰恰都是中国在近百年来追求独立解放和强国富民的历史过程中既令人焦虑又必须面对的。作品聚焦'50年代生人'的眼光，更对这一历史进程加以'记录'。在某种程度上，人文主义的价值取向、积极达观的精神立场和充满诗性的情感表达构成了这部作品的思想基调，凸现出它超拔脱俗的品貌。就艺术而言，这部作品以450万字的鸿篇巨制，精心打造了一个人物众多、色彩斑斓的小说世界。"

铁凝的致辞《在创作之路上攀登与超越》刊《文艺报》9月15日。

9月4—6日 作为第五届鲁迅文学奖中篇小说终评委员会主任，主持评奖工作。

9月10日 《张炜和他的〈你在高原〉》刊《人民日报》（海外版）。

9月11—18日 率团赴藏调研采访，先后深入林芝、拉萨、日喀则等地的乡村和城镇，就社会进步、文化发展、新农村建设等多个领域进行了调研和采访。赴藏调研采访团的成员包括阿来、杨志军、刘醒龙、谭谈、孙德全、邵丽、毕飞宇、刘亮程等。

9月13日 率赴藏调研采访团在拉萨接受西藏自治区党委书记张庆黎的会见。

9月14日 在拉萨参加"金叶"育才图书室工程向西藏自治区40所中小学捐赠图书仪式。"金叶"育才图书室工程是由中国作家协会、中国烟草总公司、中华文学基金会等单位主办，旨在帮助我国贫困地区的孩子们改善学习条件的一项社会公益活动。

2010 年　53 岁

9 月 16—17 日　与谭谈、阿来等在江孜、日喀则等地采风考察。铁凝一行在江孜参观了白居寺、宗山抗英遗址、帕拉庄园，在日喀则参观了扎什伦布寺、德庆格桑颇彰等。

9 月 26 日　应莫言和山东省高密市委、市政府邀请，赴高密出席首届中国（高密）红高粱文化节开幕式并致辞。文化节期间，铁凝参观了高密民间艺术展、莫言文学馆和莫言旧居。

9 月　《春风夜》刊《北京文学》第 9 期，《新华文摘》第 22 期转载。入选中国小说学会评选出的"2010 年度中国小说排行榜"。

散文集《桥的翅膀》由商务印书馆国际有限公司出版。

《或者，将来的文学史也要记上一笔：致张江部长的信》刊《当代作家评论》第 5 期。

10 月 9 日　出席姚雪垠百年诞辰纪念座谈会，发表题为《怀着一颗敬仰的心深切缅怀姚雪垠》的讲话。

10 月 20 日　出席"当代汉语写作的世界性意义"学术研讨会暨首届"博雅文学论坛"开幕式并致辞。她说："文学的根本精神是让人们的心灵能够相通，我们应该敞开胸怀，与世界各国人民对话，吸收和借鉴世界上一切优秀的、富有创造性的文化成果，我们要在与世界各国的作家和学者的交流中丰富我们对文学的认识。"[1]

10 月　《用我们最好的东西加入文化竞争》刊《西江月》第 10 期。

11 月 1 日　《积极看待"鲁奖"争议》刊《人民日报》。

11 月 9 日　第五届鲁迅文学奖颁奖典礼在绍兴大剧院举行，铁凝出席并致辞。李冰、陈建功、何建明、陈崎嵘、李敬泽等中国作协领导悉数出席，苏童、彭荆风、李鸣生、车延高、王干、南帆等三十名获奖作家到场。

11 月 19 日　《期待中国文学自信地融入世界》刊《人民日报》。

11 月 23 日　应邀到河南郑州参加"坚守与突围——2010 中原作家群

---

[1] 铁凝：《期待中国文学自信地融入世界》，《人民日报》2010 年 11 月 19 日。

论坛",并在开幕式上致辞。铁凝表示:"中原作家群是我非常尊敬的作家队伍,在当代中国文坛上也是一支不可小视、非常整齐、阵容强大、从未断代、展示着旺盛活力的作家群体。他们之间互相激励、协同作战,取得了辉煌的成就。"

11月25日 在南京出席第二届"中国当代文学·南京论坛"开幕式并致辞。本届论坛由江苏省作家协会、凤凰出版传媒集团、南京大学中国现代文学研究中心共同主办,以"21世纪中国文学:现实与理想"为议题,苏童、叶兆言、韩少功、王干等著名作家、评论家对21世纪文学进行梳理与探讨。

11月 率中国作家代表团赴西班牙马德里参加首届中国—西班牙文学论坛,并做题为《爱与意志》的演讲,后刊《作家》2011年第9期。

12月初 赴日本九州参加第二届日中韩东亚文学论坛,做题为《山中少年今何在——关于贫富与欲望》的演讲,后刊《江南》2011年第3期。

12月2日 应大江健三郎和夫人邀请,铁凝到大江先生家中做客。二人交谈近六个小时。铁凝把由鲁迅博物馆编辑、北京出版社出版的《鲁迅日文书信手稿》和当年鲁迅先生写信用的信笺送给大江健三郎;大江健三郎送给铁凝美国著名女作家、诺贝尔文学奖获得者托尼·莫里森的签名诗集,并赠铁凝一首诗,亲自抄录在莫里森诗集的签名页上:

普林斯顿和北京的"声音"
——致铁凝女士
曾在普林斯顿一同用餐的
唯一女同僚
托妮·莫里森看着我的耳朵
说道:
我开始写小说以后
进展极不顺利

2010年 53岁

当我为之苦恼之时
一个清晨，又是一个深夜
在我的耳朵后方
那部小说发出了"声音"
随后，我的小说大功告成
健三郎，在你那硕大耳朵的后方
也经常听到那种"声音"吧？
的确如此！说完，我与托妮·莫里森紧紧握手
我一直认为
铁凝女士，在北京的某个清晨，以及其后的某个深夜
你从自己那美丽耳朵的后方
会听到那种"声音"

大江健三郎
2010年12月2日[①]
（许金龙译）

他们一行人到成城大学附近的意大利餐馆就餐。铁凝在就餐时谈到她正准备写的小说，描述中国一批暴发户的浮躁心态，对红酒的破坏性作用。大江健三郎指出，《大浴女》是在绝望中寻找希望，认为铁凝"更应该是擅长写长篇小说的人。中国是很大的国度，区域广泛，各个阶层都有，有城市的、有农村的。你能把各个区域、各个阶层的人，你能把知识分子、不良少女等各种女性形象塑造得非常完美，这非常有利于长篇小说的写作"。铁凝表示自己也在为新的长篇小说做准备，因为时间总是被打断。写长篇是需要隔离开一段时间，封闭起来一段时间的，可是她现在没有这个资格。他们也谈到莫言的新作《蛙》。大江健三郎说，《蛙》中"那个日本老作家杉谷义人的原型就是实际生活中的我……那位日本老作

[①] 铁凝：《希望生自绝望——与大江健三郎先生对谈》，《以蓄满泪水的双眼为耳》，生活书店出版有限公司2016年版，第358—359页。

家与姑妈的对话,说的就是二〇〇二年春节期间我在莫言的高密老家与那位可敬的助产仪的实际对话"。①

12月7日　郁达夫诞辰114周年,铁凝赴浙江富阳参加郁达夫小说奖颁奖典礼并致辞。铁凝在发言中说"如同我对郁达夫小说奖评奖宗旨的理解,我特别强调的是,写作有助于警告我自己不要丧失成长的能力,不要放弃葆有我作为一个作家的真面目"②。

《伊琳娜的礼帽》获短篇小说奖,郁达夫的女儿郁黎民为铁凝颁奖。

《伊琳娜的礼帽》授奖词:

> 这是一篇显现短篇小说叙事艺术的作品。作者用一次在"异域"的高空旅行,让人物置身于狭窄封闭的空间,并由此为舞台,以精准而细微的描写,展示了人的内心的复杂性。机舱内由人间携来的不自由,与机舱外天空中广阔的自由,形成了强烈的反差,这似乎正是人类情感尴尬处境的真实写照。大胆而唯美,丰盈而节制的笔法,使小说焕发着温暖而忧伤的人性光辉。伊琳娜的这顶礼帽,无疑是近两年汉语短篇小说创作中的一朵奇葩。同时,郁达夫或许是最早、最尖锐地意识到现代境遇中"异域"的内在化的中国作家,从此出发,他为中国人和中国文学开辟了一个认识自我的新方向。铁凝的小说有力地证明了这一方向所蕴含的复杂空间和巨大可能性。③

参观郁达夫故居。

河北省著名书画家白寿章诞辰113周年,邢台市委宣传部、邢台学院以及南和县委、县政府联合举办《白寿章》一书首发式在南和举行,铁凝致电祝贺。

---

① 铁凝:《希望生自绝望——与大江健三郎先生对谈》,《以蓄满泪水的双眼为耳》,生活书店出版有限公司2016年版,第369—378页。
② 傅小平:《首届郁达夫小说奖在富阳颁发》,《文学自由谈》2011年第1期。
③ 《首届郁达夫小说奖颁奖典礼举行》,中国作家网,http://www.chinawriter.com.cn,2010年12月9日。

12月8日　访谈《铁凝：写作是我的立身之本》刊《钱江晚报》。

12月15日　在南京出席第八届全国优秀儿童文学奖颁奖典礼并致辞。铁凝谈到，1978年12月17日，茅盾先生在会见儿童文学创作学习会学员时曾经说过，"儿童文学最难写"。她对此记忆犹新。铁凝结合自己的创作体会说："我想，这个'难'字代表了文学前辈对儿童文学在艺术和思想上很高的期待和要求。是的，儿童文学写作应该是有难度的写作。它能在最单纯的形式中蕴含最深刻的意蕴，它能把沉重的跋涉转化为轻盈的飞翔，它闪耀着诗性光芒，充满悲悯情怀，绽放绚丽幻想。儿童文学应该执着地去寻找抵达孩子内心深处的那条路，我们已经在这条路上前行，我们还可以走得更深、更远，去捕捉生活于这个时代的孩子们真切的困惑与憧憬、挫折与梦想，用同情、友爱、理解、公平、道义、宽容、感恩……这些支持我们人类赖以生存到今天的人类文明积淀下来的恒常价值体系，为他们搭建一座坚固的成长乐园。"

12月17日　《在第八届全国优秀儿童文学奖颁奖典礼上的致辞》刊《文艺报》。

12月30日　访谈《"文学发出的可能是别扭的、保守的声音"——专访中国作家协会主席铁凝》刊《南方周末》。针对近日围绕"鲁迅文学奖"展开的质疑与争论[①]，铁凝回应说："社会对'鲁奖''茅奖'这样的国家级大奖有不同的声音，这是我们这个日益多元化的社会的正常现

---

① 第五届鲁迅文学奖揭晓后，最受关注的不是著名作家苏童等，也不是文学翻译奖空缺和网络文学作品最终落选。武汉市委常委、纪委书记车延高最受网民关注，其诗集《向往温暖》获第五届鲁迅文学奖诗歌奖。其旧作《徐帆》《刘亦菲》《谢芳》等口语化诗歌在微博上被大量转发，网友称之为"羊羔体"（车延高名的谐音）。他在《徐帆》中写道："徐帆的漂亮是纯女人的漂亮/我一直想见她/至今未了心愿/其实小时候我和她住得特近/一墙之隔/她家住在西商跑马场那边/我家/住在西商跑马场这边/后来她红了/夫唱妇随/拍了很多叫好又叫座的片子……"该诗被网友戏称："多敲几次回车键，谁都能是获奖者"。"羊羔体"的出现，标志着鲁迅文学奖与文学绝无关联。网友怒斥"鲁迅文学奖"是亵渎鲁迅之名的伪文学奖，并呼吁社会各界抵制该奖、政府部门取消该奖。对此，中国作协新闻发言人、中国作协书记处书记陈崎嵘表示，评委们在评选时并不知道车延高的身份，而车延高获奖诗集《向往温暖》中并没有收录《徐帆》等诗，《向往温暖》中多数诗作的水准是较高的，其文学和审美价值达到了鲁迅文学奖评选的标准。作为诗人，应允许其有探索的、不成熟的作品，不可能苛求每一篇都是精品。

象。文学不是自然科学，一些国际知名大奖评出来，也常有各种不同的评论。何况'鲁奖'还不是评一类作品，而是分了长、中、短篇，诗歌，散文等许多门类，每个门类又评若干名。任何一个人的阅读量和判断力也难以覆盖这样多门类的巨量作品，这需要很多人的智慧和程序的严谨、公正。同时我认为，有些议论更反映了社会和大众对文学、文学大奖的关注和爱护。它对我们进一步改进评奖工作，有促进乃至警示作用。"此外，对于"作协有一万个存在的理由"这一由媒体炒作而引起热议的说法，铁凝解释说："我这句话是被扭曲引用的。我的原话是，即使作协有一万个存在的理由，它最重要的一个存在理由就是必须为作家服务。应当说，这些有意无意的误解和渲染有时也让人无奈。"

12月31日 史铁生做完例行透析，回家后突发脑溢血去世。

英文版小说集《永远有多远》(《文化中国》丛书系列）由上海新闻发展出版公司出版。

本年度重要研究论著

周雪华：《永远的瞬间——铁凝小说叙事研究》，北京出版社2010年版。

康鑫、段国华：《铁凝小说结构的叙事学分析》，《河北科技大学学报》（社会科学版）第4期。

王宁宁：《日常叙事和宏大叙事交织下的女性形象——析铁凝小说〈笨花〉中的三组女性形象》，《海南师范大学学报》（社会科学版）第5期。

周雪花：《铁凝小说的城市空间与城市叙事》，《燕赵学术》第2期。

胡艳：《身体的回归——对王安忆、铁凝、刘恒1980年代创作的解读》，《湖南人文科技学院学报》第6期。

王娜、张曼：《由〈笨花〉方言词语的使用看铁凝对冀中乡土文化的传播》，《河北经贸大学学报》（综合版）第3期。

王丽君：《铁凝小说研究综述》，《海南广播电视大学学报》第3期。

李红霞：《铁凝小说〈咳嗽天鹅〉的音乐性与绘画性》，《无锡商业职业技术学院学报》第 4 期。

周雪花：《铁凝小说的语言色彩》，《石家庄学院学报》第 4 期。

周雪花：《铁凝小说的日常生活叙事》，《文艺争鸣》第 11 期。

靳瑞霞：《独白型社会中的"失声之人"——铁凝短篇小说〈安德烈的晚上〉简析》，《电影评介》第 8 期。

闫红、王俊刚、姚晓红：《论影视时代小说与剧本改编的审美关联——以铁凝作品的影视改编为例》，《电影文学》第 7 期。

闫红：《日常生活的诗意化与意义化：铁凝创作的"中和之美"》，《东岳论丛》第 3 期。

张莉：《仁义叙事的难度与难局——铁凝论》，《南方文坛》第 1 期。

熊华勇、宋菁林、余元：《尹小跳：一个失败的忏悔者——〈大浴女〉主人公形象解读》，《襄樊学院学报》第 7 期。

林平：《"一分钟文明"对接的多维投射——对铁凝〈哦，香雪〉的再认识》，《社会科学论坛》第 1 期。

2011 年　54 岁

1月4日　在北京798艺术时态空间画廊参加"与铁生最后的聚会"。这是史铁生去世第五天，也是史铁生六十岁生日。史铁生生前喜欢吃樱桃，铁凝专程带来了一篮樱桃。铁凝做了《真正的生命》的发言，表达对史铁生的追思，还朗诵了史铁生生前写给妻子的一首诗《永在》。《真正的生命》后刊《作文通讯（个性阅读版）》第4期。

1月10日　参加《李瑛诗文总集》出版暨李瑛诗歌创作座谈会。铁凝代表中国作协向座谈会的召开表示祝贺，她在发言中说，李瑛的诗歌题材广泛，情感饱满，意象纷繁，意境高远。其丰沛的诗意和充沛的诗情，使得李瑛的诗既质朴简洁，又扑朔迷离；既真切厚实，又婉约漂移，雄浑中蕴含着儒雅的气质，古典里充满着时代的情怀。可贵的是，其多姿多彩的艺术题材和艺术风格所始终指向的精神世界与高度，都是一个诗人博大美好的艺术情怀。

1月12日　出席《民族文学》杂志创刊30周年庆典并致辞。铁凝表示，《民族文学》创刊30年来，始终站在中国多民族文学的前沿，坚持弘扬多样化，坚持办有民族风格、中华气派、世界眼光、百姓情怀的刊物，为民族精神放歌，为和谐中国作证。有理由相信《民族文学》将成为中国文学最重要、最有代表性的阵地之一。

1月19日　《属于战士　属于祖国　属于艺术》刊《文艺报》。这是铁凝在李瑛诗歌创作座谈会上的发言。

1月21日 出席第二届中法文学论坛开幕式并做题为《花盆也喧嚣》的演讲。她从花卉市场的喧嚣和卖花人以赚钱为目的对待花朵的粗暴态度引申开去，提出在当下这样一个喧嚣、求快的社会，作家是要做文学花朵的种花人还是卖花人的问题。铁凝在发言中指出这样一种现象：有的文学，因了时代的种种诱惑和市场的高声催促，正如那些涂了亮光油、大量叶绿素，铺了泡沫塑料的盆花一样，亢奋、光鲜，却说死就死；有些作家整天忙着鼓捣文学"花盆"，却并不爱花，甚至对它急躁、冷漠、不诚实。铁凝认为，如果作家用这样的文学打发读者，那文学会首先和作家说再见，作家将会被今天每分钟都有新创意的社会所抛弃。铁凝说，我们必须重视文字和语言对于一个作家的宝贵，面对有难度的文学，有时我们同样需要节制和吝啬，需要尊重文学的本意。作家要有文学野心，同时也要对自己充满警惕。后以《关于文学"花盆"》为题刊《中华读书报》1月26日。《文艺报》2月28日转载。

1月 《我们将走得更远——写在〈民族文学〉创刊30周年之时》刊《民族文学》第1期。

访谈《没有改革开放三十年就没有我这样一个作家》收于《足迹 著名文学家采访录》。[①]

王干的访谈《与铁凝对话实录》收于《潜京十年手记》。[②]

《没有钮扣的红衬衫》《我的早期小说》收于《小说月报：从小说到影视 2》。[③]

2月4日 与华生赴湖州调研新农村建设，并就土地流转等农村改革的核心问题与市相关领导及部门负责人进行座谈。市委常委、宣传部长胡菁菁，市委常委吴国升陪同调研。铁凝、华生在听取了相关部门的汇报后，对当地农村改革的一些做法和经验都表示了充分肯定。铁凝认为，湖州土地流转的条件已基本成熟，下一步相关部门应该重点关注被征地农民

[①] 王能宪、陈骏涛主编：《足迹 著名文学家采访录》，中国工人出版社2011年版。
[②] 王干：《潜京十年手记》，凤凰出版社2011年版。
[③] 《小说月报》编辑部：《小说月报：从小说到影视 2》，百花文艺出版社2011年版。

的社会保障问题，以推进和谐社会建设。

3月26日　出席《张炯文存》出版座谈会并致辞。铁凝在发言中说："张炯同志是少数同时活跃在文学理论、文学评论和文学史研究这三个领域的全才之一，他一直努力运用马克思主义世界观和方法论从事文学研究和文学评论，注重从美学的和历史的观点观照创作，同时又对时代的新变化和文学的新现象保持着敏锐、热情的探索精神，这使他在上述各领域都取得了重要成果，作出了开拓性的建树。""几十年来，特别是新时期以来，张炯以多方面的活动和著述有力地参与推动了中国文学的观念变革和理论创新。《张炯文存》洋洋五百万言，纵横古今，史论兼备，从早期多种样式的文学创作，到后来体大思深的文学理论、文学史和文学评论，不仅全方位展示了张炯同志丰厚的学养和丰沛的才情，更清晰地反映了中国文学几十年来、特别是新时期以来走过的思想道路，具有重要学术价值和现实意义"[1]。《在〈张炯文存〉出版座谈会上的讲话》刊《当代文学研究资料与信息》第2期。

3月28日　出席人民文学出版社成立60周年庆祝大会并致辞。

3月　对潘耀明（彦火）的印象《他对内地作家充满人情味》收于《永恒流动的情感　说潘耀明（彦火）那一程山水》[2]。这是铁凝在"华文文学大检视"讲座上的讲话。

4月2日　《文学报》举行创刊三十周年纪念座谈会，铁凝致信祝贺。

4月17日　创作《艰难的痕迹——文学与社会进步》，这是铁凝为首届中国—意大利文学论坛准备的演讲稿。

4月18日　完成短篇小说《飞行酿酒师》。

4月28日　在浙江台州出席叶文玲文学馆开馆仪式，铁凝致辞并剪彩。

5月12日　参加由国务院南水北调办公室和中国作协共同举办的南

---

[1]　武翩翩：《〈张炯文存〉出版座谈会在京召开》，《文艺报》2011年3月30日；铁凝：《〈张炯文存〉出版座谈会发言纪要》，《文艺报》2011年4月20日；《当代文学研究资料与信息》2011年第2期。

[2]　喻大翔：《永恒流动的情感　说潘耀明（彦火）那一程山水》，人民日报出版社2011年版。

水北调作家采访采风活动启动仪式。

5月19日 出席中国现代文学馆首批客座研究员聘任仪式。

5月20日 出席"走进红色岁月"座谈会。铁凝表示,"走进红色岁月"活动是对作家们"深入生活"的一次创新探索、"核心价值"的一次精神洗礼、"红色资源"的一次文化传承、贯彻《讲话》精神的一次重要的文学实践。

5月23日 《追寻红色岁月历史足迹,坚持中国特色社会主义文学道路——在"走进红色岁月"座谈会上的讲话》刊《文艺报》。《光明日报》6月21日转载。

5月 率中国作家代表团赴意大利罗马参加首届"中国—意大利文学论坛",并做题为《艰难的痕迹——文学与社会进步》的演讲。

《海姆立克急救》《伊琳娜的礼帽》《山中少年今何在——关于贫富和欲望》刊《江南》第3期。《海姆立克急救》在《新华文摘》第14期转载。入选"2011年度中国小说排行榜",获《小说月报》第15届百花短篇小说奖。饶翔认为小说是铁凝近期小说中少有的严厉与峻急之作[①]。

《飞行酿酒师》《爱与意志》刊《作家》(上半月)第5期。《飞行酿酒师》在《新华文摘》第14期、《短篇小说》(原创版)第7期、《文学教育》(上)第8期等转载。获第三届《小说选刊》(2011)年度大奖短篇小说奖。小说表现了北京富豪们把学习法国文化、自己酿造红酒当做炫富的手段,并在攀比中迷失自我的尴尬处境。李遇春认为:"铁凝的这篇小说的构思深得布鲁克斯所点出的反讽艺术的精髓。高雅的外在环境与鄙俗的内在精神之间无形地形成了一种荒诞的艺术张力,五个人之间仿佛在进行一场看不见硝烟的心理拉锯战,在舒缓的节奏中暗藏着角力的紧张,在觥筹交错和酒足饭饱中暴露了当今富人们的心理暗疾。"[②]

《期待中国文学自信地融入世界》收于《中国文情报告 2010—2011》。[③]

[①] 饶翔:《时代需要"海姆立克急救"》,《文艺报》2011年9月28日。
[②] 李遇春:《反讽的喜剧——评铁凝的〈飞行酿酒师〉》,《文学教育》2011年第8期。
[③] 白烨主编:《中国文情报告 2010—2011》,社会科学文献出版社2011年版。

6月1日　在意大利驻华使馆参加意大利共和国国庆日纪念活动。

6月7日　在瑞典驻华使馆参加瑞典国庆节庆祝活动。

6月18日　出席《秋水长天——新中国第一位女省委书记回忆散文集》①（万绍芬②著）首发式。

6月21日　《追寻红色岁月历史足迹》刊《人民日报》（海外版）。

6月23日　赴青海省互助土族自治县出席由《江南》杂志社和《钱江晚报》联合主办的"少年追梦——贫困地区少年文学援助行动暨征文大赛"启动仪式，将去年获"郁达夫小说奖"所得5万元奖金捐出，作为此项活动启动资金。

6月24日　《海姆立克急救》刊《作家文摘报》。

出席青海省文联举办的作家座谈会。

6月　《河北有位白寿章》刊《中国书画》第6期。

《期待中国文学自信地融入世界》、访谈《以文学的方式对话世界——铁凝访谈》收于《2010中国文坛纪事》。③

7月12日　下午　出席孙犁逝世九周年纪念会暨《布衣：我的父亲孙犁》（孙犁女儿孙晓玲著）出版座谈会并发言。铁凝说她不想以领导的身份发言，而是以得到过孙犁恩泽的文学晚辈身份自由发言。铁凝深情回忆了与孙犁的几次会面，及他对自己文学道路的影响。她说："我上初中时就熟读了孙犁的作品并能背诵《铁木前传》。如果说徐光耀是我的启蒙老师，那真正引领我探究文学本质、小说审美层面魅力的是孙犁和他的小说。"④铁凝介绍说，孙犁生前一直致力于挖掘青年作家。她在1979年写了一篇1.5万字的小说，自己很得意，省里的老师却认为思路有问题。她斗胆寄给了孙犁，很快就发表了。铁凝为此对孙犁永远心存感激："这篇

---

①　万绍芬：《秋水长天——新中国第一位女省委书记回忆散文集》，作家出版社2011年版。

②　万绍芬在20世纪80年代历任江西省妇联主任、省委常委、组织部部长等职，1985年出任江西省委书记，是新中国第一位女省委书记。其后还曾担任中华全国总工会副主席等职。《秋水长天——新中国第一位女省委书记回忆散文集》以近30万字的篇幅和百余张历史照片，记录了万绍芬在成长、工作历程中，与中华人民共和国多位领导人的交往故事和细节回忆。

③　白烨主编：《2010中国文坛纪事》，人民文学出版社2011年版。

④　武翩翩：《孙犁："布衣不改"的文学大家》，《文艺报》2011年7月15日。

小说在技术上的确很不成熟，但我一向把它看作是自己对文学有了一点点深入理解的重要开端。"

7月15日 下午 与作协党组书记李冰同去看望杨绛，并提前为杨绛庆祝百岁生日。他们献上准备好的生日贺卡和一盆袖珍的幸福树。在客厅里，满头银发的杨绛拉着铁凝的手促膝而谈。杨绛思维敏捷，记忆力很好，她讲文学、讲历史、讲生活，谈兴很浓。杨绛回忆说，五四运动时她才8岁，在人群中目睹了那场运动。她感慨：我可能是亲身经历五四运动的如今仍在世的唯一一个人了。当铁凝、李冰问起老人目前的身体状况时，杨绛饶有兴致地谈起她一直坚持的锻炼方式——钱钟书在世时教给她的八段锦，说着便比画起来。整个客厅充满了浓浓的温情，不时传出爽朗的笑声。杨绛像孩子一样开心，还将早已准备好的一个可爱的毛绒玩具送给铁凝。中国作协创作联络部主任孙德全一同前往。

铁凝曾经在杨绛家里拍过一些照片。一次，铁凝把照片洗印出来，请人送给杨绛。杨绛特别写信致谢。信纸末端有一滴绿豆大的斑痕，杨绛特别在斑痕旁边注明："这是小吴不小心滴上的酱油，不是我滴的。"小吴是杨绛家的河南保姆，称杨绛为奶奶，二人相处融洽。

有一年春节，铁凝去给杨绛拜年。临别时杨绛送铁凝一个礼物。

杨绛先生脚步轻快地返回客厅，手里拿着一只鸽灰色工字文织锦做面的考究纸盒。她把盒子放在我眼前的茶几上，说："这不是新东西，是件旧物，也许你用得着。"接着她怕我不接受似的指着盒子边角一块儿泛黄的印记说，"你看，真是件旧物，雨水淋过呢。"我打开纸盒，原来里面盛着一只造型简约、做工极为精美的长方形黑檀木盒，木质如缎似玉、天然纹理深沉大气，盒盖中央镂刻出铜钱薄厚的两眼小孔，一块扎着细密明线的小牛皮穿孔而过，合拢后凸起在盒盖上，成为这盖子的手柄。我小心捏住这牛皮手柄掀起盒盖，见盒内由洋红色瓦楞纸做衬，整齐地排列着五支黑色铅笔。三棱形纯黑笔杆的握笔处凸起几排防滑的细腻小圆点，笔杆尾部有 Faber-Castell 的著名标志,是德国辉柏嘉品牌。辉柏嘉是欧洲最古老的工业企业之一,一七六一年生产出世界上第一支铅笔,二百五十多年来始终倡导无毒环保。

我接受了这样的礼物,这样一支特别的铅笔盒,没有对杨绛先生说过"谢谢",觉得仅一声"谢谢"也许反而太过轻浮。在以后的日子里,我经常将这铅笔盒仔细端详,在散发着幽远暗香的黑檀木盒底上,一张略显陈旧的银色卡片,印有对这只盒子的繁体字介绍。这是原产于印尼苏拉威西岛的顶级黑檀木,以纯手工做法完成。……这无疑是杨绛先生最喜欢的铅笔,她才会用贵重的黑檀木盒装了它们赠予我。我愈加感受到杨绛先生这馈赠的深情厚谊,她的别致典雅,她无言的期待和祝福,如深谙世间冷暖的明智长者,或是可以畅叙闺中喜忧的"杨绛姐姐"?①

7月20日 《七月英雄花(党旗礼赞)》刊《人民日报》。

7月22日 《小人书里有大情怀》刊《人民日报》(海外版)。

8月1—20日 作为第八届茅盾文学奖评奖委员会主任,在京主持茅盾文学奖评奖工作。这是茅盾文学奖评奖以来,首次实行大评委制和投票实名制。铁凝是建议和推动者之一。

8月4日 在中国作协接待韩国字音母音出版社社长姜炳哲一行。

8月5日 出席全球视野下的诗人吉狄马加学术研讨会并讲话。铁凝在发言中说,吉狄马加是一位具有现代意识与人类情怀的诗人,其诗意的根基在于对土地和历史的理解,对人民和世界的热爱,对人性和生命的赞美。

8月8日 在青海出席第三届青海湖国际诗歌节暨高峰文化论坛开幕式并致辞。铁凝盛赞本次青海湖诗会"是沟通,是对话,更是为了重温诗歌的荣光、以诗的形式捍卫人类精神的健康和心灵的高贵……对于我来

---

① 铁凝:《"何不就叫杨绛姐姐"——我眼中的杨绛先生》,《以蓄满泪水的双眼为耳》,生活书店出版有限公司2016年版,第124—125页。

说，小说是人生的海洋，波涛里有作家对人类命运的探索和时代精神的领悟；散文是心灵的牧场，丰沃的青草滋养了自在的心灵；诗歌，则是永远高悬在头顶上的璀璨星空。当我在大海里漫游，在牧场上散步的时候，不能不抬头仰望星空，以追寻更有难度的生命的卓越"①。

8月28日 应英国大使馆教育参赞田虎邀请，参加"文学之夜"招待会。

9月5日 《在创作之路上攀登与超越》刊《学习时报》。

9月13日 观看电影《白鹿原》初剪版本小范围试映。她称赞电影是一个大作品。她说："小说本身就是个大作品，但觉得很难拍成电影，看完王全安编剧导演的作品，我认为影片具有浑厚的气象和博大的情怀，是近些年来我看的电影中最成功的一部。电影里没有胡乱编造的东西，这种结结实实的东西，这种老实的笨功夫，这样的匠心值得赞美，全片风格非常统一。"此外，铁凝还觉得电影《白鹿原》展现的中国人的形象，跟有些电影自我糟蹋的样子有鲜明的区别，她说："白鹿原上的这些庄稼人，也有蒙昧和茫然，比如黑娃砸祠堂当土匪，但是那些麦客也有劳动的快乐，也有尊严和乐天的坦荡。"②

9月19日 出席第八届茅盾文学奖颁奖典礼。

9月22日 上午，参加鲁迅文学院青年作家英语培训班开学典礼。这是鲁迅文学院历史上首次举办作家英语培训班。

下午，参加《北京文学》月刊社举办的新世纪第五届《北京文学》奖暨第四届《北京文学·中篇小说月报》奖颁奖典礼。《咳嗽天鹅》获新世纪第五届《北京文学》奖。韩少功、刘庆邦、迟子建、范小青等获奖作家共同出席庆典活动。

9月23日 参加纪念鲁迅诞辰130周年座谈会。

9月27日 会见日本著名作家、日中文化交流协会会长辻井乔先生

---

① 王丽一：《第三届青海湖国际诗歌节昨日隆重开幕》，《青海日报》2011年8月9日。
② 易乐：《作协主席铁凝 名嘴崔永元点评〈白鹿原〉——〈白鹿原〉是个大作品》，《深圳晚报》2011年9月14日。

一行。会谈中，辻井乔指出日本战后面临经济发达而文学衰退的时代困境，铁凝认为："在经济迅速发展的中国，如何坚守文学，避免文学衰退，也是作家们面临的一个巨大挑战。"铁凝向辻井乔赠送了由铁凝与何建明担任策划人的《辻井乔文集》样书，该文集由作家出版社新近出版，全书共四卷五册，收录了辻井乔多年创作的代表作品。辻井乔深表感谢，并希望借助文学的纽带，进一步促进两国之间的文化交流和国际往来。

9月　《告别语》《艰难的痕迹：文学与社会进步（讲演）》刊《芳草》第5期。

《花盆·文字》刊《西部散文选刊》第5期。

10月13日　在韩国驻华大使馆官邸参加韩国国庆庆祝活动。

10月20日　出席"天堂草原——内蒙古北京文化艺术周"启动仪式并参观内蒙古美术摄影作品展。

出席朱增泉五卷本《战争史笔记》[1]出版座谈会并做题为《将军诗人的历史眼光》的发言。铁凝在发言中说："我不是军人，也没有研究过战争史，很难对这部作品做出专业的评价，但全书仍给我留下强烈的印象，这是一部颇具个性化风格的历史著作，也是一部能够让普通读者喜闻乐见的大众化专业读物。他的知识虽未必如专业史学家中规中矩，作品却格外扣人心弦，因为作者更关注战争中活生生的人、人物的命运以及他们的归宿。"[2]

10月23日　出席第五届中日友好21世纪委员会第三次会议，并接受中国网记者专访。

10月25日　《将军诗人的历史眼光》刊《解放军日报》10月25日、《文艺报》10月31日。

10月　会见中日韩三国合作秘书处秘书长申凤吉先生。

11月9日　会见日本作家佐藤纯子。

---

[1]　朱增泉：《战争史笔记》（全5册），人民文学出版社2011年版。
[2]　铁凝：《将军诗人的历史眼光》，《文艺报》2011年10月31日。

11月22日 出席中国文学艺术界联合会第九次全国代表大会、中国作家协会第八次全国代表大会。

11月24日 下午 中国作家协会第八届全国委员会第一次会议投票选出中国作协新一届领导机构,铁凝连任中国作家协会主席,陈忠实、王安忆、莫言、叶辛、刘恒、李冰、李存葆、何建明、张平、张抗抗、陈建功、高洪波、廖奔、谭谈14人当选为新一届作协副主席。李冰、张健、廖奔、何建明、陈崎嵘、白庚胜、李敬泽当选中国作协第八届书记处书记,二月河等210人当选中国作协第八届全国委员会委员,王蒙等130位在文学界有较大影响的老作家和老文学工作者被推举为中国作协名誉副主席和名誉委员。

11月25日 上午 中国作家协会第八次全国代表大会闭幕。铁凝致闭幕词。她说,理想、人民、良知、责任、创造,这些文学创作中不能忘记的词语一直在作家心中激荡,反复掂量。作家要与时代同行,沉潜到生活深处,体察、担当、书写,为人民奉献更多的精品力作,让时代在文学中传扬,让文学在时代中不朽。

11月26日 《中国作家协会第八次全国代表大会闭幕词》刊《文艺报》。

11月28日 参加鲁迅文学院公安作家研修班结业典礼。

11月30日 参加第16届中青年作家高级研讨班(新疆少数民族文学翻译家班)结业典礼。

11月 《与陌生人交流——铁凝寄小读者》由二十一世纪出版社出版。

《他不断地给中国文坛制造惊奇——评张炜〈你在高原〉》刊《悦读悦美》第11期。

《在〈战争史笔记〉出版座谈会上的讲话》刊《神剑》第6期。

12月1日 上午 参加高洪波文学创作40周年座谈会并致辞。

12月1日 下午 会见瑞典作家协会主席马茨·索德伦率领的瑞典作家代表团一行,并与他们进行座谈交流。

《让时代在文学中传扬　让文学在时代中不朽》刊《文艺报》。

12 月 11 日　柯岩在北京病逝，享年 82 岁。

12 月 19 日　参加柯岩遗体告别仪式。

12 月 26 日　在国家博物馆出席"韩美林艺术大展"开幕式并观看展览。

本年度重要研究论著

刘惠丽：《温暖世界：论铁凝创作的传统精神追求》，《小说评论》第 3 期。

周雪花：《铁凝近作的三维立体式叙事》，《文艺争鸣》第 16 期。

程光炜：《香雪们的"1980 年代"——从小说〈哦，香雪〉和文学批评中折射的当时农村之一角》，《上海文学》第 2 期。

翟业军：《谁让谁害羞——从〈哦，香雪〉到〈谁能让我害羞〉》，《上海文化》第 6 期。

晓苏：《反讽小说的美学意味——以铁凝〈春风夜〉为例》，《南方文坛》第 6 期。

康鑫、丁志军：《游走于诗性与智性之间——论铁凝小说的叙事策略》，《河北科技师范学院学报》（社会科学版）第 3 期。

罗玉华：《打开生命中隐秘的风景——论铁凝近期的短篇小说》，《小说评论》第 6 期。

梁鸿鹰：《予人玫瑰　手有余香——铁凝近年短篇小说印象》，《小说评论》第 6 期。

王彩：《由时间变量向德行恒量置换的表达策略——对铁凝中篇小说〈永远有多远〉的修辞解码》，《名作欣赏》（中旬刊）第 1 期。

任慧群：《燕赵新时期作家文学与现代中国社会思想文化的互动——以铁凝、"三驾马车"、丁肃清为例》，《小说评论》第 A1 期。

赖大仁：《人性的觉悟及其自我完善——铁凝小说的人性解读》，《小说评论》第 3 期。

段崇轩:《现代版的"鹊桥会"——读铁凝短篇小说〈春风夜〉》,《名作欣赏》(上旬刊) 第 1 期。

方忠:《吝啬作为一种人性的背后——读铁凝的〈1956 年的债务〉》,《名作欣赏》(下旬刊) 第 1 期。

2012 年　55 岁

1月4日　出席史铁生文学创作研讨会并发言。铁凝说："史铁生的写作贯穿了新时期文学30余年。他坚守着心灵的高贵和生命的尊严，秉持着文学的崇高信念和理想，扶轮问路，向死而生，对人类的生存境遇和道德疑难做出了深邃而执着的探求。我曾经说过，他坐在轮椅上那么多年，却比很多能够站立的人更高；他那么多年不能走太远的路，却比很多游走四方的人有着更辽阔的心。他和文学相互拯救和提升，他的诚实、深思，他对文学、对生命的敬畏和虔诚，彰显了文学和生命的价值与意义。"[1]

1月　《哦，香雪　中英对照》（中国故事）由外语教学与研究出版社出版，收录了《哦，香雪》《蝴蝶发笑》《六月的话题》三部短篇小说的中英文版本。

2月7日　在英国大使馆出席"狄更斯之夜"全球文学庆典活动，庆祝狄更斯诞辰二百周年。所有来宾都按要求穿着紫色衣饰——那是狄更斯最喜欢的颜色。铁凝在接受采访时说，童年时的阅读经验使她对狄更斯有着特殊的偏爱："在北京胡同里打人、批斗的喧嚣声中，躲在外婆的房子里，我这样一个少年，开始读狄更斯，立刻就进入了。我少年读的第一部成长小说就是狄更斯的《大卫·科波菲尔》，到今天我依然认为这是狄更

---

[1] 王觅：《坚守生命尊严 秉持文学理想——史铁生文学创作研讨会在京举行》，《文艺报》2012年1月6日。

斯最好的作品。"春节前，铁凝重新阅读了狄更斯，仍然非常着迷。"他的作品没有随着时代的流逝在褪色，它仍然能打动今天的我。他是伟大的，是属于人类的作家，而不仅仅属于英国。"铁凝认为，狄更斯最高贵的地方在于，"他并没有有意地模糊恶，而是直面残酷的现实，但他仍然毫不犹豫地、也不吝惜笔墨地，向我们描绘出在灰色的、潮湿的、雾霾的伦敦里面仍然有灿烂的光亮"。①

2月11日、18日 凤凰卫视《问答神州》栏目分上、下集播出了吴小莉对铁凝的采访。铁凝就个人的文学道路、创作现状、体制和对外文化交流等问题进行阐述。

2月16日 《文学应该有能力温暖世界》刊《襄阳晚报》。

2月28日 参加邓拓百年诞辰纪念座谈会。

2月 《孕妇和牛》收于《大学语文新课程》。②

3月初 《人民文学》英文版杂志 *Pathlight*（《路灯》）第二辑翻译出版铁凝的短篇小说《伊琳娜的礼帽》和《孕妇和牛》。

3月12日 在澳大利亚驻华大使馆出席2012澳大利亚文学周开幕式暨澳大利亚女作家亚历克西斯·赖特的长篇小说《卡彭塔利亚湾》中文版发布式。同时出席的还有澳大利亚驻华大使孙芳安、莫言、《卡彭塔利亚湾》中文版译者李尧以及澳大利亚前驻华大使芮捷锐和参加澳大利亚文学周的澳大利亚作家等。

3月15日 参加"路灯之夜"活动，庆祝 *Pathlight* 创刊。

3月17日 《山中少年今何在》获得2011年度华文最佳散文奖，此次奖项由河南省文联、《散文选刊》杂志社主办，颁奖典礼在山西古县举办。

3月26日 《飞行酿酒师》获得第三届"茅台杯"《小说选刊》年度大奖。

---

① 朱玲：《全球纪念狄更斯 铁凝：他直面残酷但能洞察善良》，《北京青年报》2012年2月9日。

② 景遐东主编：《大学语文新课程》，高等教育出版社2012年版。

3月28日　参加王蒙夫人崔瑞芳的遗体告别仪式。

3月　刘莉、王一川的著作《玫瑰门中的中国女人——铁凝与当代女性作家的性别认同》由北京师范大学出版社出版。

4月1日　《山中少年今何在》刊《甘肃日报》。

4月5日　《关于勇敢》刊《语文教学与研究》第10期。

4月14—24日　率中国作家代表团赴英国参加第42届伦敦国际书展。代表团成员有王蒙、莫言、毕飞宇、迟子建、严歌苓、刘震云、徐则臣、郭小橹、盛可以、冯唐、韩东、陆建德、李洱等。中国是"市场焦点"主宾国。

4月15日　出席伦敦书展"市场焦点"中国主宾国活动开幕式并致辞。

4月16日　国际著名的哈珀·柯林斯出版集团通过竞拍获得长篇小说《大浴女》英文版（译者为张洪凌、Jason Sommer）的欧洲版权，铁凝与其签署出版协议。此前，美国著名出版公司西蒙·舒斯特已经通过竞拍获得《大浴女》英文版的美洲版权。

4月17日　出席国家汉办向利物浦大学孔子学院、专长学校联合会孔子学院、伦敦商务孔子学院、伦敦中医孔子学院等多所孔子学院赠送中国国务委员兼国务院秘书长马凯诗集《心声集》（英文版）的赠书仪式并致辞，同时出席的还有新闻出版总署副署长邬书林、国家汉办主任许琳等。

书展期间，铁凝与莫言、阿来、刘震云和英国作家路易丝·道蒂尔、吉尔·道森围绕"中英文学新视角"进行对话；与毕飞宇展开关于"一种女性视角"的对话。此外，铁凝还参加了《中国文学》多语种版首发仪式等诸多活动。

4月　《文学是一种担当，不是简单粗糙的社会情报》收于《中国文情报告（2011—2012）》。①

---

①　白烨主编：《中国文情报告（2011—2012）》，社会科学文献出版社2012年版。

5月8日 完成短篇小说《七天》。

5月11日 在石家庄出席"铁扬艺术研究中心"揭牌仪式。

5月15日 出席中国作家出版集团与中国国际出版集团战略合作框架协议暨作家出版社与新世界出版社《中国文学》项目合作协议签约仪式，出席仪式的还有国务院新闻办公室副主任王仲伟，中国作家协会副主席、中国作家出版集团管委会主任何建明，中国外文局局长周明伟。《中国文学》是中国作家出版集团与中国国际出版集团战略合作的第一个项目，旨在以中英双语版的发行方式，将更多的优秀作家作品介绍到海外，从而增强中国文学在世界格局中的地位和影响力。此次推出的《中国文学》丛书第一辑，遴选了铁凝、韩少功、范小青、潘向黎、张翎五位作家的中短篇作品。

5月20日 出席坚持以人民为中心的创作导向——纪念《在延安文艺座谈会上的讲话》发表70周年座谈会。做题为《在人民的创造中实现文学的创造》的讲话。阐释《讲话》的现实意义："'人民'始终鲜明地镌刻在中国文学的旗帜上，为中国文学指引着前进的方向。人民是文艺工作者的母亲，广大作家把人民放在心中最高位置，在人民的历史创造中进行文学的创造，在人民的进步中造就文学的进步。文学繁荣发展的光辉历程，也正是作家们与人民同心，与人民同行的历程。"她说："中国作家协会一直致力于协助和支持作家深入生活。近年来，在以往行之有效的做法的基础上，我们努力探索符合时代特点和创作规律的组织作家深入生活的新途径和新方式，比如定点深入生活制度，就是把深入生活与作家的个人选择和创作需要更紧密地对接起来，帮助作家走得出、沉得下、蹲得住、'打深井'。这样的做法受到很多作家朋友的欢迎，现在已经有72位作家参加这一计划，其中有朋友对我说，走出去、沉下去，然后再回到家里，面对电脑时就感到踏实，感到有底气。我想，这也是我们大家共同的感受。"

5月21日 《在人民的创造中实现文学的创造》同时刊《文艺报》与《人民日报》，《民族文学》第7期转载。

5月22日 在《在延安文艺座谈会上的讲话》发表70周年之际，作协组织鲁迅文学院第12期少数民族中青年作家高级研讨班的55位同学在结业两年后重回鲁院进行座谈。铁凝出席座谈会。

5月23日 参加在人民大会堂召开的纪念《在延安文艺座谈会上的讲话》发表70周年大会。

5月26日 出席内蒙古当代蒙古族诗人研讨会并讲话。研讨会拉开了"繁荣少数民族文学系列研讨"的序幕。铁凝说，以蒙古族文学为主体的内蒙古少数民族文学，在中华民族文学史上占有重要的地位。蒙古族诗歌创作更是源远流长，是中华民族诗歌传统中的灿烂星群。从古代英雄史诗《格斯尔传》《江格尔》，到近代蒙古族作家古拉兰萨的蒙古文诗词，从现代蒙古族民间叙事诗《嘎达梅林》《格瓦桑布》，到当代蒙古族诗人群体的吟唱，蒙古族诗歌百花吐艳，为广袤的草原点亮了一盏盏充满生命体温的明灯。她还特别称赞说：他们的诗歌始终围绕着祖国、民族、人民和草原，继承和发扬了北方游牧民族的优秀文化传统，以浪漫主义情怀抒发民族的心声，同时用饱含生活气息的笔触，拥抱着新的时代。这些具有丰沛激情和优美的艺术表现力、洋溢着饱满的民族精神和爱国主义精神的诗歌，在广大读者中产生了强烈的共鸣。特别值得关注的是，许多当代蒙古族诗人热爱并使用着民族的语言，用文学的方式保护和传承着一个古老民族的珍贵记忆。

6月2日 陪华生参加其母校东南大学110周年校庆活动，向东南大学教育基金会捐赠1100万元，用于资助贫困生。捐赠仪式结束后，和华生就"读书与人生"与学生们进行面对面交流。

6月4日 会见香港《明报》月刊总编辑潘耀明先生。

6月9日 出席"倾听红土地的声音·云南少数民族文学研讨会"并讲话。铁凝指出，云南少数民族文学自改革开放以来取得了前所未有的发展，为中国当代文学注入了生机与活力，云南各少数民族用质朴、美妙的文学形式，铭刻着民族的记忆和情感。她说，发展少数民族文学是一项长期、光荣的事业，需要我们共同努力。广大少数民族文学工作者责任重

2012 年 55 岁

大、使命光荣。此次会议是中国作协"繁荣少数民族文学创作系列研讨"的第二站。会议以彝族作家普飞、哈尼族作家存文学、普米族诗人鲁若迪基、佤族诗人聂勒、德昂族女诗人艾傈木诺、纳西族女作家和晓梅、傈僳族作家李贵明和白族作家张乃光八位作家的作品为基点，以点带面地展示了改革开放以来，云南少数民族文学发展取得的可喜成果。

6月29日 下午 会见黑井千次等日本作家。

6月30日 出席新疆少数民族作家作品研讨会并讲话。铁凝说，新中国成立以来，特别是改革开放以来，新疆少数民族文学获得了前所未有的发展，各民族诗人和作家以高昂的创作热情，积极参与到中国文学繁荣发展的历史进程之中，创作了众多生动表现新疆各族人民精神风貌的优秀作品，为中国当代文学提供了新鲜、独特的艺术经验。铁凝表示，今后，中国作协将认真研究新机制、新办法，继续推动少数民族文学翻译和传播工作。研讨会集中研讨了买买提明·吾守尔、夏侃·沃阿勒拜、朱马拜·比拉勒、博格达·阿布都拉等七位作家及其作品，并就新疆少数民族文学创作现状以及推进发展面临的挑战等展开讨论。

6月 自选集《蝴蝶发笑》（名家自选学生阅读经典）由辽宁人民出版社出版。

7月10日 出席藏族中青年作家作品研讨会并讲话。铁凝说，新中国成立后，藏族文学随着中国少数民族文学的崛起获得了前所未有的发展，形成了中国文学中具有深厚底蕴和旺盛活力的创作群体。他们从丰饶的藏文化土壤中汲取营养，以自信和包容的姿态，与兄弟民族交流，与世界文学对话，以满怀探索的热忱与勇气，生动形象地表现藏族人民所经历的巨大变革，表现藏族人民博大深邃的民族传统和坚韧慈悲的民族精神，表达对建设中华民族共有精神家园的信念和追寻人类共同理想的向往。他们的创作为藏族文学的发展开辟了更加广阔的道路，也为中国当代文学的发展提供了更多可能性。会上集中研讨了次仁罗布、尼玛潘多、白玛娜珍、江洋才让、达真、亮炯·朗萨、格绒追美、严英秀8位藏族中青年作家作品。

7月13日 应法国驻华大使白林女士邀请,在法国驻华大使馆参加法国国庆日活动。

晚上,应澳大利亚副总理韦恩·斯旺邀请,参加庆祝中澳建交四十周年晚宴。

7月18日 舒晋瑜的采访《伟大,但是请不要忘记艰难——访中国作协主席铁凝》刊《中华读书报》。在采访中,铁凝首先强调了农村生活对于她的意义:乡村生活练就了我的人生态度,奠定了我的看世界、看人生的眼光。作家应该有能力让你的灵魂上升。关于创作,铁凝说:写《玫瑰门》我耗尽心力。《玫瑰门》是我的第一部长篇,写完之后,我跟主人公经历了一场精神和灵魂层面的跋涉。现在我仍然认为是我至关重要的长篇,不是顺应了某种时尚。《无雨之城》写得快,三个月就完成了。但是写得很累,有时候一天写一万字,一天不说话,晚上会短暂失声。当初抱着尝试一下的心态写了《无雨之城》。1996年江苏文艺出版社为我出版5卷本文集,我自己排除了《无雨之城》。现在回过头来看,它训练了我结构长篇小说的能力,在这个意义上我不忽略它所包含的厚度和深度。对于曾经引发争议的《大浴女》中的性描写,铁凝说:"我始终坚持认为,作品涉及到性描写,是严肃的事情,非涉及不可的时候不必回避。涉及到人性的深度的层面的时候,如果绕不开它,我也愿意有节制地面对。我不是怀着低俗之心给读者添一些佐料,性也不应该成为文学的佐料。"

关于自己的未来,铁凝谈到四个希望:希望有健康的身体;希望有一颗明净的心;希望自己是一个对他人有用的人;希望写出好的东西。面对写作与作协工作的冲突,铁凝强调说:我的心里必须有为同行服务的意识。如果该做的工作不做,就变成另外一种意义的自私。我没有权利也没有资格这样。当写作跟主席的职责发生冲突时,我毫不犹豫地放弃写作。回过头来,再尽快地回到写作。

对于缺少大作品这个问题,铁凝的解释是:这个时代是伟大而艰难的时代,但是有些媒体在表述我的观点时,把伟大保留,常常把艰难去掉,这是没有道理的。伟大一定是艰难的才能显示其伟大,没有艰难的时代充其量是平庸的。这个时代应该是能够出好的文学作品的时代，也应避免急功近利之心。我还是秉持这样的想法，既要热情呼唤，同时要耐心等待。创作是要遵循艺术自身的规律。作家一方面不要忽略读者的等待，一方面需要沉下心来，要有定力，有耐心。我还是相信大作品是存在的，我也相信有一批作家，现在正在有雄心、有耐力的劳动中。

谈到文化交流，铁凝说：国际上对中国一直有一种妖魔化的认识，现在经济崛起了，国家日趋强大，我们有条件在文化上做一些事情。这些事情不光是中国在做，比如德国在中国有歌德学院、西班牙在中国有塞万提斯学院、法国使馆文化处设立傅雷翻译奖……很多国家一直在自觉地强调文化对于国家发展、民族进步的重要性。一个没有强大的有影响力的文化支撑的国家，不可能真正屹立于世界民族之林。目前作协正在通过一系列举措加强对外交流，帮助作家和作品走出去。

7月21日 参加中日韩三国文学论坛联席会议。

7月28日 由浙江省作家协会《江南》杂志社和《钱江晚报》联合举办的少年追梦征文大赛和少年追梦·三行诗征文大赛[①]，在浙江省杭州市江南文学会馆举行颁奖典礼，铁凝致贺信。

7月 《七天》刊《作家》第7期。

章剑锋的《华生铁凝夫妻档：知识与财富之间》刊《南风窗》第15期。

8月4日 作为评奖委员会名誉主任，出席第十届全国少数民族文学创作"骏马奖"评奖委员会全体会议。

8月6日 会见台湾作家郭枫。

8月20—21日 参加第二届汉学家文学翻译国际研讨会。

8月28日 会见以色列希伯来文翻译研究所主任尼莉·可恩女士和以色列驻中国使馆文化学术及省际事务主任柯智凯先生。

8月29日—9月2日 出席第十九届北京国际图书博览会。

---

① 浙江教育新闻网，http://edu.zjol.com.cn.

8月29日 出席第十九届北京国际图书博览会"中国作家馆"开馆仪式暨"文学中原崛起"主题展。

8月31日 在北京出席由中国人民对外友好协会和韩国驻华大使馆共同举办的中韩建交20周年纪念招待会。

8月 《哀恸的马》刊《中国摄影家》第8期。这是铁凝为摄影家计卫舸以马为主题的摄影作品所作的短评。

9月3日 创作《新声音》。这是为作家出版社出版的三卷本《第三届中日韩东亚文学论坛作品集》（中文版）所作的序。《作品集》分为中国卷、韩国卷、日本卷，每卷分别收入了三个国家各11位作家的短篇小说、诗歌、散文、评论等各类作品。

9月7日 出席红色散文作家万伯翱文学创作五十年暨《六十春秋》新著研讨会。铁凝热情赞扬了万伯翱多年来对文学和红色散文的追求。

9月9日 出席冯骥才"四驾马车"展览开幕式并参观展览。展品包括近八十件"不一样的绘画作品"，一百六十余种中文版本的文学作品，三十种中外课本，以及大量文化遗产抢救、保护和教学科研的出版成果，以及他笔下一些文学名篇的手稿和早期古典绘画的摹本。

9月18—20日 参加全国少数民族文学创作会议。

9月19日 下午，参加"顾毓琇文物文献捐赠暨铜像揭幕仪式"。

晚上，参加第十届全国少数民族文学创作"骏马奖"颁奖典礼并致辞。铁凝说：文学是中华民族紧密团结的重要精神纽带，而少数民族文学更是这纽带上不可或缺的环节。新中国成立以来，中国少数民族文学得到了前所未有的发展，党和政府历来对少数民族文学高度重视、亲切关怀，对广大少数民族作家满怀信任和期待。全国少数民族文学创作"骏马奖"作为国家级文学大奖，生动体现了中华各民族团结进步的根本信念，促进了各民族文学的交流，有力地推动了少数民族文学的繁荣发展。本届"骏马奖"充分展示了少数民族文学新人辈出、生机勃勃的盛况。①

---

① 铁凝：《在第十届全国少数民族文学创作"骏马奖"颁奖典礼上的致辞》，中国作家网，http://www.chinawriter.com.cn/n1/2016/0708/c405619-28539021.html，2012年9月20日。

9月21日 出席端木蕻良百年诞辰纪念座谈会并致辞。铁凝在致辞中高度评价端木蕻良的文学成就，对其文学作品融汇传统文化与西方文化的奇特风格以及在中国现当代文学史上的独特贡献与地位进行了充分肯定，对他追求进步的热情、率真坦诚的人格以及精深的红学造诣表达了由衷的赞赏。

10月11日 向莫言获得2012年诺贝尔文学奖表示祝贺。她说："听到这个消息，我非常高兴，向莫言表示最诚挚的祝贺。莫言在三十多年的创作道路上，一直身处中国文学探索和创造的前沿，他的作品始终深深扎根于乡土，他的视野亦从来不惧'外来'，他从我们民族百年来的命运、奋斗、苦难和悲欢中汲取思想的力量，以奔放而独异的鲜明气韵，有力地拓展了中国文学的想象空间和艺术境界，他讲述的中国故事，洋溢着浑厚、悲悯的人类情怀。他的作品不仅深受国内读者的喜爱，而且就我所知，在国外也深受一大批普通读者的喜爱……在中国当代作家中，莫言的作品可能也是译成国外语种最多的。虽然莫言在中国当代文学史上占有非常重要的地位，但他始终是一个朴素而多产的劳动者姿态。莫言的获奖，表明国际文坛对中国文学和作家的关注，表明中国当代作家几十年不倦的实践和努力，正在产生越来越大的国际影响。这对今后的中国文学引起国际上更多读者的关注、研究、了解和兴趣，以及中外文学交流都会产生积极的影响。莫言的获奖，也表明了中国文学所具有的世界意义。……我衷心祝贺莫言获奖，同时也相信莫言和一大批中国作家，以及一批生活在世界各地的优秀华人作家同行们将继续勤奋写作，积攒充沛的创造能量，为人类的文明进步、人类文化财富的积累作出应有的贡献。"[①]

10月29日 会见瑞典文化委员会总干事肯内特·约翰松一行。约翰松对莫言获得诺贝尔文学奖表示祝贺，同时，瑞典文化委员会将支持瑞典作协开展与包括中国作协在内的世界各国作协之间的国际文学交流。

10月30日 参加中日友好21世纪委员会的活动，为即将离任回国

---

① 铁凝：《中国文学的世界意义》，上海《文汇报》2012年10月12日。

的日本驻华大使丹羽宇一郎饯行。

10月 小说集《青草垛》由重庆出版社出版，收录了"三垛"与《午后悬崖》共4部中篇小说。该书是贺绍俊主编的"月光之爱书系"之一。

11月5日 与作协党组书记李冰一同赴北京朝阳医院，看望台湾作家陈映真，庆祝其75岁生日。

11月14日 被选举为中国共产党第十八届中央委员会委员。

11月 创作散文《竹子上学》。后刊西班牙《城墙内外》文学杂志中国文学专刊。

12月18日 晚上 应以色列驻华大使馆邀请，参加以色列驻华大使马腾为来华访问的以色列作家代表团举行的欢迎活动。

12月 散文集《农民舞会》由北京线装书局出版，收录了《你在大雾里得意忘形》《母亲在公共汽车上的表现》等16篇散文，该书为简体字竖排格局。

本年 《大浴女》的英译本 The Bathing Women 由美国斯克里博纳出版社（Scribner's）出版，译者是张洪凌和杰森·索默（Jason Sommer）。并获英仕曼亚洲文学奖（Man Asian Literary Prize）提名。该奖项是由香港国际文学节及英国投资公司"英仕曼集团"联合创办的，旨在从亚洲作家英文作品中评选出优秀作品。汉学家、翻译家蓝译玲（Julia Lovell）说："中国一些卓有成就的、颇有见地的女性小说家带给我们阅读的快感——人物刻画细致、对话观察入微——和莫言、余华那种粗糙的、拉伯雷式的讽喻迥然不同。铁凝的《大浴女》充满了温婉的人性光辉，相比那些男性同行近作中的喧哗，实在令人眼前一亮。"她认为《大浴女》是典型的女性作品，在一定程度上填补了中国女性作家作品在英语世界的空缺，让西方读者得以窥得此类作品的冰山一角。她还称赞铁凝是"敏锐而富有同情心的观察者，观察着中国社会，技法娴熟地捕捉着每日生活中的不适、伪善和粗鄙，以及侵蚀着人与人之间关系的歉疚与怨怼"。《出版周报》（Publishers Weekly）指出："故事发生在一个文化价值观发生转变的时代，精巧地描绘了四个女性的心理，她们努力满足自己对于美食、同伴、家庭、社会、性和爱的需求。"《图书馆期刊》（*Library Journal*）则认为："铁凝文笔流畅，捕捉到了人类无论处于何种境况，都想要出人头地的欲望……有些读者喜欢阅读那些能够直视困境中复杂人性的文学作品，这本书一定会受到这类读者的喜爱，尤其是其中热衷亚洲文学的读者。"《书评期刊》（*Booklist*）称"铁凝通过娴熟的笔法精准地刻画了每个人物行为背后的千般情绪，那些痛苦与冲突的片断中充满了令人心痛的美感"。大江健三郎表示："如果要让我选出过去十年内世界上最好的十部作品，《大浴女》毫无疑问会在其中。"①

本年度重要研究论著

张光芒：《论铁凝小说的人性叙事》，《当代作家评论》第 2 期。

金理：《"青春"遭遇"远方的世界"——〈哦，香雪〉与〈妙妙〉的对读》，《中国现代文学研究丛刊》第 7 期。

范恪劼：《永远的期待与恐惧——论铁凝〈永远有多远〉中的人性探索与人文追求》，《小说评论》第 A1 期。

明卫红：《铁凝"隐私偷窥"三部曲的召唤视野及其审美意蕴》，《前沿》第 16 期。

赵玲玲：《走入心灵花园 重建身份认同——评铁凝小说〈大浴女〉》，《衡水学院学报》第 3 期。

---

① 吴赟：《〈大浴女〉在英语世界的翻译与接受》，《小说评论》2017 年第 6 期。

2013 年　56 岁

1月25日　应印度驻华大使及其夫人邀请，参加印度第64个共和国日庆祝招待会。

1月　《生活在坏话里》（中国当代名人语画书系）由北京西苑出版社再版。

《蝴蝶发笑》（名家自选经典书系）由辽宁人民出版社再版。

2月4日　赴北京协和医院看望诗人雷抒雁。

2月上旬　与华生同去杨绛家拜年。此前杨绛曾经表示想见见华生。

> 杨绛仔细端详着我的先生，扭头笑盈盈地对我说了夸奖逗趣他的话，那慈爱的神情，就像我的娘家人一样。我们聊了一些家事，还讲到我们的女儿。杨绛先生嘱咐说："下次来，送给我一张你们的全家福吧，照片背面要写上字呢。"[①]

2月14日　雷抒雁逝世，享年71岁。

2月21日　参加雷抒雁的遗体告别仪式。

3月11日　会见应邀来访的阿尔及利亚作家代表团。

3月　《支持青年作家的成长》刊《民族文学》第3期。这是铁凝

[①] 铁凝：《"何不就叫杨绛姐姐"——我眼中的杨绛先生》，《以蓄满泪水的双眼为耳》，生活书店出版有限公司2016年版，第128页。

在少数民族青年作家作品研讨会上的讲话。铁凝强调，支持青年作家的成长，是中国社会主义文学事业繁荣发展的百年大计；营造有利于更多青年人才成长的文学生态，是中国作家协会的重要工作。新世纪以来，在党和政府的关怀下，中国作协采取一系列措施，加强对青年作家的培养，包括在鲁院开设中青年作家高研班和其他各种形式的培训班，大力吸收青年作家入会，在重点作品扶持工程中向青年作家倾斜等。包括《青年文学》在内的全国各文学期刊多年来在发现和推出文学新人方面倾注了大量的精力，是青年作家成长的重要平台。同时，我们也高兴地看到，随着网络的发展，正有越来越多的年轻人将对文学的热爱化为书写和创造。

小说集《伊琳娜的礼帽》由台湾新地出版社出版，此书为"世界华文作家精选集丛书·第二辑"中的一本。

4月2—3日 参加以"文学与包容"为主题的第二届"中国—澳大利亚文学论坛"并致辞。

4月17日 陪同丹麦汉学家易德波女士一行参观中国现代文学馆及中国现当代文学展。易德波一直对中国文坛十分关注，她从20世纪80年代就开始关注铁凝的作品，并将铁凝的部分作品译成丹麦文。

4月24日 参加老舍、胡絜青珍藏字画捐赠仪式并讲话。

4月25日 担任第三届"朱自清散文奖"组委会主任。

4月 《百年孙犁》由百花文艺出版社出版，辑录了铁凝、贾平凹、从维熙、阎纲、徐光耀等作家缅怀孙犁的文章。

《铁凝精选集》（世纪文学60家）由北京燕山出版社出版。

"铁凝长篇小说系列"由人民文学出版社出版，包括《玫瑰门》《无雨之城》《大浴女》《笨花》4部长篇小说。

5月13日 出席北京师范大学国际写作中心成立大会揭牌仪式暨"走向世界的中国文学"高端论坛并致辞。莫言出任该中心主任。

5月14日 出席孙犁百年诞辰纪念座谈会并做题为《让文学的灯火照亮人心》的致辞。铁凝高度评价了孙犁的文学成就，充分肯定了孙犁作品真善美与诗情画意的美学风格以及在中国现当代文学史上的独特贡献与地位，同时她也对孙犁真诚坦率的人格以及对青年作家的呵护与关爱表达了由衷的敬意。她说："纪念一位作家的最好方式是回到他的作品。可以说，孙犁的作品伴随了我们这一代人的成长。"铁凝还特别谈到作为文学晚辈，她在年轻时曾经受到孙犁先生的关心和帮助。她说，在我的心目中，孙犁先生就是那位提着灯的宽厚长者。他文学的灯火生生不息，照亮人生，照亮人们的心，用温暖、炽热的能量鼓舞中国人民在实现"中国梦"的道路上前行。

接受《天津日报》记者的采访。

5月15日 周凡恺、姚文生的访谈《"孙犁先生点亮我心中的文学灯火"——访中国作家协会主席铁凝》刊《天津日报》。铁凝说："作为一个文学晚辈，我和我的一些作家朋友，在年轻时都受到过孙犁先生的恩泽。那时候，孙犁先生在《天津日报》编《文艺周刊》[①]，他关注青年作家的成长，给予许多作者热情的鼓励和及时的引导。我刚刚踏上文学道路的时候，就像在夜里走山路，有凉风扑面、神清气爽的时候，也有四顾茫然、不知所措的时候。这时，孙犁先生的一封信函，或者是几句话，便能点亮我心中的文学灯火，打开前面的道路。在我心目中，孙犁先生就是那位提着灯的宽厚长者。"

5月17日 参加中国笔会中心会员大会。

5月20日 北京中贸圣佳国际拍卖有限公司在官网上挂出公告：将举行"也是集——钱钟书书信手稿"专场拍卖会，钱钟书、杨绛、钱瑗书信及手稿共计110件作品都将公开拍卖。杨绛强烈反对拍卖公司的这一行为。

得知这一消息，铁凝赶去杨绛家时，看见杨绛面色稍显憔悴，但讲到维权事，叙述有力，神情倔强，一扫平日之淡然。铁凝忽然不敬地想到，若钱钟书先生在世，怕都不见得有这样一份果敢，也才更加具体地领略到，钱钟书先生每遇生活难处，为什么只要听见杨绛说"不要紧，我会

---

① 应为《文艺增刊》。

修""不要紧，我会洗"便踏实、安心。

5月21日　《怀抱着胸中那一簇火焰——孙犁先生百年诞辰纪念》刊《光明日报》。铁凝在文章中高度评价了孙犁的文学创作，她说："我敬仰孙犁先生，还因为他以他的写作和生活，向我们示范了如何小心呵护真和善和美的种子，使之成为人生温暖的底色。终其一生，孙犁先生都深切怀念他所经历过的战争年代，怀念他生活过的那些村庄，怀念那些作为伙伴、战友和同志的战士和群众，这种感情滋养了作家的心灵，无论生活发生了怎样的变故，他都怀抱着胸中那一簇火焰。在我看来，温暖的力量、向善的力量、穿越了沉沦以后上升的力量是更难的、更不容易的，需要更大的勇气，需要更高远的境界。孙犁先生晚年的精神世界更为沉郁幽深，但是，我相信，孙犁先生毕生都在昭示我们，文学应该有力量去呼唤人类积极的情感和信念，在任何情况下保持尊严与希望。"

5月26日　杨绛发表公开声明，说拍卖一事"让我很受伤害，极为震惊。我不明白，完全是朋友之间的私人书信，本是最为私密的个人交往，怎么可以公开拍卖？个人隐私、人与人之间的信赖、多年的感情，都可以成为商品去交易吗"？她希望拍卖公司立即停止侵权，维护公民的"通信自由和通信秘密"这一基本人权。否则"自己会亲自走向法庭，维护自己和家人的合法权利"。

5月30日　就钱钟书杨绛私人书信被拍卖一事接受《文汇报》记者电话采访。铁凝公开表示支持杨绛强烈反对钱钟书信札的拍卖，并表示"公开和出售别人的隐私，有悖于社会公德与人的文化良知"。铁凝认为："私人间的通信是建立在相互尊重、信任的基础上的。利用别人的信任，为了一己之私，公开和出售别人的隐私，有悖于社会公德与人的文化良知。在当事人坚决反对的情况下，如果还执意要这样做，是对当事人更深的伤害。"铁凝指出："钱钟书和杨绛先生是我国著名的文学大家、翻译大家，深受国内外众多读者的喜爱，对中国文学乃至中国文化产生了重要影响。杨绛先生是亲历'五四'运动，唯一仍在世的中国作家。钱钟书、杨绛二人把一生全部的稿费和版税捐赠给母校清华大学，设立'好读书'

奖学金，至今捐赠累计逾千万元，受益者已达数百位学子。如今，101岁的杨绛先生精神矍铄，身体康健，我认为这是中国文学界和文化界的幸事和喜悦之事。拍卖一事让这位年逾百岁的老人在安宁和清静中被打搅，她的情感、精神受伤害。让这样一位老人决意亲自上法庭一定是许多喜爱钱钟书、杨绛作品的读者不希望看到的，一定也是善良的国人不乐意看到的。人心的秩序，人际关系中信任、坦诚这些美好的词汇万不可变得如此脆弱和卑微。"

《中国作协主席铁凝就"拍卖钱杨书信"表态——"出售隐私有悖文化良知"》刊《文汇报》。

6月14日 出席中国社会科学院文学研究所60周年所庆，与张炯、谢维和、汪晖、傅刚等知名学者回忆过往，并就文学批评与文学研究展开交流与讨论。铁凝表示："作为新中国成立后创建的第一个国家级文学研究专业机构，中国社会科学院文学研究所无疑是我国文学研究的学术重镇，在文学所历史上刻下光辉名字的前辈，不仅是博大精深的学者，也是卓越的作家和诗人，他们赋予了文学所独特的性格和传统。文学所不仅是学术的殿堂，它还始终站在中国文学发展的前沿，60年来为中国当代文学提供着丰富的滋养。"[1]

6月15日 出席草明百年诞辰纪念座谈会并致辞。铁凝指出：草明先生是新中国工业文学的拓荒者和优秀的现实主义作家，她的名字已经与中国现当代工业题材文学创作紧密地联系在一起，被誉为"中国工人阶级的代言人"。[2] 她写工业、写工人的每一部作品都是在工厂与工人们朝夕相处、心心相印的成果。草明先生用自己的创作实践有力地诠释了深入生活、贴近群众对一个作家的重要意义。

6月27日 《海姆立克急救》获《小说月报》第十五届百花奖。

6月 刘惠丽的论文《"仁义"传统与铁凝小说》刊《文学评论》第

---

[1] 刘婷：《社科院文学所庆祝60周岁——铁凝汪晖等共话学术精神》，《北京晨报》2013年6月15日。

[2] 铁凝：《在草明百年诞辰纪念座谈会上的讲话》，《文艺理论与批评》2013年第4期。

3 期。论文认为：在当代文学史中，铁凝始终是一个对传统文化的朴素的沉浸者。其中，对"仁义"传统的接续与扬弃是铁凝体察现实的独特维度，具体以温暖视角、文化人格及仁义传统的现代性阐释三个层面体现出来。她的创作不但对现代化场景下传统文化的快速退离表达了深切的忧虑，而且还以自己特有的写作方式在传统与现代之间建立了新的意义联系。

7月2日 会见西班牙汉学家塔西亚娜女士。

7月3日 会见法国对外文化教育局主席克萨维耶·达尔科斯。双方畅谈了中法文化和文学，就进一步开展中法文学交流达成共识。

7月8日 参加第九届全国优秀儿童文学奖评奖会议第一次全体会议。

7月9日 会见俄罗斯总统国际文化合作特命全权代表、俄罗斯外交部全权特使、原文化部部长什维德科伊一行。双方就加强中俄青年作家文学交流和推动中俄文学翻译进行了商讨。

7月15日 参加"翟泰丰作品赏析展"开幕式。翟泰丰长期工作在宣传思想和文学工作第一线，工作之余坚持在学术研究、文学创作、美术书法、摄影艺术等方面不断耕耘，出版有《翟泰丰文集》、书法集《墨池吟诗》、中国画集《墨缘诗情》、摄影集《光之韵》等。此次展览展出了他创作的部分书法、绘画、摄影作品以及出版的各种图书。

7月30日 看望杨绛。祝贺她101岁生日，并带去人民文学出版社刚刚出版的《杨绛文集》，请杨绛签名。杨绛亲自在扉页上题写"华生、铁凝贤伉俪赐正——杨绛奉赠"。

《火锅子》刊《北京文学·精彩阅读》第7期。同期发表张莉的评论《爱情之树常青——读铁凝新作〈火锅子〉》。

小说《暮鼓》刊《作家》第7期。

8月12日 会见越南作协主席、文联主席、诗人阮友请一行。

8月28日 出席第20届北京国际图书博览会中国作家馆开馆暨山东主宾省活动仪式。中国残联主席张海迪、中国作协副主席莫言等共同出席。本届图书博览会以"文学中国梦，齐鲁青未了"为活动主题。铁凝在现场接受采访时说："山东现代文学发展作为业内的一股力量，我个人认为是中国文学不可忽视的一部分。齐鲁大地文脉源远流长、人杰地灵，尤其当代就有这样一批作家非常受关注，没有断代，每一代都有很厚重的品质，山东文学的气象是一个大格局。我对这个地域出来的同行充满敬重，山东作家的每部作品出来我都非常关注，今年把山东省作为主宾省，非常好，有这么多出版机构在这个平台上，读者可以更直接地感受到山东文学的气息和魅力。"①

8月29日 应俄罗斯联邦驻华大使馆邀请，参加俄罗斯联邦驻华大使馆和莫斯科市政府为庆祝莫斯科市作为第20届北京国际图书博览会主宾城市而举办的音乐会暨招待会。

8月 《大浴女》（共和国作家文库）由作家出版社出版。

9月1日 出席中德作家论坛开幕式并致辞。铁凝在致辞中说："对中国作家而言，德国作家是我们'熟悉的陌生人'。德国作家的许多作品，通过翻译家和学者的辛勤劳作，在中国落地生根，被许许多多读者和作家阅读着，思考着。对于那些作品还没来得及翻译到中国的作家，我们也不觉得全然陌生，那是因为，我们熟悉他身后深远的背景。这背景里，有歌德、海涅、荷尔德林等人美妙的歌唱，无论他们歌唱的是健壮、朴素和永恒的感情，还是现代人的复杂灵魂；这背景里，有康德、黑格尔、马克思等人激越的辩论和深沉的思考，他们为人类开辟了通向觉醒和解放的思想道路。这些都构成了勃兰兑斯所说的'德国作家身上使他成其为德国人的那种要素'。我相信，中国作家，包括我在内，都有过在德国文学和文化里久久徜徉的经验，都曾为之震撼，为之感动。所以，尽管我们中的许多人今天是初次相逢，但仍然有着如遇老友般的喜悦。"与此同时，铁凝也期待德国友人加深对中国的了解，从而在"互相凝视"中"互相发现"。

在随后的活动，铁凝、莫言、贾平凹、刘震云、李洱、毕飞宇、徐则臣、张悦然、金仁顺等与来自德国、瑞士的德语作家就"全球化时代的文学""责任与自由""家园与乡愁""技术、交流与变化""侨移与艺术

---

① 曹文雨、田爽：《图博会昨开幕　铁凝莫言会读者》，《每日新报》2013年8月29日。

创造""间离与理解"以及诗歌艺术等话题展开对话与探讨。

9月2日 《在"中德作家论坛"上的致辞》刊《文艺报》。

9月18日 出席国际文化交流活动家、《长江日报》高级记者余熙长篇纪实文学《约会乌拉圭——"南美瑞士"的闲适故事》《约会牙买加——加勒比海咖啡香岛纪事》出版发布会。铁凝认为:"余熙以文学著作为媒介坚持多年开展国际文化交流活动,成果丰硕,令人钦佩。"

9月20日 出席舒群百年诞辰纪念座谈会并讲话。铁凝在讲话中回顾了舒群的人生轨迹与创作历程,高度评价了他在文学创作方面的成就。她谈到,舒群的文学生涯与国家兴亡、民族命运息息相关,他的创作是在血与火的洗礼中发出的号角,是历史前进的足音。舒群的革命活动和文学创作为后人留下了宝贵遗产,并有力地昭示了这样一个道理:站在人民奋进的前列、站在时代进步的潮头,作家的写作和创造必定能够获得持久的生命。

9月24日 出席全国青年作家创作会议开幕式并致辞。铁凝在致辞中表达了对青年作家的期望,肯定了青年作家对于中国当代文学的意义。

晚上,出席第九届全国优秀儿童文学奖颁奖会并致辞。铁凝说:本次评奖,评委们怀着高度的责任感,秉承公平、公正、公开的原则,经过认真的阅读和深入的讨论,选出了20部获奖作品。这些作品展示了三年来中国儿童文学探索创造的丰硕成果,有力地证明了儿童文学的大发展大繁荣。这是一次充分体现我国儿童文学创作的勃勃生机的评奖,是一次充分体现儿童文学作家队伍的发展壮大、新人辈出的评奖。

9月25日 《全国青年作家创作会议开幕致辞》刊《文艺报》。

9月27日 出席"青春万岁——王蒙文学生涯六十年"展览开幕式并致辞。

9月29日 诗人牛汉在家中病逝,享年89岁。

9月30日 下午 到牛汉家中悼念并慰问其家属。

9月 授权新加坡名创教育出版社在其中学课本及相应数码教育资源中改编、收录其散文作品《一千张糖纸》。

10月上半月 随感《〈浮生二十四小时〉:方寸之间的人生感悟》刊

《中国政协》第 19 期。这是对杨凯生摄影集《浮生二十四小时》[1] 的感悟:"我要说,我喜欢这部《浮生二十四小时》,它的趣味、气味、意味和品位都使我感受到温暖。……文字和图像,或许都是通往人类心灵家园的路径,也都具有表现时代及社会生活的功能,只是所使用的工具和材料不同而已。"[2]

10 月 16 日 接受土耳其《自由报》的书面采访。

10 月 28 日 出席鲁迅文学院第 2 期公安作家研修班开学典礼。

10 月 29 日 出席张光年百年诞辰纪念座谈会和"百年光未然"作品朗诵音乐会。

10 月 31 日—11 月 2 日 率作家代表团参加第 32 届伊斯坦布尔国际图书博览会中国主宾国活动并在开幕式上致辞。铁凝说,这次伊斯坦布尔国际书展中国主宾国活动,为中土两国通过加强文化交流进而促进更深的了解、开展更丰富的合作提供了良好的机会,也为中土两国作家分享创作经验、相互学习和借鉴提供了平台。她表示,昔日辉煌的古丝绸之路,一定会被新世纪"新丝路"上繁盛的文学和文化花朵所照耀。这是中国首次以主宾国身份参展,主题为"新丝路,新篇章"。

中国主宾国活动期间,铁凝、艾克拜尔·米吉提、次仁罗布、魏微、格非、刘震云、余华、张炜、王刚、杨红樱、江南、张悦然、西川、马俊杰、徐则臣 15 位作家通过一系列文学活动,推介中国当代优秀的文学作品,搭建中国与土耳其在文学领域沟通交流的渠道。在其土耳其版新书发布和签售活动上,铁凝介绍《永远有多远》说,"这是一部关于我的出生地北京的小说,小说里有我对这座千年古城的爱、伤感、惆怅、痛,还有永不泯灭的、无需理由的依恋和期待"。铁凝关于"永远有多远"富有中国文化和哲理的解释,也让在场的观众听得入神并产生共鸣。[3]

---

[1] 杨凯生:《浮生二十四小时》,生活·读书·新知三联书店 2013 年版。
[2] 铁凝:《〈浮生二十四小时〉:方寸之间的人生感悟》,《中国政协》2013 年第 19 期。
[3] 晋雅芬、冯文礼:《让我们以文学之名相聚——记伊斯坦布尔国际书展中土两国作家交流活动》,《中国新闻出版报》2013 年 11 月 6 日。

中国作家代表团在参加第 32 届伊斯坦布尔国际图书博览会中国主宾国活动期间,分别在海峡大学、伊斯坦布尔大学进行文学交流,并向海峡大学孔子学院赠送《中国作家》。

11 月 3—6 日 应越南作家协会邀请,铁凝率中国作家代表团一行 6 人访问越南。这是中华人民共和国成立 60 多年来,中国作协主席首次应邀访问越南。在越南访问期间,越共中央政治局委员、书记处书记、中央宣教部部长丁世兄,越共中央委员、胡志明市委副书记阮氏秋霞分别在河内和胡志明市会见了代表团。他们高度评价中国改革开放以来文化和文学事业的发展,赞赏中国作家创作的优秀作品以及这些作品在越南读者中产生的广泛影响。铁凝建议加强两国青年作家交流,促进两国文学作品互译,开展两国文学研讨等活动,以丰富多彩的文学交流形式,深入发展两国老一辈领导人共同缔造的中越友谊。

中国作家代表团分别拜访越南作家协会、《西贡解放日报》。《中国作家》与越南作家协会《文艺周报》达成互赠报刊协议。来自越南各地的几十位作家与代表团进行了座谈交流。越南作协还安排代表团参观了胡志明逝世时的小屋和西贡解放日报社。

11 月 30 日 出席第六届中国版权年会并致辞。

11 月 中短篇小说集《对面》由人民文学出版社出版。

维吾尔文版《笨花》由新疆人民出版社出版,译者依力哈木·沙地拉。

12 月 2 日 向日中文化交流协会致唁电,对该协会会长、著名诗人、小说家辻井乔先生逝世表示沉痛哀悼。

12 月 3 日 出席刘舰平诗歌研讨会并致辞。铁凝在讲话中谈到,刘舰平承受了和奥斯特洛夫斯基、博尔赫斯一样的命运,他和他们一样,命运的淬炼让诗人经历了一次灵与肉的重生。他的眼睛限制了他,但是这种限制对于生命的智者和勇者来说,反而成了一种能量,成为打开生命新境界的动力。明灯、阳光、月亮常常出现在诗人的作品中,他一直用温暖的文字和深沉的诗心寻找美好的愿景。在诗人的世界中,光明消失了,但诗歌却为他打开了一个有别于日常生活的世界。他的想象力、情感和智慧在这里得到自由表达，呈现出宽广、深邃的精神空间。

12月4日 会见尼泊尔学院代表团。铁凝向他们介绍了中国作协的有关情况，并回顾了中尼两国在文化领域尤其是文学领域开展的交流与合作。她说，中尼两国文化历史源远流长，一批经典文学作品共同构成了世界文学的灿烂图景，尼泊尔经典的叙事体长诗《穆娜与马丹》就给中国读者留下了深刻印象。文学是了解一个国家和民族的重要方式，中尼两国在政治、经济、文化等方面的联系愈加密切，两国人民也建立了深厚友谊，希望今后两国在文学领域继续加强合作，推动文学作品的翻译推广、加强文学界出版界的交流互访，增进两国文学界和人民之间的相互了解。

12月9日 出席"文学陕军再出发"学术研讨会。铁凝在题为《积蓄力量再出发》的致辞中首先回顾了陕西文学几十年来取得的成就，她说："整整20年前，陕西以集团军的阵势，集中推出陈忠实的《白鹿原》、贾平凹的《废都》、高建群的《最后一个匈奴》等长篇厚重之作，催生引发了当代长篇小说又一轮创作热潮，把长篇小说的艺术标尺，提升到了一个新的高度。"[1] 她勉励年轻作家继承陕西文学敬畏文学、扎根生活的传统，最后她向一直关注陕西文学创作的评论家表达了敬意。她说，新时期以来陕西文学的发展，有力地证明了创作和评论的相生相长，陕西的评论家们营造了健康的、建设性的批评环境。一批在京的陕西籍作家和评论家也对家乡的文学事业投入了巨大的热情，是文学陕军的另一支重要力量。她表示，今天的研讨会是一次回顾，也是一次展望，在回顾和展望中，相信大家将凝聚起"再出发"的信心和力量，让陕西的文学走上又一个新境界。

12月12日 《美丽的遗产：柯岩画传》首发式暨柯岩逝世两周年追思会在山东枣庄台儿庄古城举行。铁凝致信祝贺。

12月15日 参加"《十月》创刊35周年最具影响力作品奖"的颁奖

---

[1] 李晓晨：《"文学陕军"聚集力量再出发》，《文艺报》2013年12月11日。

典礼。在《十月》创刊 35 周年之际,由评委和读者共同投票选出了其中最具影响力的 35 部作品。李准、宗璞、汪曾祺、王蒙、贾平凹、王安忆等知名作家均有作品入选,其中,莫言、铁凝、张洁、张承志、海子等作家、诗人各有两部作品入选。铁凝的《没有钮扣的红衬衫》和《永远有多远》入选最具影响力的 35 部作品。她说:"我们的时代是一个大时代,我这次入选的两部作品中的主人公却是大时代中的小人物。评委和读者投票不是投给了我,而是投给了大时代中的小人物。也许在文学中,再大的时代,其生动的呼吸和心跳,也往往是通过不具备表演能力的小人物来完成的。"结合自己的创作,铁凝说,文学不是长盛不败的事情,每当自己在文学创作上失败的时候,鼓励的声音更多地来自编辑。"一批有信仰、有热情、有境界的编辑成就了《十月》杂志的辉煌。在他们的身上,能够看到时代的激情、历史的耐心和个人的思想、修养和操守。当代文学史的构成,编辑的作用是不可替代的。"

12 月 16 日　《积蓄力量再出发》刊《文艺报》。

12 月 18 日　下午　会见伦敦大学中国研究院院长、汉学家贺麦晓(Michel Hockx)教授一行,虹影参与会见。

12 月 26 日　《挤公交车的母亲》刊《杂文选刊》(下半月)第 12 期。

本月　会见法国汉学家安波兰女士。

本年度重要研究论著

刘惠丽:《"仁义"传统与铁凝小说》,《文学评论》第 3 期。

陈亚丽:《现当代散文中的北京胡同文化》,《中国现代文学研究丛刊》第 9 期。

李彦姝:《代际更迭与知青文学的叙事差异》,《南方文坛》第 1 期。

刘惠丽:《论铁凝小说中的"文化时空"》,《小说评论》第 3 期。

栗占勇、周雪花:《铁凝小说叙事中的民间话语》,《河北师范大学学报》(哲学社会科学版)第 2 期。

郑文平:《铁凝语言艺术:解构传统对话形式》,《曲靖师范学院学报》

第 1 期。

  闫红：《铁凝"文革"叙事的"恶魔性"分析——以价值现象学为视角》，《当代作家评论》第 2 期。

  常笑：《铁凝小说中的女性形象特征分析》，《当代文坛》第 6 期。

  周雪花：《铁凝小说中的长女情结与多种文化认同》，《文艺争鸣》第 8 期。

  吴翔宇、吴瑞雪：《论铁凝小说的欲望叙事》，《河北科技大学学报》（社会科学版）第 2 期。

  王鑫、惠雁冰：《铁凝小说中的儒家文化元素》，《延安大学学报》（社会科学版）第 5 期。

  周雪花：《铁凝小说的地域性与跨地性》，《名作欣赏》（上旬刊）第 12 期。

  张科琪：《铁凝小说中都市小人物"别扭"生存的心理探源》，《名作欣赏》（下旬刊）第 11 期。

  鄢冬：《女作家笔下城乡相遇的两种向度——王安忆〈富萍〉与铁凝〈哦，香雪〉比较研究》，《中华女子学院学报》第 4 期。

  吴培显、刘雅奇、卿爱君：《爱欲的隐喻·表演人生·自我救赎——铁凝〈海姆立克急救〉面面观》，《山西大同大学学报》（社会科学版）第 2 期。

2014 年　57 岁

1 月 20 日　出席阮章竞百年诞辰纪念座谈会并致辞。铁凝在致辞中高度评价了阮章竞的文学成就及其在文学组织方面的贡献。她说，在中国现当代文学史上，阮章竞是一个熠熠生辉的名字，他的作品长久地留在中国人的记忆之中。和他那个时代的许多作家一样，他的写作与国家兴亡和民族安危紧密相连。

1 月　雷达主编的《新世纪小说概览》出版。书的下编第六章从长篇小说中的家族叙事、短篇小说中的城市书写两个角度，对铁凝的小说进行研究。

2 月上半月　创作《天籁之声，隐于大山》，回忆和贾大山多年的交往。

2 月 18 日　《天籁之声，隐于大山》刊《人民日报》。

3 月　《保持与太阳的血缘——在刘舰平诗歌研讨会上的致辞》刊《文学界》（上半月）第 3 期。

4 月 11 日　在中国现代文学馆迎接泰国公主诗琳通。一年前，诗琳通公主通过她的中文老师和铁凝联系，想把铁凝的中篇小说《永远有多远》翻译为泰文。此前她已经翻译过唐宋诗词选《漱玉集》，20 世纪 80 年代以来，还翻译过巴金、王蒙、王安忆、池莉等中国当代作家的小说。

下午两点半，诗琳通公主在泰国驻华大使夫妇等 30 余人陪同下，来到中国现代文学馆。

公主简洁的短发，一身浅灰西式裙装，如同我们在公主那些中国之行的照片里看到的那样，颈上习惯性地挎着照相机，手中习惯性地捧着一个大三十二开粉花图案笔记本。公主不染发，不施粉黛，面庞红润，目光澄澈，神态亲切，步入大厅未及走进会客室，就首先告诉我，《永远有多远》已经完成翻译在泰国出版，这次她亲自把泰文版单行本给我带来。这让我意外而又喜悦，更感动于公主一番诚挚的心意。我向公主表达了感谢之情。公主说："读了你的《永远有多远》，我在泰国修了一条北京胡同，我还要让泰国人尝尝北京小肚（《永远有多远》中写到的北京美食）。"接着公主问我，现在的北京人是不是还吃小肚。我说："今天的北京人还能吃到小肚，但是已经找不到我在少年时享受的那种真正的小肚味儿了。"

公主把泰文版《永远有多远》赠予铁凝。这是经过精心设计的一本小说，书前有公主作序，书后特别附上铁凝的简历和北京胡同、四合院、北京小吃的若干图片，增加了小说的考证感和书的趣味性。应铁凝邀请，公主在书的扉页上签名。公主还向铁凝请教了书中她不明白的问题，比如为什么小说中对西单小六的形容是"她身上散发着新鲜锯末的暖洋洋的清甜。"听了铁凝的解释，公主笑着点头，表示理解，还说她喜欢西单小六这个人物，不喜欢"吃软饭"的郭宏。铁凝也表达了相同的看法。

离开之前，诗琳通公主向在场的中方主人赠送礼物。铁凝向公主回赠的礼物是湖笔和韩美林设计的一把紫砂壶。

离开文学馆，铁凝陪诗琳通公主参观鲁迅文学院。当时"鲁二十二期"学员正在上古典诗词课，老师是北大的教授。学员起立，欢迎公主。公主应邀用中文即兴讲话。教授将一枚鲁院徽章赠给公主。

应铁凝邀请，诗琳通公主为中国现代文学馆题词"笔墨春秋"，为鲁迅文学院题词"文学梦"。

4月14日 下午 与华生再次拜访杨绛。杨绛在生平与创作大事记中记录了这次见面："下午铁凝、华生同志来，说说笑笑，很高兴。"铁凝遵嘱送给杨绛一张全家福照片。杨绛比铁凝的女儿整整大了一百岁。当杨绛看着照片上的孩子时，仿佛时光倒流，她的神情刹那间呈现出稚童样的活泼。

4月18日 出席梁斌百年诞辰纪念座谈会并讲话。铁凝追忆了梁斌慷慨豪迈、百折不挠的一生，高度评价了他的创作成就及其为文学事业作出的贡献。她说，梁斌是一名忠诚的共产主义战士，也是一名高擎着真善美的火炬的文学战士，他把一生献给了中国人民和全人类的自由解放事业，他留下的《红旗谱》《播火记》《烽烟图》等精品力作，奠定了他在中国现当代文学史上的地位和影响，他的名字和作品已经镌刻在一代又一代中国人的记忆之中，让人感受最深的还是这部作品中屹立着的我们民族的魂魄、民族的风采。

5月12日 《传递民族心灵深处最强音》刊《文艺报》。文章从梁斌的创作谈到《红旗谱》的经典化带给她的感受："梁斌先生就如一棵大树，站立在他的作品中，站立在大地上，他的根系接通了中华传统文化的血脉，也汲取着异域文明的营养；他的枝叶沐浴着时代风雨；他的果实酝酿着对未来的梦想和信念。通过艰苦卓绝的艺术锤炼，梁斌先生传递出了一个时代和一个民族心灵深处的最强音。"

5月 《在阮章竞百年诞辰纪念座谈会上的讲话》刊《文艺理论与批评》第3期。

6月 《秀色》（中国当代作家中短篇小说典藏）由河南文艺出版社出版。

7月 《在梁斌百年诞辰纪念座谈会上的讲话》刊《文艺理论与批评》第4期。

8月25日 出席纪念杨沫诞辰100周年座谈会并致辞。

8月 《让我们相互凝视》（走进校园走近经典书系）由东方出版中心出版。

《我画苹果树》（小说家的散文）由河南文艺出版社出版。

9月1日 《青春无悔，〈青春之歌〉不朽——在杨沫百年诞辰纪念座谈会上的讲话》》刊《人民政协报》。

9月28日　创作《胡同在左，棉花地在右》。铁凝以其成长经历分析了自己的创作资源。从文中可以看出，《玫瑰门》中因为偷肉被打死的猫，白天革命、夜里常常独自偷偷吃点心的外婆，乳房被革命立场坚定的女儿烫成焦糊状的姨婆，那些藏匿在破纸盒、蜂窝煤炉、鸡毛掸子里的金块，《永远有多远》中漂亮的西单小六，《棉花垛》中在棉花地里钻窝棚的民间习俗，由于叛徒出卖在棉花地里被杀害的女战士，都是作家直接或间接的人生经验。

9月　《中国好小说：铁凝》由中国青年出版社出版。

10月13日　率中国作家代表团访问奥地利。接到习近平总书记将于15日上午在京主持召开文艺工作座谈会并发表重要讲话的通知。

10月14日　中断访问行程，回国。

10月15日　习近平总书记主持召开文艺工作座谈会并发表重要讲话。他深刻阐述了文艺和文艺工作的地位、作用和重大使命，创造性地回答了事关文艺繁荣发展的一系列带有根本性、方向性的重大问题，对于在新的历史条件下做好文艺工作做出了全面部署。习近平总书记在讲话中指出，实现中华民族伟大复兴，需要中华文化繁荣兴盛，中国精神是社会主义文艺的灵魂，要创作无愧于时代的优秀作品，坚持以人民为中心的创作导向，加强和改进党对文艺工作的领导。[①]

在会上，铁凝做了题为《牢记良知和责任》的发言。她首先指出这次会议对于激励和引导全国文艺工作者，全身心地投入到实现中华民族伟大复兴中国梦的宏伟事业中去，具有重大而深远的意义。中国文学的繁荣离不开党的文艺政策的指引，离不开党中央的亲切关怀，党为文学发展指明了方向，营造了良好的大环境、大气候。然后由习近平总书记的文章《忆大山》，谈到贾大山的高尚人品和作为优秀作家的良知和责任。最后呼吁广大文学工作者，要有担当的气概，不辜负党和人民对作家的期待，

[①] 习近平：《在文艺工作座谈会上的讲话（2014年10月15日）》，《人民日报》2015年10月15日。

为中国社会主义文学繁荣做出新贡献。①

共有 76 名文艺界人员参加此次座谈会。

10 月 16 日 创作《岁月，情怀》，这是为散文集《你在大雾里得意忘形 岁月卷》《山中少年今何在 情怀卷》所作的序言。

10 月 17 日 在第三届中法文学论坛上做《胡同在左，棉花地在右》的主题演讲。

《牢记良知和责任》刊《中国艺术报》。

10 月 21 日 《作品是立身之本》刊《人民日报》。

10 月 《铁凝经典散文》由山东文艺出版社出版。

《铁凝六短篇》由海豚出版社出版。包括《伊琳娜的礼帽》《第十二夜》《飞行酿酒师》《孕妇和牛》《七天》《逃跑》。

11 月 2 日 在南京大学参加第三届 21 世纪世界华文文学会议并致辞。会议主题为"承传与新创：新世界世界华文文学发展的可能性"。

11 月 27 日 参加鲁迅文学院第二十五届中青年作家高级研讨班（网络作家班）开学典礼。

11 月 《在"第三届 21 世纪世界华文文学会议"上的致辞》刊《扬子江评论》第 6 期。

《作品是立身之本》刊《时事报告》第 11 期。

《与人民同心 与人民同行》刊《求是》第 21 期。

由美国著名诗人、翻译家梅丹理翻译的小说集《麦秸垛》英文版（中国文学大家译丛）由外文出版社出版。

两卷本散文集《你在大雾里得意忘形 岁月卷》《山中少年今何在 情怀卷》由山西教育出版社出版。

12 月 21 日 第四届"汉语文学女评委奖"在湖北省武汉市举行颁奖典礼，铁凝、水运宪等 11 位作家和评论家获奖。

12 月 23 日 出席"贴近生活 根系人民——《贾大山文学作品全

---

① 铁凝：《牢记良知和责任》，《文艺报》2014 年 10 月 17 日。

集》出版座谈会"。铁凝深情讲述了与贾大山的交往,对他的创作态度、文学水平和个人品格给予充分肯定。铁凝说,参加这个座谈会感到很亲切,仿佛感到贾大山始终没有离开我们,他对人民的热爱令人十分感动。不少前辈作家都有深入生活、同百姓在一起的传统。扎根人民、贴近人民,其实就是贴近人心、贴近社会。深入生活、扎根人民,应当是把文学当做事业的作家一生的常态。也只有如此,我们才能讲好中国故事,写出具有中国特色、中国风格、中国气派的优秀作品来。

12 月 《永恒之爱:遇一人白首 择一城终老》刊《老同志之友》第 12 期。文章讲述了梁羽生和他的妻子林萃如的故事。

本年度重要研究论著

刘嘉:《论新世纪以来铁凝短篇小说的叙事伦理》,《中国现代文学研究丛刊》第 6 期。

许若文:《论铁凝小说〈大浴女〉中的绘画要素》,《中国现代文学研究丛刊》第 6 期。

任慧群:《铁凝〈孕妇和牛〉的诚义叙事》,《名作欣赏》(中旬刊)第 5 期。

王艺:《消费主义文化中的沉沦与突围——论铁凝小说的精神追求》,《兰州大学学报》(社会科学版)第 5 期。

张浩:《自我与人性之外的探寻——对铁凝小说的精神分析解读》,《中国社会科学院研究生院学报》第 5 期。

李萱:《"纯洁"与"放荡"的复杂变奏:三对女性·三部作品·三位作家·一个问题》,《文艺争鸣》第 7 期。

2015 年　58 岁

1月9日　《暮鼓》获首届《作家》"金短篇"小说奖。

1月23日　出席"《当代》·长篇小说2014年度论坛",此次论坛为纪念《当代》创刊35周年。铁凝在发言中说:《当代》不仅成就了一份响亮的刊物,也成就了几代作家。"当代"这个词是勇气,是担当,是文学昂扬面对复杂现实的坚守。她希望《当代》今后能继续培养出积载希望、颐养深情的好作品,也让读者在饱满、生动的阅读中延伸精神年龄。出席此次论坛的还有王蒙、刘心武、刘震云、贾平凹、阿来、麦家、阎真等作家。

《当代》杂志甄选了35位"《当代》荣誉作家"和两位"《当代》荣誉读者"。铁凝的颁奖词是:

> 放眼未来、立足今生、写新中国前世,是当代中国文学的自觉。家族传奇,通常是绕不开的题材。铁凝独树一帜,她的眼界更宽,笔触更深,心思更密。《笨花》是一幅乡村风俗画,一部中国地方志,一曲民间精神史;是当代小说对中国前世一次成功的追忆和缅怀。

《在"第三届二十一世纪世界华文文学会议"上的致辞》刊《东吴学术》第1期。

1月26日　参加鲁迅文学院第25届中青年作家高级研讨班(网络作

家班）的结业典礼。

1月28日　出席雷加百年诞辰纪念座谈会并讲话。铁凝在讲话中回忆了雷加的一生和他的文学创作。铁凝指出，雷加和同时代的作家一起承担起时代和人民的重托，成为中国革命、建设和改革开放波澜壮阔的历史进程的参与者、见证者和记录者，为读者留下了一份珍贵而丰富的文学遗产。

2月9日　出席杨宪益百年诞辰纪念座谈会并致辞。铁凝在致辞中谈到，当我们在新的历史条件下回顾杨宪益先生的成就，不得不感叹先行者筚路蓝缕的孤寂和坚定，不得不感叹一个人竟有如此的力量和才华，跨越文化和语言的千山万水，将一个古老民族最为深长微妙的思绪和情感传达到遥远的异域。一个杰出的文学翻译家必是一个博雅的文化学者，必定对他出发和抵达的语言有着深湛、精确的理解力、感受力和运用能力。

2月10日　参加中国作协举行的老作家老同志迎春茶话会并致辞。中国作协作家权益保障办公室在活动现场设立了法律咨询台，并向前来咨询的作家赠送《作家权益》一书。

2月17日　和党组书记处钱小芊、何建明、陈崎嵘、李敬泽、白庚胜、阎晶明等分别拜访了在京的127位老作家及作家遗属。这项中国作协春节"走访在京百名作家活动"已经坚持了近十年。

2月中旬　春节前给杨绛拜年时，杨绛开口便问起孩子："豆豆好吗？"让铁凝意外又感动。

3月2日　将去年获第四届"汉语文学女评委奖"的五万元奖金全部寄给了巴金生前关注的学校——成都市东城根街小学，希望用来给孩子们购买有意义的图书，以书香伴童年。同学们开学第一天收到了崭新的图书，深受鼓舞。

3月8日　创作《公主来访》。记述了和泰国公主诗琳通的文学交往。

3月17日　出席鲁迅文学院第26届中青年作家高级研讨班（文学评论班）的开学典礼。

3月25日　主持中国作协第八届主席团第七次会议。会议深入学习贯彻习近平总书记在文艺工作座谈会上的重要讲话精神和全国宣传部长会议精神，审议《中国作家协会2014年工作总结（审议稿）》和《中国作家协会2015年工作重点（审议稿）》，同意提交中国作家协会第八届全国委员会第五次全体会议审议。

3月26—27日 主持中国作协第八届全国委员会第五次全体会议。

4月6日 创作《野心·虔敬·洗尘埃——读陈坚的画》。

4月14日 人民文学杂志社在北京法国文化中心举行以"女性写作与翻译"为主题的活动，推介第一期《人民文学》法文版。《人民文学》法文版是为推动中国文学走向法语世界所做的一项重要工作，每年出版一期。第1期为女性写作专号，收录了铁凝、蒋韵、范小青、徐坤、魏微、叶弥、潘向黎等作家的短篇小说，由中法两国翻译家安波兰等翻译成法文。

4月15日 会见尼泊尔司法部部长夫人、女作家沙拉达·沙玛。

出席中国现代文学馆第三批客座研究员离馆暨第四批客座研究员聘任仪式。

4月29日 观看由中国作协机关党委主办的"梦想烛照未来"文学作品朗诵会。

5月16日 被授予法国文学艺术骑士勋章。法国文学艺术骑士勋章在1957年由法国政府文化部设立，以表彰在文学界或艺术界有杰出贡献的人物，或为在世界范围内宣传法国文化作出突出贡献者。铁凝因其在文坛作出的杰出贡献获此殊荣。此日正值法国驻华使馆留法艺术学友俱乐部成立之日，法国外长洛朗·法比尤斯向铁凝颁奖，他在致辞中肯定了铁凝在文学艺术创作领域取得的卓越成就，以及为中法文化交流作出的重要贡献。他称赞铁凝的作品中涌动着"一种既抒情又浪漫的声音，致力于描述普通百姓的内心世界，尤其是女性的内心世界"。

铁凝答谢时说："一个民族对文学和艺术的亲近程度，决定了这个民族素养的高低。而中国和法国都拥有悠久和深厚的文学传统和文化积淀。文化应该是一所教导谦卑的学校，它终生教导我们如何理解自己并且有能力欣赏他者。文学艺术是人生道路上的一盏路灯，它照亮心灵，并使人对时光和生命心存眷恋。我从事的职业恰巧能和这两者发生关联，这本身就是幸运和荣光。"① 铁凝表示她将会和同行们一道，加强同国际、特别是法国文学界的合作，推动两国之间文学作品的互译，以更具体、更活泼的方式将两国文学交流落在实处，以此来促进中法人民增进了解。

随后铁凝与洛朗·法比尤斯就中法两国文学文化交流展开对话。铁凝谈到，中法两国文化存在许多相通之处，两国在历史上一直都有密切的文化往来，应该让更多喜欢彼此文化的年轻人在未来参与到中法文化交流之中。

5月18日　应哥伦比亚文化部、秘鲁文化部的邀请，随李克强总理出访巴西、哥伦比亚、秘鲁、智利四国。随同总理出访的作家代表还有莫言、麦家、蒋方舟等人。在哥伦比亚，作家们陪同李克强出席中国—拉丁美洲人文交流研讨会。

5月22日　上午　在哥伦比亚出席中国—拉丁美洲人文交流研讨会并做题为《以文学动人心弦》的致辞。

6月1日　《以文学动人心弦》刊《文艺报》。

6月3日　出席鲁迅文学院第二十七届中青年作家高级研讨班（文学编辑班）开学典礼。

6月12日　出席第三届中韩日东亚文学论坛新闻发布会，向各国媒体介绍相关情况并答记者问。东亚文学论坛是中韩日三国作家、评论家研讨文学创作的多边文学活动。首届论坛于2008年在韩国举行，第二届于2010年在日本举行，本次论坛由中国作家协会主办，韩国大山文化财团、韩国文化艺术委员会和日本组织委员会共同协办，出席本届论坛的中方代表有铁凝和莫言等10位作家，韩国的崔元植、李承雨和日本的岛田雅彦、平野启一郎等。

6月13日　出席第三届中韩日东亚文学论坛开幕式，并在第一主题阶段做《幽灵之船——现实生活与创作灵感》的演讲。

---

①　李晓晨：《铁凝获法国文学艺术骑士勋章》，《文艺报》2015年5月18日。

2015 年　58 岁

在中国现代文学馆与三国作家一同参观"中韩日三国文学交流展"。

6月15日　《幽灵之船——现实生活与创作灵感》刊《文艺报》。

6月15—16日　第三届中韩日东亚文学论坛移步青岛市，铁凝和三国作家在青岛参观。

6月16日　晚上　参加三国作家作品朗诵会。

6月17日　在青岛与中日韩三国作家话别。

6月24日　徐光耀文学创作研讨会在石家庄举行。铁凝做题为《苍生不老，碧树长青》的书面致辞，代表中国作协向徐光耀致以诚挚问候和崇高敬意。铁凝在致辞中深情回顾了徐光耀的创作历程，详尽阐释了徐光耀文学作品的艺术特色。她说，徐光耀的文学之根始终扎在生活的厚土中，他所亲历的抗日战争、解放战争、抗美援朝战争让他的笔墨与中华民族争取独立与自由的光辉历程紧紧联系在一起，他的行文间自有一份刚健英武之气，像挺拔的战士时时刻刻都在等待着冲锋。如果说，《平原烈火》是徐光耀在文学上的初试锋芒，那么，奠定了作为作家的徐光耀的作品，则是一代代的孩子们耳熟能详的《小兵张嘎》。在当代中国文学的人物画廊里，"嘎子"已是一个无可争议亦不可替代的经典的孩子形象。那些曾经无比残酷的战争经历，为徐光耀提供了源源不断的生命能量。写作，正是在这个意义上，呈现了它高于生活的价值。"徐光耀怀着对于民族未来的责任感和使命感，超越一己之恩怨，思考社会发展，探索文化心理。促使他做出这些思考和表达的，是他对人民和祖国的深沉的热爱。对人民的爱在他人生最危急的时刻拯救了他，而他的一生都在用自己清白做人的实践和质朴有力的文字去书写这份大爱。徐光耀的创作，是对70年前中国人民抗日战争取得伟大胜利的最好的文学纪念。徐光耀以他个人的文学书写告诉我们一个不断为文学史所印证的真理：一个作家，只有站在人民的队列里，书写人民的悲欢、人民的忧患，才能够写出让人民永远记得住的伟大作品，这也正是今天置身于和平时代的我们当之无愧的责任。"

6月27日　《火锅子》获《小说月报》第十六届百花奖。

7月3日　《苍生不老　碧树长青——徐光耀的文学与人生》刊《光

明日报》。

7月8日 上午 参加中国作协党组召开的扩大会议,传达学习习近平总书记在中央党的群团工作会议上的重要讲话。

7月9—10日 参加全国儿童文学创作出版座谈会。

7月10日 《先贤前辈严肃深长的召唤和激励》刊《文艺报》。

7月15日 《奉献无愧于民族无愧于时代的儿童文学作品》刊《文艺报》。《民族文学》第10期转载。

7月30日 担任第九届茅盾文学奖评奖委员会主任。参加第九届茅盾文学奖评奖委员会第一次全体会议,为期18天的评选工作拉开序幕。

8月 《孤独温暖的旅程》刊《文苑》第8期。

9月6日 参加首都文学界"纪念中国人民抗日战争暨世界反法西斯战争胜利70周年"座谈会并做题为《与民族共命运 与人民同呼吸》的讲话。

9月9日 《与民族共命运 与人民同呼吸》刊《文艺报》。

9月14日 参加鲁迅文学院第二十八届中青年作家高级研讨班(深造班)开学典礼。

9月15日 随同华生赴黑龙江农垦总局建三江管理局。华生应农业部农垦局的邀请,带领武汉大学调研组到垦区进行调研。

9月21—24日 参加全国省级作协负责人学习研修班。

9月29日 晚上 参加第九届茅盾文学奖颁奖典礼。

10月19日 出席严文井百年诞辰纪念座谈会并致辞。铁凝对严文井的儿童文学创作给予了高度评价。她说:严文井是一位卓有成就的著名作家,他的著名童话作品《下次开船港》《小溪流的歌》等曾深深感染了新中国几代少年儿童,并被翻译成多种文字介绍到国外,获得了世界性的影响;在中国作家协会、《人民文学》和人民文学出版社的领导岗位上,他也为发展我国的文学事业、为培养青年作者付出了辛勤的劳动。他为文学事业奉献了毕生精力,值得后人景仰和学习。

10月22日 参加中国作协党组理论学习中心组召开的"三严三实"

第三专题"严以用权"专题学习研讨会。

10月23日 主持中国作协第八届主席团第八次扩大会议。对本年度工作进行总结,对深入学习贯彻习近平总书记在文艺工作座谈会的重要讲话精神和学习贯彻《关于繁荣发展社会主义文艺的意见》作出部署。

10月 《与民族共命运 与人民同呼吸》刊《芳草》(小说月刊)第10期。

11月10—12日 在海南琼海参加首届中国文学博鳌论坛。

11月10日 在首届中国文学博鳌论坛做题为《更自觉地参与中华民族精神家园的维护和建构》的致辞。铁凝说,文学创作与理论评论是一个相互砥砺、相生相长的过程。习近平总书记在文艺工作座谈会上提出,希望作家和评论家多一些"围炉夜话",这也是此次论坛举办的根本目的。她希望,论坛能够为与会作家和评论家提供一个交流、切磋的场合,创造活跃的思想氛围,相信与会作家和评论家在对话的过程中,一定会对如何生动有力地向世界表达中国人的经验、阐明中国人的梦想获得更清晰的认识、更辽阔的想象,推动中国文学在纷繁复杂的世界视野中,不断绽放中国精神的璀璨光芒。

11月16日 《信仰不朽、童心不泯——忆严文井先生》刊《人民政协报》。

11月18日 《更自觉地参与中华民族精神家园的维护和建构》刊《文艺报》。

11月28日 "从孙犁到铁凝——现当代文学与现代中国的历史变迁"学术研讨会在石家庄举行。百余位专家、学者从多个角度展开了深入研讨。陈福民认为孙犁的写作体现了中国文学和文化的深刻性、本质性,以及更为可贵的非规范性、边缘性。程光炜从两次"孙犁热"谈到了作家境遇的改变。贺绍俊指出从孙犁到铁凝,呈现了中国现当代文学大历史叙述和个人叙述如何融合在一起的变化过程。

12月11—16日 赴赣州、上饶、景德镇等地,就中国作家深入生活扎根人民的主题实践活动进一步引向深入,以及对江西基层文学工作情况进行考察。

12月11日 在江西于都参加中国作协纪念建党95周年、红军长征胜利80周年系列文学活动启动仪式。向参加2016年重走长征路的作家代表授旗。铁凝在讲话中指出，长征是中国革命最为伟大的集结、最为伟大的出发、最为伟大的转折和最为伟大的前进，不仅是一场人的勇气和意志的极限抵达，更是国家前途命运的生死远征。长征走出的不仅是一支从胜利走向胜利的革命队伍，更是一种自强不息、百折不挠、英勇无畏的民族精神和魂魄。这种精神与魂魄，是激励中华民族生生不息、伟大复兴的强大力量和源泉。中国作协即将开展的纪念建党95周年、长征胜利80周年系列文学活动，正是为了接生活地气、连人民情意、知时代冷暖、掘文学富矿。作家要始终保持昂扬向上的精神状态，脚踩坚实大地行走，到人民中去，到生活中去，向着人类的精神高地进发。

12月12日 上午，和作家们一同从于都到瑞金，从长征渡口到红军烈士纪念碑，参观了叶坪革命旧址群、沙洲坝革命旧址群、叶坪乡黄沙村华屋的烈士林。铁凝在叶坪乡黄沙村代表中国作协向两个红军村分别捐赠3000册图书。很多村民自发汇聚到村广场上参加了这次活动。铁凝还专程看望了赣州87岁的老作家罗旋，代表中国作协表达对罗旋老人的祝福和敬意。

下午，在瑞金文学艺术院参加中国作协江西基层文学工作座谈会。铁凝就"深入生活、扎根人民"这一主题，与来自江西省内特别是赣南和周边地区的红军后代作家、高校师生、农民作家、网络作家、基层文学工作者代表60多人进行座谈交流。赣州、瑞金、于都、宁都、抚州、宜春、吉安等地作协主要负责同志纷纷介绍了各地作协搭建平台、扶持创作、培训作家、组织采风等各项工作的开展情况，也提出不少建设性的意见和建议。如对革命历史题材创作发展前景的忧虑与慎思，希望中国作协的各项文学扶持与组织工作能够向老区、向基层倾斜。铁凝听了大家的发言，感受到赣州革命老区作家对文学非常纯粹的热爱，非常感动。她还特别与作家们分享了她对深入生活的看法。她说，深入生活应该是作家创作的铁律。江西大地是一座文学富矿，希望老区的作家们能够"占住"自己独有的宝贵资源，以文学的方式，做历史线索的探寻者和连接者，从而打通连接我们精神的脉络。作家在占有生活之后，还要懂得研究生活，获得研究生活的能力。深入生活，最终深入的是人心，最终深入的是时代的深处。

12月13—16日　先后赴江西瑞金、南昌、婺源、鄱阳、景德镇等地，就中国作家深入生活扎根人民的主题实践活动进一步引向深入，以及对江西基层文学工作情况进行考察。铁凝一行先后五次与基层作协负责人、作家、文学爱好者进行座谈，广泛认真地听取大家的意见和建议，被基层作家积极的精神面貌和对文学的坚守所感动。

特地拜访老作家杨佩瑾和胡辛。

本年度重要研究论著

贺绍俊：《倾情于"人类的心灵能够共同感受到的东西"——论铁凝近期的文学创作》，《文学评论》第6期。

王钦：《新时期文学表征中的"个体化"难题——重读〈哦，香雪〉》，《文学评论》第6期。

张浩：《试论铁凝小说的苦难叙事》，《当代作家评论》第1期。

沈红芳：《自我与角色的消长——铁凝小说创作论》，《中国现代文学研究丛刊》第3期。

陈雨馨、黄德志：《论铁凝〈大浴女〉中的女性群像》，《文艺评论》第3期。

李骞：《论〈笨花〉的审美空间建构》，《小说评论》第5期。

李志瑾：《从〈笨花〉看铁凝作品的传统性》，《小说评论》第5期。

程金诚、王艺：《铁凝小说的叙事伦理与艺术智慧》，《贵州社会科学》第12期。

崔晓艾：《论铁凝小说中女性叙事的美学意蕴》，《河南师范大学学报》（哲学社会科学版）第6期。

王侃:《"城/乡"性别化与现代性叙事逻辑——重读〈哦,香雪〉》,《社会科学战线》第12期。

吴周文:《"性政治"的诠释与"反家庭"母题的演绎》,《中国现代文学研究丛刊》第6期。

李正红:《女性与超越女性的双重文本——论铁凝长篇历史小说女性叙事的独特立场》,《南京航空航天大学学报》第4期。

2016 年　59 岁

1月8日　出席鲁迅文学院第二十八届中青年作家高级研讨班（深造班）结业典礼。

1月11日　主持中国作家协会第八届主席团第九次会议。会议深入学习贯彻习近平总书记在文艺工作座谈会上的重要讲话精神，贯彻落实《中共中央关于繁荣发展社会主义文艺的意见》，学习贯彻全国宣传部长会议精神，审议了《中国作家协会2015年工作总结》和《中国作家协会2016年工作要点》，同意提交中国作家协会第八届全国委员会第六次全体会议审议。

1月12—13日　主持中国作家协会第八届全国委员会第六次全体会议。

1月27日　出席中国作协迎春茶话会并致辞。

1月29日　《在严文井先生百年诞辰纪念座谈会上的讲话》刊《文艺报》。

3月24日　在由中宣部、中国作协共同举办的深入学习贯彻习近平总书记文艺工作座谈会重要讲话培训研讨班授课。铁凝说，习近平总书记文艺工作座谈会重要讲话立足于民族复兴的历史高度，植根于中华文化的深厚土壤，站在党和人民的立场，放眼人类文明的国际视角，深刻论述了关系当前文艺发展迫切需要解决好的重大理论问题和现实问题，提出了一系列新思想、新论断和新观点，体现了为繁荣发展中国特色社会主义先进文化高度的文化自觉，是指明新形势下文艺工作的新航标。广大作家要秉持风骨操守，树立高远的文学理想，努力做到既在思想上、艺术上取得成功，又在市场上受到欢迎，经得起人民评价、专家评价、市场检验。

4月29日 陈忠实逝世。

5月5日 与李敬泽、贾平凹等一行人，赶往陈忠实家中吊唁。铁凝表示："陈忠实老师写出了不朽的经典，值得我们全国作家学习，陈忠实老师是中国全体作家的榜样，期待作家们能够延续陈老的精神力量，写出《白鹿原》这样的高峰作品。"

5月6日 在山东省台儿庄出席贺敬之柯岩文学馆·柯岩馆开馆仪式并讲话。铁凝在讲话中对贺敬之、柯岩的创作给予高度评价，她说贺敬之和柯岩是我国现当代文学史上杰出的诗人、作家，是共同走过半个多世纪人生历程的文学伉俪。柯岩是当之无愧的时代歌者和人民作家，她的作品始终与共和国前进的步伐同频共振，忠实而真诚地记录社会变革、生活变迁、时代转型中的风雨历程，总是给人以光明、希望、鼓舞和深刻的启示。

5月12—16日 赴宁夏回族自治区调研。调研期间，铁凝前往固原、西吉、中卫、银川等市县，开讲"文学照亮生活"全民公益大讲堂。在调研"文学之乡"暨基层作家西吉座谈会和宁夏作家座谈会上，铁凝聆听了专业作家、基层作者、文学编辑和文学组织工作者的声音，还看望了老作家张武、马知遥、冯剑华，听取他们对中国作协工作的意见和建议。铁凝说，宁夏这块文学土地上的风景一言难尽，基层作家对文学的执着和热爱让她感念不已，"文学照亮生活、生活照亮文学"在这里得到诠释。作家应该有能力跋涉生活，跋涉人生，以明澄的心穿越苦难和艰辛。要坚持有难度的写作，文学是慢的，文学是安静的，要秉持写作的耐心。

5月13日 中国作家协会"文学照亮生活"全民公益大讲堂在宁夏回族自治区西吉县启动，铁凝开讲第一课。她从自己的阅读和创作实践说起，谈到文学亘古不变的力量。她回忆起青年时期乡村生活的历练，那些朴素的、原始的记忆，今天依然生机勃勃。无论作家笔下是如何残酷的故事，文学最终还是应该有力量去呼唤人类积极的美德。西吉县回民中学高一学生马玲表示,听了铁凝读书的故事,很受启发,她也曾在农村待过,也割麦子、读小说,她说:"我也想看铁凝老师读过的那些好书,多读书肯定会对人生有特殊的意义。"

5月20日 参加由中国作协和法国驻华大使馆主办的第四次中国—法国文学论坛并致辞。论坛的主题是"文学与人生"。

5月25日 杨绛逝世,享年105岁。

5月27日 在协和医院送别杨绛。

5月 《火锅子》获"《北京文学》2013—2014年重点优秀作品"。

6月6日 参加"陈忠实的创作道路"研讨会。铁凝在讲话中说,中国作家协会举行"陈忠实的创作道路"研讨会,既是为了表达对这位卓越作家的深切怀念,也是希望通过深入的学术研讨,从陈忠实的创作道路中总结经验,获得启迪,推动中国文学的繁荣发展。陈忠实创作的《白鹿原》是来自生活深处、凝聚着文化和历史丰厚经验的"中国故事",它带领我们进入新的思想和艺术境界,也把现实主义传统带到了一个新高度。陈忠实的一生有力地证明了,一个作家的精神境界、思想高度和人格力量决定着他的作品水准。

6月27日 在凉山州西昌市参加首届西昌邛海"丝绸之路"国际诗歌周开幕式。铁凝说:"诗歌是地方的,又是民族的,诗歌更是世界的。每一个诗人都有自己的故乡,只有深深扎根于地方的生命血脉,不断汲取本民族文化和语言的营养,才能创造出来自于个人又超越个人的伟大诗篇。故乡和民族是诗人之根。"① 在铁凝看来,在各地的自然生态遭受挑战的全球化语境下,诗歌的作用也具有切实的意义。诗歌能够唤起人们的良知,唤醒人类相互信任的爱心。在一定程度上,我们可以说,诗歌是人类的文化共同体。

6月30日 出席柳青百年诞辰纪念座谈会并做题为《和人民一道前进》的讲话。铁凝说,《创业史》是中国文学永在的高峰。柳青是一个真

---

① 黄尚恩:《故乡和民族是诗人之根——百余位诗人汇聚西昌邛海"丝绸之路"国际诗歌周》,《文艺报》2016年6月19日。

正的人民作家,他毕生的创作和实践,都在有力地回答"为了谁、依靠谁、我是谁"的问题,他为中国广大文学工作者树立了光辉的典范。柳青那一代作家是第一代站在农民之中的作家,他们在社会前进的高度上揭示人民的劳作和奋斗所具有的实践品格和美学价值。这是新的、以人民为中心的文学,在中国文学的漫长历史上,这是具有崭新而持久的现代性意义的光荣创举。

7月15日 出席鲁迅文学院第二十九届中青年作家高级研讨班结业典礼。

7月21日 出席第十一届全国少数民族文学创作"骏马奖"评奖委员会第一次全体会议。

8月15—16日 在吉林长春参加第四次汉学家文学翻译国际研讨会。同行的作家还有莫言、贾平凹、阿成、余华、刘醒龙、迟子建、李洱等。铁凝在开幕式致辞中说:自2010年以来,中国作协已经举办了三届汉学家文学翻译国际研讨会,中国作家的国际影响力逐步提升,这是多方共同努力的结果。在中国作家们面对人性和生活的独特角度和发现都为世界各国的读者所喜爱和熟悉的时候,中国文学的整体面貌、中国经验和中国精神才能有效地呈现出来。此次研讨会的主题是"与中国文学携手同行"。

8月17—20日 先后到吉林、延边作协调研,走访探望老作家,召开多场座谈会,了解基层作协、民族地区文学工作开展情况,面对面倾听作家心声,与广大作家深入交流。中国作协办公厅主任李一鸣,吉林省委宣传部副部长张志伟,吉林省作协主席张未民、副主席宗仁发,延边州委常委、宣传部部长金基德等陪同调研。

8月19日 参加延边作家协会举办的座谈会。铁凝说,吉林作协有不断代的作家队伍,有不断档的文学精品创作,有以《作家》为首的一系列重要文学期刊,有大的长期的发展战略,这些都是打造"北方文学高地"的重要根基。白山松水之间,吉林作家的生活凝重、辽阔、宽广、深厚,吉林文学工作扎实、活跃、生动、充满活力。

8月21日 出席"红军不怕远征难——文学中的长征"专题展览开

幕式。展览以文学的形式隆重纪念长征这一伟大壮举，重温革命前辈艰苦卓绝的光辉历程。

8月24日　出席第23届北京国际图书博览会"中国作家馆"开馆仪式，为"中国作家馆"揭幕。

8月25日　晚上　出席《人民文学》杂志阿拉伯文版《丝路之灯》出版暨"丝路文学"晚会并致辞。铁凝引用孔子的"言之无文，行而不远"，将好的作品比作一条卓有成效的道路，能够将中国人的生活、思想和情感带到神秘的阿拉伯世界。

9月1日　作品集《以蓄满泪水的双眼为耳》由生活书店出版有限公司出版发行。本书囊括了铁凝近十年来的散文、随笔、演讲和访谈，共31篇文章，都是铁凝自2007年担任作协主席以来的重要作品。书中大量内容，如她与杨绛深情交往的细节，与诺贝尔文学奖得主大江健三郎的文学对话等，都属首次发表。此外还描写了马识途、汪曾祺、贾大山、张洁、井上靖、大江健三郎、诗琳通公主等文学家的形象。本书还收入了她在国际重大文学论坛上的演说。后获《河北日报》与河北省委宣传部等单位联合主办的2016—2017年河北出版阅读界评选的"河北读者喜爱的十部好书"。

9月2日　出席中国作协党组理论学习中心组召开的"两学一做"专题学习会，围绕深入学习贯彻习近平总书记系列重要讲话精神、做合格共产党员进行专题研讨。

9月27—28日　出席中国作家协会第八届主席团第十次（扩大）会议。

9月27日　晚上　出席第十一届全国少数民族文学创作"骏马奖"颁奖典礼并致辞。铁凝向获奖作家和翻译家表示热烈祝贺，称赞中国少数民族作家以卓越的创造为建设中华民族共有的精神家园作出了重要贡献。她感谢评委们的辛勤付出。铁凝指出，本届"骏马奖"是对我国少数民族文学创作的一次全面检阅，也是党的民族政策丰硕成果的展示。

10月9日　参加刘白羽百年诞辰纪念座谈会并致辞。铁凝说，刘白羽的写作一直紧紧追随着中华民族伟大复兴的历史进程，从革命战争的壮丽史诗、抗美援朝的英雄故事，到社会主义建设的火热图景，他始终挺立在时代的潮头，他的笔始终为中国人民创造历史的斗争和实践而劳作，他的心始终为祖国的独立和富强而激动，他无愧于时代，无愧于人民。他留下的不仅是那些珍贵的物品，更是一个共产党人清风明月般的无私风范。他的作品，激情豪迈、气大声宏，字里行间闪耀着理想主义的光辉。正所谓"文如其人"，文字的激情，根源于心灵的强健。透过他的文字，我们能够触摸到一位激情澎湃、相信未来的共产党人的赤诚之心。

10月12日 在北京佑圣寺参加"北京十月文学月"启动暨"十月文学院"揭牌仪式。

10月28日 上午 参加中国作协党组书记处召开的会议，传达学习党的十八届六中全会精神。

11月9日 下午 参加中央第六巡视组专项巡视中国作家协会党组工作动员会。会前，中央巡视工作领导小组成员、办公室主任黎晓宏主持召开与铁凝、钱小芊的见面沟通会，会议传达了习近平总书记关于巡视工作的重要讲话精神。

11月11日 出席鲁迅文学院第三十届中青年作家高级研讨班（儿童文学班）结业典礼。

11月17日 出席鲁迅文学院第三十一届中青年作家高级研讨班（诗歌班）开学典礼。

11月28—29日 主持中国作家协会第八届全国委员会第七次全体会议。

11月28日 晚上 看望部分到会的老作家，与他们谈忆往事，关心他们的生活和创作，听取他们对做好文学组织工作的建议。得知有的老作家还继续深入到社会生活的一线采访、收集素材，坚持写大部头、大题材，铁凝表示很钦佩。她说，文学使人年轻，文学创作不仅仅是脑力劳动，也是对体力的考验，不管年纪大小，希望所有的作家朋友都要关注健康、保重身体。

11月30日—12月3日 参加中国文联第十次全国代表大会、中国作

2016 年 59 岁

协第九次全国代表大会。

11月30日 接受《文汇报》采访，访谈《用心捧出好作品回报这个斑斓时代》刊《文汇报》12月1日。在访谈中，铁凝坦言，"优秀的作品是一个民族的灵魂乳汁"，"有时，作家得坚持一种写作上的高难度训练，忍耐其中乏味的瞬间，保持对人生和世界的惊异，以文学实践去捍卫人类精神和心灵真正的高贵。即便作品中触及现实的尖锐或苦难，最终也仍有不屈不挠对未来明亮的期待。"

12月1日 主持中国作家协会第九次全国代表大会第二次全体会议。

12月2日 当选中国作协主席（连任第三届）、中国文联主席。这是中国作协主席、中国文联主席首次由一人担任。

12月3日 在中国作家协会第九次全国代表大会致闭幕词。铁凝代表中国作协新一届领导机构向与会代表表示诚挚感谢。她说，我们深知肩上的责任，我们将兢兢业业、全力以赴，深化改革、加强引领、加强联络、增强本领、加强沟通，为文学服务，为广大作家和文学工作者服务，为人民大众服务，使中国作家协会成为更温馨更有效的纽带、桥梁和家园。习近平总书记强调："文运同国运相牵，文脉同国脉相连。实现中华民族伟大复兴，是一场震古烁今的伟大事业，需要坚韧不拔的伟大精神，也需要振奋人心的伟大作品。"[1] 我们都会从总书记的讲话中更加强烈地意识到个人的写作与时代和人民的深切联系，更加强烈地意识到我们正在用笔参与着中华民族创造历史的宏伟事业。我们充满了前行的力量，我们要以真挚的热爱、聚精会神的探索和日复一日的辛勤劳作，触摸人民生活最深处的心跳和脉搏，让中国故事和中国精神在卓越的艺术创造中焕发璀璨的光芒，共同书写中华民族伟大复兴中国梦的壮丽史诗。

12月4日 《中国作家协会第九次全国代表大会闭幕词》刊《文艺报》。

12月8日 出席田间百年诞辰纪念座谈会并讲话。铁凝回顾了田间

---

[1] 习近平：《在中国文联十大、中国作协九大开幕式上的讲话》，人民出版社2016年版，第5页。

投身革命和在文学事业上所取得的成就,高度评价了田间为人为文和他为党的文艺事业作出的卓越贡献。田间是一位把根深深扎在人民之中,与人民同甘共苦,与人民心心相印,与人民一道前进的诗人。他的诗汇聚了无数战斗者和建设者的心声,成为时代的强音,永远铭刻在实现中华民族伟大复兴中国梦的壮丽征程上。

12月20日 出席首都文学界学习贯彻习近平总书记在中国文联十大、中国作协九大开幕式上重要讲话座谈会并讲话。铁凝说,习近平总书记在中国文联十大、中国作协九大开幕式上的重要讲话,同2014年文艺工作座谈会讲话是一个整体,两者相互阐发,相互扩展,以一系列富于创见的新思想新观点新论断,丰富发展了中国化的马克思主义文艺观,标志着我们党在新的历史条件下对文艺的功能和作用、文艺的方向和道路、文艺的繁荣和发展的规律性的认识达到了一个新的高度,是站在中华民族伟大复兴的高度、站在中华民族在世界发展大势中的前途命运的高度来看待文艺和文学的。铁凝还谈了自己的学习体会。

出席中国作家协会第九次全国代表大会会务工作总结会。

本年度重要研究论著

曹露丹、陈国恩:《论铁凝的超性别文学叙事》,《湖北工程学院学报》第1期。

李松、姚纯:《简析铁凝〈笨花〉的叙事主题》,《中国文学批评》第3期。

梁盼盼:《重读铁凝:女性"本真"的洞见与未见》,《文学评论》第2期。

梁盼盼:《本真的善:铁凝小说的伦理与性别建构》,《中国现代文学研究丛刊》第6期。

牛娟:《耦合与创化:铁凝作品中的基督教文化因素》,《党政干部学刊》第4期。

首作帝:《经济、知识与权力的多元启蒙——铁凝〈哦,香雪〉的个人转向考察》,《文艺争鸣》第 1 期。

李春杰:《潜意识、压抑与升华——论铁凝三部小说中的弗洛伊德主义》,《文艺争鸣》第 5 期。

梁盼盼:《性别焦虑的母亲叙事——重读〈玫瑰门〉》,《南方文坛》第 3 期。

胡菁慧:《绘画元素与铁凝文学作品的图景建构》,《扬子江评论》第 1 期。

杨洁:《传统的力道:论〈笨花〉》,《小说评论》第 6 期。

张亚琼:《从曹七巧到司猗纹——疯癫女性形象的继承与发展》,《名作欣赏》(下旬刊)第 10 期。

黄沙:《"仁人"与"女人"之间的两难抉择——由白大省看女性的内心世界》,《职大学报》第 6 期。

2017 年　60 岁

1月11日　在中共中央党校参加大型雕塑《旗帜》揭幕仪式。

1月17日　参加中国作协迎春茶话会并致辞。

1月20日　全天参加中国作协2016年度民主生活会。

1月　新年伊始，与钱小芊及中国作协党组书记处的同志分别走访、探望在京的100多位老作家、老同志及部分遗属。

2月27—28日　主持中国文联第十届全国委员会第二次会议。

5月8日　在广州出席第四次中澳文学论坛开幕式并致辞。铁凝说：广东在中国的改革开放中率先敞开大门，在对外经济和文化的交往中扮演着重要角色，日益发达的商业文化、迅猛发展的科技文化在这里交汇、融合。同时，岭南文化独具特色，是中华文化中富有活力的地域文化之一，广东也是涌现优秀作家和优秀作品的地方。近几十年来，广东以它包容、开放、温和、务实的姿态，不断吸引着其他省份不同艺术风格的青年作家。

5月12日　参加中国现代文学馆第五届客座研究员离馆暨第六届客座研究员聘任仪式并为客座研究员颁发聘书。

5月22—24日　在广西南宁出席中国·湄公河国家文学论坛并致辞。铁凝在致辞中说，中国同湄公河五国山水相连，传统友谊世代相传，经贸人文紧密联系。在今天，人类文化的繁荣仍然有赖于不同文明的流播与相互渗透。新丝路的活跃，有赖于国与国之间的经贸联通，同时也需要我们各自的文学、艺术相互的凝视、理解与共生，它应该使活跃的新思路更温暖、更生动。我们以"共建文学新丝路"作为本次论坛的主题，期待通过交流，弘扬丝路文化精神，打造我们之间的文学交流平台，推动作家间的交往，开展文学作品互译。

论坛期间，铁凝与广西文联、作协负责人及作家艺术家座谈，听取近年来广西文学艺术界繁荣发展的景象，作家艺术家的创作情况，对做好文联、作协工作的建议。铁凝还看望了当地的老作家、老艺术家。

5月31日　上午，出席廊坊书博会。铁凝说，文学可以滋润人的心灵，阅读可以使人获得精神的愉悦和洁净，希望家乡的父老乡亲们借举办全国书博会的机会和平台，能够更多地亲近书籍，亲近阅读。她说：一个国家、一个民族对阅读的亲近程度，决定着这个国家、这个民族整体素质的高低。文学对人类的贡献在于应该有能力不断地唤起自己生命的生机，弹拨沉睡在胸中尚未响起的琴弦。

5月　《微言快语》刊《当代兵团》第9期。

6月初　率中国作家代表团出访西班牙和葡萄牙，参加第三届中西文学论坛、首届中葡文学论坛。张炜、迟子建、苏童等作家参加了此次访问活动。

6月5日　第三届中西文学论坛在马德里塞万提斯学院举行。铁凝在致辞中回顾前两届中西文学论坛的情况，肯定两国作家通过论坛相互交流、共同探讨文学话题所取得的丰硕成果。她以仅西班牙就有上百种不同口味的橄榄油为例，说明对美和差异的发现是一个可喜的过程，但需要耐心和时间。在全球化、多元化的今天，文学是机遇和挑战并存，对作家和出版家亦是如此。她希望中西两国作家的文学交流更加深入持久，以文学的方式共同为两国的发展作出应有的贡献。

6月7日　率领中国作家代表团来到葡萄牙首都里斯本，出席在澳门科学文化中心举行的首届中葡文学论坛。铁凝在致辞中说，中葡两国相隔万里，有着不同的文明发展历程和文化血脉，也有着各具民族特色的文学传统。这是中葡两国作家首次举办双边文学论坛，期待以此次论坛为契机，加强两国文学交流和作家交往，将两国当代作家的作品翻译介绍给对方国家的读者，增进相互了解。她说，作为作家，用我们的故事去打动人、激励人，呼唤我们生存的星球更多一些进步与和平，更少一些贫穷与蒙昧。这是作家的社会职责，也代表着一个国家和民族文化发展与进步的潜力与创新力。加强沟通、增进了解、互学互鉴正在成为当今时代的潮流，让我们携手书写中葡文学交流新篇章。

6月20日 出席清华大学文学创作与研究中心成立仪式。

出席骆宾基百年诞辰纪念座谈会。铁凝说：骆宾基在抗战烽火中登上文坛，终其一生，他的创作历程与时代变化密不可分，对抗战时期大后方深入、多角度刻画，为抗战文学史书写了别开生面的一面。

6月22日 前往兰州，为中国剧协、中国音协、中国影协、中国舞协在甘会员做题为《深入学习习近平总书记系列重要讲话精神，繁荣发展社会主义文艺事业》的辅导报告。在报告中，铁凝分"牢记使命担当""坚定文化自信""坚持以人民为中心的创作导向""努力追求德艺双馨"等板块，对习近平总书记系列重要讲话精神特别是在文艺工作座谈会上重要讲话精神进行全面、系统、深入的解读。

7月11日 在鲁迅文学院出席第32届中青年作家高级研讨班结业典礼。

7月24日 出席第十届全国优秀儿童文学奖评奖委员会第一次全体会议。

8月1日 出席中国作协党组理论学习中心组召开的专题学习会，认真学习习近平总书记7月26日在省部级主要领导干部"学习习近平总书记重要讲话精神，迎接党的十九大"专题研讨班开班式上的重要讲话。

8月8日 晚上，四川省阿坝州九寨沟县发生7.0级地震。

8月9日 中国作协官网"中国作家网"对外公开发布"铁凝、钱小芊致四川省作家协会的慰问信"。慰问信中写道："英勇的四川人民曾经历过汶川、雅安等地震的考验，孕育了伟大的抗震救灾精神。我们相信，在以习近平同志为核心的党中央的坚强领导下，在四川省委、省政府的统一部署下,四川各族人民一定会发扬伟大的抗震救灾精神,奋力抗震救灾,重建美好家园。一方有难,八方支援。全国人民心系灾区,全国文学界也在深切关注着灾区人民,深切关注着四川广大作家和文学工作者。请你们一定注意安全,多多保重。有什么需要我们做的,请及时联系我们。我们的心永远与你们连在一起!"

8月18日 《文学当有力量惊醒生命的生机——从短篇小说集〈飞行酿酒师〉说开去》刊《文汇报》。铁凝在文中说:"小说写作的过程是写作者养育笔下人物成长的过程。同时,写作者通过这创造性的劳动,日复一日消耗着也迸发着自身生命的生机。文学艰辛的力量就在于此。"她感慨地说:"进步何其难,我惟有老老实实努力。"

8月23日 出席第24届北京国际图书博览会"中国作家馆"开馆仪式并为"中国作家馆"揭幕。

8月 短篇小说集《飞行酿酒师》由人民文学出版社出版。收录近十年来创作的《伊琳娜的礼帽》《咳嗽天鹅》《春风夜》《七天》等12篇短篇小说。

9月1日 《文学最终是一件与人为善的事情》刊《文艺报》。这是短篇小说集《飞行酿酒师》的创作谈。同版刊登胡平的文章《铁凝短篇小说集〈飞行酿酒师〉:生命的瑰丽生机》。

9月8日 出席鲁迅文学院、北京师范大学联办2017级研究生班、鲁迅文学院第33届中青年作家高级研讨班开学典礼。

《高举旗帜 砥砺前行 创造中国特色社会主义文艺新篇章(逐梦这5年)》刊《人民日报》。

9月11日 《高举旗帜 砥砺前行 创造中国特色社会主义文艺新篇章》刊《文艺报》《中国艺术报》,《中国文学年鉴2018》第1期收录。

9月13日 在内蒙古呼和浩特会见前来参加第26届中国金鸡百花电影节的老电影艺术家们。

9月14日 来到内蒙古老艺术家云照光、葛根塔娜家中,亲切看望慰问两位老人。

9月19日 参观冯骥才文学艺术研究院。出席"为未来记录历史——冯骥才文学与文化遗产保护"国际研讨会开幕式。

10月25日 《坚定文化自信 履行文化责任》刊《人民文学》(海外版)。铁凝说:"对当今中国的作家艺术家来说,世界在远方,世界更在脚下,我们深刻意识到,越是全球化,越需要坚持民族文化的根性和本位,越需要民族文化的自觉和自信。而越具有文化自信,我们也就越加开放和包容,更强烈地认识到中国作家艺术家对全世界、全人类的文化责任。"

11月3日 出席中国文联主席团学习贯彻党的十九大精神座谈会。铁凝说,在这个伟大的时代,文艺不能失语,文艺工作者须时刻牢记历史的使命和责任。习近平总书记在党的十九大报告中指出,没有高度的文化自信,没有文化的繁荣兴盛,就没有中华民族伟大复兴。[①] 所谓文化自信,不仅仅是一个词语,更是信念、情感,是磅礴的力量,是指中华民族对于自身文化理想、文化价值、文化活力与文化前景的信心。我们的文化自信,既是依靠着我们的伟大传统,更是面向时代、面向世界、面向未来的。文艺工作者必须坚持以人民为中心的创作导向,坚持在深入生活、扎根人民中进行文艺创造;加强现实题材创作,不断推出讴歌党、讴歌祖国、讴歌人民、讴歌英雄的精品力作;倡导讲品位、讲格调、讲责任,抵制低俗、庸俗、媚俗;加强文艺队伍建设,造就一大批德艺双馨名家大师,培育一大批高水平创作人才。

11月6日 上午 在成都出席首届中国·南亚国家文学论坛开幕式。下午,看望慰问著名作家马识途和王火。

11月16日 在中国现代文学馆会见韩国新任驻华大使卢英敏。

12月14日 会见来华访问的韩国文化体育观光部长官都钟焕。

[①] 习近平:《决胜全面建成小康社会 夺取新时代中国特色社会主义伟大胜利——在中国共产党第十九次全国代表大会上的报告》,人民出版社2017年版,第41页。

2017 年 60 岁

本年度重要研究论著

梁盼盼：《"革命"与"身体"的"20 世纪中国女性史"——重读〈玫瑰门〉》，《中国现代文学研究丛刊》第 3 期。

陈双双：《被崇高化的香雪——重读〈哦，香雪〉》，《牡丹江大学学报》第 1 期。

徐宁：《中性写作下的世俗烟火——从铁凝长篇小说〈笨花〉说起》，《陕西学前师范学院学报》第 9 期。

邱慧婷：《以〈玫瑰门〉为例谈权力秩序下身体的"异化"》，《教育观察（上半月）》第 7 期。

张海贞：《〈以蓄满泪水的双眼为耳〉：倾听心之声，凝望文学魂》，《海南日报》2017 年 7 月 17 日。

贺绍俊：《短篇小说：铁凝的福地》，《文学报》2017 年 9 月 28 日。

王宇：《日常生活精神与医疗、疾病书写——〈笨花〉新论兼及新世纪女性历史叙事新动向》，《南开学报》（哲学社会科学版）第 4 期。

黄颖诗：《女性与动物的纠葛——浅析〈玫瑰门〉中猫与鼠的意象》，《现代语文》（学术综合版）第 8 期。

王立欣、王珂：《铁凝作品英译本接受度研究分析与突破》，《海外英语》第 16 期。

朱林：《莫里森与铁凝小说中的女性意识对比探析》，《长春师范大学学报》第 9 期。

王晶晶：《铁凝小说研究综述》，《河北经贸大学学报》（综合版）第 1 期。

《小说评论》第 6 期"小说译介与传播研究"

吴赟：《〈大浴女〉在英语世界的翻译与接受》。

宋丹：《铁凝作品在日本的译介与阐释》。

《小说评论》第 6 期 "铁凝研究"

李骞:《论铁凝的长篇小说》。

孙金燕:《铁凝小说的世情与远思——对〈村路带我回家〉〈麦秸垛〉〈笨花〉中的"回归"叙事进行讨论》。

王琨:《论〈玫瑰门〉女性形象的符号意义》。

刘玉霞:《论铁凝〈从梦想出发〉的创作意识》。

2018 年　61 岁

1月30日　出席中国作协2018年全面从严治党工作会议。

2月2日　出席2018年中国作家协会迎春茶话会并致辞。中国作协党组书记、副主席钱小芊主持茶话会。吉狄马加、阎晶明、吴义勤等中国作协党组书记处同志，同翟泰丰、高洪波、束沛德、金坚范等在京的400余位老作家、老同志欢聚一堂，畅叙友情，共话新春。

2月14日　近期与中国作协党组书记处的同志分别走访看望了在京的百余位老作家、老同志及部分作家遗属。听取他们的意见和建议，感谢他们长期以来对文学事业和作协工作的关心和支持。祝他们新春快乐、幸福安康。

3月12日　出席鲁迅文学院第34届中青年作家高级研讨班开学典礼。

3月26日　到陕西省作协调研。调研组参观了陕西文学陈列室，深入了解陕西文学历史、人才队伍、基层建设情况，并围绕如何发挥作协作用、如何加强人才培养、如何实现文学创作从"高原"走向"高峰"召开座谈会，听取意见和建议。铁凝在座谈会上指出"要把握新时代的要求，扎实推进文学陕军再进军，坚守文学理想，承担时代使命，创作出更多叫得响，留得下，传得开的精品力作，为中华民族伟大复兴中国梦贡献文学力量"。

3月31日　出席韦君宜百年诞辰纪念座谈会并致辞。铁凝说：韦君宜的一生栉风沐雨，经历着历史的洪流，20世纪的中国革命造就了她作为革命者、作家、编辑家的多重身份。她始终坚定而坚韧地为文学拓展着发展空间。这不仅出于艺术上的敏锐，更是出于正直、善良的品格，出于深远的历史眼光和赤诚的责任担当。我们缅怀和纪念韦君宜，首先要学习她对祖国对人民的忠诚和热爱，深刻体认这个国家，深入生活，扎根人民，推动中国特色社会主义文学迈向辉煌的高峰。

3月　《永远有多远》（百年中篇小说名家经典）由河南文艺出版社出版。

4月11日　在鲁迅文学院出席"鲁迅文学院2018国际写作计划"开幕式并致辞。铁凝代表中国作协向来自加拿大、法国、智利、捷克、斯洛文尼亚、丹麦、意大利、韩国、越南的九位作家的到来表示欢迎，期待他们能够在想象力、文化与情感的碰撞中激发出崭新的灵感。今天的中国正以开放的姿态迎接世界，期待与世界分享自身的悠久历史与灿烂文化——正是在这样的时代契机下，我们启动"国际写作计划"。今后，中国作协将继续创新和完善文学交流的领域和模式，为推动中外文学交流，搭建彩虹之桥。

5月15日　出席中国现代文学馆第六届客座研究员离馆暨第七届客座研究员聘任仪式。

5月17日　在杭州参加首届中国网络文学周开幕式。开幕式后，来到位于杭州滨江区白马湖的中国网络作家村，与年轻作家倾心交谈，了解他们的收获和困惑。

7月17日　携中国文联文艺志愿服务团走进甘肃省陇南市武都区，相继开展文艺培训、慰问演出、文艺扶贫及调研活动。

7月18日　下午　铁凝主持召开认真学习贯彻习近平总书记重要指示精神，做有信仰、有情怀、有担当的新时代文艺工作者座谈会。铁凝强调，文艺是打赢"脱贫攻坚"战的重要力量。聚焦"脱贫攻坚"，着眼"全面小康"目标，动员广大文艺家、文艺工作者深入贫困地区，广泛开展文艺扶贫志愿服务，发挥文艺在扶贫工作中的助力作用，具有重要意义。

8月14日　在贵阳出席第五次汉学家文学翻译国际研讨会。莫言、贾平凹、王跃文、刘震云、阿来、韩少功、麦家、刘醒龙、余华等40多位作家共同出席本次研讨会。

8月 散文集《让我们相互凝视》（名家散文中学生读本）由东方出版中心出版。

朱又可访谈《变美可能是痛苦所能达到的最高境界——铁凝访谈录》刊《青年作家》第8期。

9月3—7日 同中国作协党组成员、副主席、书记处书记阎晶明，中国作协创联部主任彭学明和30多位全国知名作家到安徽采风，并展开中国作协庆祝改革开放40周年主题采风暨"全国知名作家看安徽"活动。采风团一行围绕农村改革开放、精准扶贫和乡村振兴战略等主题，深入安徽省安庆市岳西县、六安市霍山县、滁州市凤阳县小岗村开展采风考察活动，感受新时代新安徽新农村的新变化新气象。铁凝在讲话中表示，看中国改革开放，安徽凤阳小岗村是不能错过的，也不能不来，这里的改革意义更大。包产到户是中国农村改革的一声春雷，是改革的先声，也是一声惊雷。农村是中国文学的最大题材来源，很多作家最初的写作都与乡村有关，对农村的情感也很自然。来这里的时间虽然很短，但相信一定在作家们各自的创作上会有一生的思考。坐在按红手印的那个小茅草屋里，心里很不平静，想到他们当年的举动也会有悲壮，人民的意愿不可违背，还有就是事非经过不知难，成绩绝不是敲锣打鼓轻轻松松得来的，今天的成就更是来之不易，是多么宝贵。小岗村确实发出了农村改革的先声，经历了40年的发展历程，还出现了像沈浩那样一心为民、公平担当的好干部。之前的是初期的改革，今天发展的现代农业、乡村旅游业也体现了改革，见证了改革40年的历史。习近平总书记在全国宣传思想工作会议上提到要不断增强脚力、眼力、脑力、笔力，这也适用于作家，这"四力"①对于作家也是非常重要的。

9月20日 在中国作家协会和共青团中央共同举办的全国青年作家

---

① 习近平总书记在全国宣传思想工作会议上的重要讲话强调，要不断增强脚力、眼力、脑力、笔力，努力打造一支政治过硬、本领高强、求实创新、能打胜仗的宣传思想工作队伍。

创作会议上致辞。铁凝在致辞中谈到，这次青创会在党的十九大之后召开，具有非同寻常的意义。党的十八大以来，以习近平同志为核心的党中央对文学事业高度重视、对青年的成长十分关心。习近平总书记指出："青年一代有理想、有本领、有担当，国家就有前途，民族就有希望。"[①]这是对广大青年的期望和勉励，也是对一代代中国青年在中华民族伟大复兴事业中的奋斗与奉献的高度肯定。改革开放以来，特别是党的十八大以来，中国青年作家队伍正以前所未有的速度和规模发展壮大，大批青年怀着才华和梦想，正在从社会各个阶层、各行各业走到文学创作的道路上来。他们创作了大量体现中国精神和时代风貌、个性鲜明、异彩纷呈、为广大人民群众喜闻乐见的优秀作品。历史已经证明并将继续证明，中国的青年作家有理想、有本领、有担当，肩负着国家的前途、民族的希望，这一代青年作家一定能够在中国特色社会主义新时代的伟大征程中绽放出璀璨的光芒。

9月20日 晚 出席第七届鲁迅文学奖颁奖典礼并致辞。铁凝在致辞中向获得本届鲁迅文学奖的34位作家、评论家和翻译家表示祝贺。她说，在这伟大的新时代，海阔天空的可能性正在我们眼前展开，让澎湃的现实生活、让昂扬的时代精神、让丰盛的经验和情感在我们笔下提炼造型，这是这个时代的作家和广大文学工作者的光荣责任。让我们在习近平新时代中国特色社会主义思想和习近平总书记关于文艺的重要论述指引下，坚持以人民为中心的创作导向，坚定文化自信、塑造时代新人，精益求精、锐意创新，用更多的好作品满足人民群众对美好生活的新期待，以中华民族新史诗迎接中华民族伟大复兴的壮丽前景！

9月28日 在首尔参加第四届韩中日东亚文学论坛，并发表讲话《时间和我们》。论坛围绕"21世纪东亚文学，心灵的纽带：传统、差异、未来及读者"这一主题展开交流。张炜、苏童、邱华栋、徐坤、雷平阳、曹有云、王威廉、甫跃辉等国内作家参会。

---

① 习近平：《决胜全面建成小康社会 夺取新时代中国特色社会主义伟大胜利——在中国共产党第十九次全国代表大会上的报告》，人民出版社2017年版，第70页。

9月 《为什么要把时光留住——铁凝作品中学生读本》由人民日报出版社出版。

10月30日 金庸在香港逝世,享年94岁。

11月2日 出席香港作家联会成立30周年纪念活动。铁凝致辞时,细述了她与香港作联的渊源,并表示"金庸先生的小说伴随着几代中国人的青春梦想。他的'侠之大者,为国为民'的精神,激励着无数中国人的壮志豪情"。铁凝回忆,她第一次见到金庸是在1998年。当时她随中国作协代表团来港庆祝中国香港作联成立10周年,受到金庸盛情款待,获邀到他家中喝下午茶。令铁凝印象尤为深刻的是,在第二天的香港作联成立10周年庆祝会上,金庸特意告诉她,自己昨晚连夜看了她的一部长篇小说。"他对这小说讲了很多肯定的话。他说,文坛要重视对年轻人的扶持。前辈对后进的奖掖扶持令我深受感动。"铁凝深情地说。"3天来,世界各地凡有中国人的地方,人们都在深情地追思和缅怀这位杰出的作家。"她说,"金庸离去,金庸不朽。金庸先生的作品,他为香港文学的发展、为内地和香港文学交流所做的一切,都将被后人永远铭记。"

11月17日 出席阿来作品国际研讨会。莫言、吉狄马加、麦家、陈晓明、张清华、陈安娜、山口守、李点、娜佳等作家、外国翻译家、汉学家共同出席。

11月20日 就武侠小说大家萧逸先生不幸去世,向美国洛杉矶华文作家协会发出唁电,对萧逸先生的逝世表示沉痛哀悼,称他的逝世是世界华语和中国文学的巨大损失。

11月22日 会见由纳塔莱·罗西主席率领的意大利作家联合会代表团。中意双方互相介绍了各自组织的基本情况和主要工作,就未来两个组织间深入开展文学交流交换了意见,并签署了《中国作家协会与意大利作家联合会友好交流与合作谅解备忘录》,双方将在两国文学交流领域建立相应机制,推动中意作家互访和作品互译,把友好交流和合作推上一个新的台阶。

11月30日 出席纪录大变革·书写新时代——贵州省纪念改革开放

40 周年当代作家作品出版座谈会。

本年度重要研究论著

王彬彬：《铁凝短篇小说集〈飞行酿酒师〉简论》，《当代作家评论》第 1 期。

孙金燕：《穿越权力深渊的绝望旅程：铁凝小说论》，《文艺争鸣》第 8 期。

李濛濛：《音乐的盛宴——论铁凝短篇小说中的冲突与整合》，《文艺争鸣》第 8 期。

张莉：《孙犁、铁凝的文学传承与当代文学的发展》，《中国现代文学研究丛刊》第 11 期。

王立欣、郑可欣：《接受美学视角下铁凝〈麦秸垛〉英译本翻译策略研究》，《海外英语》第 12 期。

赵瑞琪：《伤痕文学变奏曲——读铁凝〈没有纽扣的红衬衫〉》，《汉字文化》第 23 期。

红孩：《一次艺术之旅的别样收获——读〈铁凝日记——汉城的事〉》，《海燕》第 1 期。

任慧群：《仁义视域下铁凝〈笨花〉人物行为动机书写》，《名作欣赏》（中旬刊）第 7 期。

2019 年　62 岁

1月1日　《新时代中国文艺的前进方向》刊《求是》第1期。铁凝说，新时代为中国文艺敞开了广阔天地，也向中国广大文艺工作者提出了一系列新的要求。这其中，首要的是，认识时代、反映现实。新时代中国文艺任重而道远，新时代的中国文艺工作者需要不断锤炼自己、完善自己、提升自己。增强"四力"，这是中国广大文艺工作者在新时代的基本功，是坚持新时代中国文艺前进方向的发动机，是中国文艺满足新时代广大人民群众美好精神生活需要的根本途径。《中国艺术报》1月4日、《太原日报》1月9日转载。

《假如人生快似一竿绿竹》刊《特别健康》。

2月21日　《诵读让生活更美好——〈朗读者〉序》刊《天水晚报》。

2月　《新时代中国文艺的前进方向》刊《世界社会主义研究》第2期。

3月22日　《照亮和雕刻民族的灵魂》刊《人民日报》。铁凝在文中表示："以人民为中心，既是中国特色社会主义文艺必须坚持的根本性质、宗旨和道路，也关乎对中国文艺在新时代面临的根本问题的判断和把握……认识人民创造历史的主体地位，是为了从理性上和情感上把自己放到人民中间，是为了解决我是谁、我属于谁的问题。"《文艺报》3月25日、《太原日报》4月3日转载。

4月　《相信生活，相信爱：铁凝经典散文》由山东文艺出版社出版。

5月27—28日　在内蒙古乌兰浩特，围绕学习贯彻习近平总书记关于文艺工作重要论述，加强少数民族文学队伍建设，推动少数民族文艺事业繁荣发展情况展开调研。铁凝强调，要以对历史负责的态度，扎实做好历史文化的保护与传承；要充分利用少数民族的先天优势，将草原文化更好地传播和发展。

5月29日 在通辽市走访慰问老作家布和德力格尔。铁凝表示，2019年是中华人民共和国中国成立70周年，恰逢中国文联、中国作协成立70周年，同时也是习近平总书记文艺工作座谈会重要讲话发表五周年，一直以来，内蒙古文学界在培养少数民族作家队伍、繁荣文学创作、激发少数民族作家创作活力上发挥了重要作用。此次来到通辽市，就是想听听大家对中国作协的意见、建议与诉求，共同推动少数民族文学事业繁荣发展。铁凝对通辽市少数民族文学创作给予充分肯定，并希望广大文艺工作者认真学习贯彻习近平总书记关于文艺座谈会上的讲话精神，深入生活、扎根人民，坚持以人民为中心的创作导向，创作无愧于时代的优秀作品。

6月 《铁凝寄语〈当代人〉七十华诞》刊《当代人》。铁凝写道：

河北几代作家的文学实践同《当代人》密切相关，《当代人》迎来七十岁生日，我怀念、感谢几代编辑老师。

故乡大地文脉淳厚，祝愿与共和国同龄的《当代人》守正道，创新局，精本业，求良知，倾听人民心声，再谱文艺华章！

铁凝
二〇一九年春

《散文精读·铁凝》由浙江人民出版社出版。

7月15日 《中国文联十大闭幕词》（节选）刊《中国艺术报》。

7月19—23日 前往湖南调研，并赴韶山开展"不忘初心、牢记使命"主题教育活动。

7月30日 出席第十届茅盾文学奖评奖委员会第一次全体会议。

9月17日 《与人民一道前进（逐梦70年）——新中国文艺的初心

和使命》刊《人民日报》。

9月19日　为《人民文学》创刊70周年题词：

值此《人民文学》创刊70周年之际，谨致热烈的祝贺！

我是《人民文学》的作者，和众多的中国作家一样，对这份杂志怀有深切的谢意和敬意。"希望有更多好作品出世"，这是它自创办之始就被寄托的期待和使命。70年来，《人民文学》以其不衰的实力证明它无愧于这份期待。未来它会站得更高，走得更远，它将和时代与人民一道，迎来更壮丽的风景！

铁凝
2019年9月19日

《逐梦70年：与人民一道前进——新中国文艺的初心和使命》刊《文学报》。

9月29日　《文学最终是一件与人为善的事》刊《长江周刊》。这是她的小说集《飞行酿酒师》的《自序》。

9月　《笨花》由人民文学出版社再版。

10月13日　《澳门文学　澳门故事》刊《澳门日报》。这是铁凝为澳门基金会和中华文学基金会共同主编的《美丽澳门》做的总序。铁凝在序言中写道："读《美丽澳门》中的许多作品，能让人高兴地看到，澳门作家诗人们没有辜负澳门人民的期待。他们勇于担当起时代的责任，积极投身澳门新的生活，在感受生活中获得创作灵感，生动反映澳门经济社会生活各个层面的变化，生动反映结束漂泊历史，回到祖国怀抱以后澳门人民的生活状态和精神状态，突出表现了澳门人民对'一国两制'方针的热情拥护、积极支持，表现澳门人民爱国爱澳的自豪感，表现澳门人民乐观向上的生活态度和创造精神，从而更好地塑造出澳门人民新的形象，弘扬澳门精神，讲述澳门故事。澳门文学正是在深入生活、反映生活的努力之中，不断得到时代思想力量的推动，不断得到发展和进步。今天的澳门文学,阵容强大,实力雄厚,是澳门文化的一道亮丽的风景,也是澳门文化建设中的一支贡献率很高的重要力量。《美丽澳门》跳动着澳门作家的赤子之心,表现出对祖国对家乡深厚的情感。澳门文学是中华民族文学大花园中的一朵美丽之花。"

10月14日 出席第六届全国少数民族文学创作会议并致开幕词。铁凝说,一部中国文学史,是中华各民族文学交相辉映、携手共进的历史。新中国成立以来,广大少数民族作家紧密团结在中国共产党周围,见证着中华大地上震古烁今的巨变,记录着各民族儿女革命、建设、改革开放、创造美好生活的伟大实践。中国特色社会主义进入新时代,中国少数民族文学迎来了崭新的宽阔的发展空间。在新时代的新征程中,广大少数民族作家要正确对待"团结""时代""创新"三个课题,以更多优秀作品回应伟大时代的丰盛馈赠,为推动民族团结进步事业、实现中华民族伟大复兴中国梦作出新的更大贡献。

晚上,出席第十届茅盾文学奖颁奖典礼并致辞。

10月15日 《风正一帆悬——在第十届茅盾文学奖颁奖典礼上的致辞》刊《光明日报》。

10月23日 《与人民一道前进》刊《太原日报》。

10月 《钻石礼物》《欢欢腾腾》《面包岁月》由浙江少年儿童出版社出版。

11月7日 上午 出席郭小川百年诞辰纪念座谈会并讲话。铁凝深情回顾郭小川不平凡的一生,高度评价他的文学成就。铁凝说,我们对郭小川同志的缅怀和纪念,如此真切地连通着中国革命和建设的历史记忆、中国当代文学的使命初心。他是一位杰出的诗人。在"政治抒情诗"这一中国当代文学重要的诗歌潮流中,郭小川同志勇立潮头,是其中的一位代表性诗人。他开拓和发展了"楼梯体""半格律体""现代赋体"等技巧形式,对中国当代诗歌的发展产生了深远影响。同时,他在民族解放斗争的时代大潮中淘洗自己,在新中国革命建设的火热实践中淬炼自己,在文艺战线的领导岗位上奉献自己。他的身上始终洋溢着革命者的活力与热情,焕发着信仰、正义和善良的光辉。他的一生为我们留下了丰富的启迪。

11月25日 赴上海虹口调研,参观了"鲁迅小道",走访了景云里、中国左翼作家联盟会址纪念馆和多伦文化艺术空间。

12月19日 "聚文化力量,助乡村振兴"湖南文艺家走进曹家村采风创作暨曹家村老农活动中心启动仪式举行,铁凝致信祝贺。

12月27日 下午 出席由中国出版集团、人民文学出版社、《当代》杂志社主办的"与时代同行、与人民同心"纪念《当代》创刊40周年朗诵会暨第16届《当代》长篇小说年度论坛,朗诵《笨花》。

本年度重要研究论著

梁盼盼:《私人生活/民族认同的缺失物如何重新可见——重评铁凝〈大浴女〉》,《当代作家评论》第1期。

李骞:《论铁凝的小说观念》,《小说评论》第1期。

刘玉霞:《铁凝长篇小说的复调元素》,《小说评论》第1期。

李濛濛:《生命的深度与长度——评铁凝小说集〈飞行酿酒师〉》,《小说评论》第1期。

孙金燕:《铁凝"三垛"——反思现代性的三种叙事维度》,《小说评论》第1期。

刘川鄂、汪亚琴:《铁凝的"关系论"在小说中的实践》,《当代文坛》第1期。

徐勇、傅庶:《以偏离的方式接近——论铁凝小说的"同时代性"与个人性内涵》,《当代文坛》第1期。

秦法跃:《铁凝中短篇小说中的农村女性关怀探究》,《郑州轻工业学院学报》(社会科学版)第3期。

欧阳伟、马世博:《论铁凝小说中女性意识的指认与超越》,《山西大同大学学报》(社会科学版)第3期。

王剑霞:《探讨铁凝小说中关于女性生命的历史"疤痕"》,《名作欣赏》(下旬刊)第6期。

附录　重要研究论著

博士学位论文

2004 年

沈红芳：《女性叙事的共性与个性——论王安忆、铁凝小说创作的契合与差异》，河南大学。

2006 年

王志华：《人类的关爱与生命的体贴——铁凝小说论》，山东师范大学。

2007 年

闫红：《铁凝与新时期文学》，山东师范大学。

2010 年

周雪花：《铁凝小说叙事研究》，北京师范大学。

2013 年

杨敏：《新时期女性小说的变态心理书写——以残雪、铁凝、陈染为中心》，武汉大学。

刘惠丽：《传统文化视域中的铁凝小说研究》，陕西师范大学。

硕士学位论文

1990 年

郝凯亭：《铁凝的创作意识》，中国社会科学院。

1994 年

张丹：《铁凝小说研究》，北京大学。

1999 年

马廷新：《执著于自己的天地——铁凝创作论》，山东师范大学。

刘卫东：《铁凝论》，河北师范大学。

2000 年

杨海燕：《女性性别的自我指认与迷失——80 年代中后期王安忆、铁凝的情爱小说》，曲阜师范大学。

张俊苹：《物质注视下的人类景况——由"三垛"看铁凝的认同焦虑》，北京师范大学。

2001 年

李欣梅：《你从玫瑰门中翩然走来——铁凝小说中的"女性意识"与当代女性文学》，西南师范大学。

2002 年

李华秀：《铁凝小说的哲学底蕴》，河北师范大学。

苏晓芳：《论铁凝小说的忏悔意识》，华中师范大学。

李泓：《勘探与拯救——论铁凝小说的女性生存主题》，上海师范大学。

盛金花：《心灵的花园：铁凝小说中的女性世界》，河北师范大学。

朱敏：《异化与回归——铁凝小说论》，山东师范大学。

肖敏：《睿智的生存与写作：铁凝小说创作论》，湖北大学。

2003 年

姚艳玉：《残雪、铁凝小说异同论》，湖南师范大学。

郑积梅：《论铁凝小说的女性意识》，河南大学。

吴晓梅：《论铁凝小说的人性叩问》，扬州大学。

李广琼：《审美与审丑的双重变奏——论铁凝小说的审美意识》，湖南师范大学。

李涛：《捍卫人类精神的健康：铁凝小说心理现象分析》，河北师范大学。

蒋敏：《论铁凝小说的女性叙事》，华东师范大学。

王者凌：《铁凝小说创作论》，河北大学。

2004 年

王承俊：《以女性关注女性——谈铁凝"三垛"的写作》，天津师范大学。

周淼：《铁凝小说的话语方式》，福建师范大学。

吴晓晨：《论铁凝小说中的女性意识》，华东师范大学。

关玉红：《论铁凝小说对人性的探求》，河北师范大学。

许晓云：《人性的探寻：铁凝小说的主题研究》，河北师范大学。

汪素芳：《在关系中呈现人性的复杂性——铁凝小说论》，河北师范大学。

杨紫薇：《论铁凝小说的理性批判精神》，湖南师范大学。

王丰：《寻找与审视——论铁凝小说中的女性自我认同》，华南师范大学。

2005 年

王昭君：《逃离与追寻——铁凝寻找"自我"的历程》，江西师范大学。

汪娟：《彼岸与此岸——铁凝小说论》，新疆大学。

褚洪敏：《城乡文化之间的精神流浪——铁凝小说创作论》，山东师范大学。

贺爽：《论铁凝小说中的女性意识》，华南师范大学。

姜郁威：《论铁凝小说的女性意识》，南京大学。

崔晓燕：《论铁凝小说的叙事伦理》，北京师范大学。

卢天玉：《铁凝小说中女性生存境遇研究》，中山大学。

曾琦：《在流浪中找寻——论铁凝笔下的女性世界》，湖北大学。

宋婷婷：《执着的追寻者——论铁凝笔下的女性世界》，中山大学。

2006 年

童娟：《人性的追寻——铁凝小说论》，安徽大学。

田光：《论铁凝长篇小说的批判意识》，东北师范大学。

杨烜：《分裂的完整：论铁凝的文学创作》，河南师范大学。

许春凤：《"游离"式写作：铁凝近期短篇小说审美意识的转变》，浙江大学。

刘成芳：《铁凝小说中的性别观念与其叙述声音》，南开大学。

王俊：《女人故事、批判意识与中国现代性：铁凝小说论》，武汉大学。

幸英鸾：《对人类的体贴和爱——铁凝的生命诗学》，四川大学。

巩丽静：《论铁凝小说的语言风格》，河北大学。

李轩：《生命意识下的温暖叙事——铁凝小说论》，暨南大学。

宋益群：《铁凝小说创作论》，山东师范大学。

王莹莹：《论铁凝小说中的儿童视角》，兰州大学。

任丽娟：《追求健康人性　建构心灵花园——铁凝小说论》，山东大学。

景莹：《觉醒中的梦魇——铁凝小说的"文革"批判意识》，上海师范大学。

杨虹：《铁凝小说的家庭伦理关系研究》，北京语言大学。

刘晶：《论铁凝小说的叙事伦理》，华东师范大学。

周梦焱：《从形式到意义的追寻——铁凝小说"三垛"的叙事策略》，吉林大学。

张颂贤：《女性情谊：论林白、铁凝和王安忆的小说》，Linnan University。

2007 年

丁印媛：《铁凝小说"母性异化"的文本阐释》，沈阳师范大学。

江小玉：《论铁凝小说人物形象的悲剧性》，云南大学。

江榕清：《论铁凝作品的语言艺术》，福建师范大学。

张芙蓉：《论铁凝小说的超性别视角叙事》，广西师范大学。

饶艳：《铁凝小说创作流变论》，华中师范大学。

钟和燕：《论铁凝小说中的女性人生》，南昌大学。

罗丛梅：《铁凝的世界：人性探索与人文追求》，中南大学。

郭晓伟：《铁凝长篇小说〈笨花〉的地缘文化特征》，河北师范大学。

冯佳明：《论铁凝的小说创作》，苏州大学。

林琳：《解读铁凝小说中的女性意识》，内蒙古大学。

张朝霞：《通往心灵救赎的道路——陀思妥耶夫斯基与铁凝小说比较分析》，海南师范大学。

甘挺：《论铁凝小说的复调特征》，湖南师范大学。

康鑫：《铁凝小说的叙事学研究》，四川大学。

尹航：《论铁凝小说创作的人性关怀》，中央民族大学。

周利萍：《走向内心深处的花园——论铁凝小说的女性意识》，南昌大学。

王凤：《铁凝小说创作与当代文学的政治认同度》，暨南大学。

孙亚明：《捕捉心灵的震颤 勘测人性的迷宫——论铁凝小说中的人物心理透视》，苏州大学。

耿丽萍：《论铁凝小说中的女性意识》，广西师范大学。

2008年

孙辉：《论铁凝小说对人性的不懈探寻》，山东师范大学。

王秀红：《铁凝小说的女性意识》，东北师范大学。

廖杉杉：《人性在历史的天空下突显——铁凝长篇小说主题研究》，贵州师范大学。

段惠芳：《论铁凝小说中男性形象的演变》，海南师范大学。

李同巧：《流动的河和不动的海——铁凝中短篇小说文体论》，山东大学。

夏霖：《铁凝创作中的乡土意识》，湖南师范大学。

李凤莲：《欲望·生存·历史——论铁凝小说的世俗性》，四川师范大学。

刘莹：《解析纷纭世相中的人性——铁凝小说论》，西北师范大学。

李红梅：《论铁凝小说中的悲剧性》，河北大学。

徐惠娟：《论铁凝小说女性意识的书写》，华中师范大学。

江琛：《"在路上"的探索者——铁凝小说创作论》，安徽大学。

肖春香：《从"审美"到"审丑"：试论铁凝小说的叙事策略》，武汉大学。

汤海燕：《锦瑟年华谁与度？——铁凝笔下女性心灵的追索》，深圳大学。

宁艳艳：《绽放于厚重乡土之上的"民族之花"——对〈笨花〉民族性的三重透视》，河北师范大学。

王志强：《女性人生的两种书写——〈长恨歌〉和〈玫瑰门〉比较分析》，山东师范大学。

王佳林：《在抗争中度过一生的"罂粟花"——司猗纹悲剧性格分析》，吉林大学。

2009 年

杨晓宇：《"和"视阈下的铁凝女性小说》，首都师范大学。

杨晶晶：《铁凝与莱辛小说女性意识与人性关怀比较研究》，江南大学。

王笑雨：《铁凝早期小说综论》，河南大学。

李璀：《铁凝小说的心理透视》，陕西师范大学。

柴小宇：《论铁凝小说的地域文化特色》，宁波大学。

龚雪：《被忽略的温暖文学——论铁凝作品中的温暖品质》，北京语言大学。

吕赫：《缺失、批判、还原——对铁凝小说中男性形象的分析》，吉林大学。

栾建民：《建构丰富的艺术世界——铁凝小说论》，山东师范大学。

卢海燕：《铁凝小说乡土情结的流变》，吉林大学。

周淑贞：《向悲而歌——论铁凝小说的悲剧言说》，河南师范大学。

侯青竹：《罪与悔——铁凝小说中的怨恨及懊悔情绪研究》，云南大学。

赖欢海：《当代文学的新民国叙事——以白先勇、铁凝、南翔为例》，深圳大学。

高强：《论铁凝小说的女性意识》，中山大学。

李敏：《试论女性文学中的"疯女"书写——以〈玫瑰门〉、〈羽蛇〉、〈无字〉为中心》，北京语言大学。

唐春华：《忏悔——赎罪：〈赎罪〉与〈大浴女〉主题比较研究》，贵州大学。

蒋军：《又见"香雪"——一种乡村女性形象谱系的考察》，华东师范大学。

赵爱学：《论铁凝小说的人性内核》，山东大学。

张玉叶：《"永远有多远"——铁凝小说的创作追求》，同济大学。

牛笑冰：《论铁凝小说中的"节制之美"》，河北大学。

2010 年

张倩：《论铁凝小说中的乡村书写》，扬州大学。

侯长振：《人性的追寻与叩问——铁凝小说论》，山东师范大学。

李士君：《论铁凝小说的叙事策略》，陕西师范大学。

常爱霞：《从遮蔽到敞开——论铁凝女性自我认同的演变轨迹》，四川师范大学。

姜哲：《探寻铁凝小说女性成长历程》，东北师范大学。

苏薇：《试论铁凝小说〈笨花〉中的人性描写》，吉林大学。

陈甜：《铁凝小说语言符号的修辞阐释》，福建师范大学。

张丹蕊：《温情与悲悯——铁凝小说的人文关怀》，陕西师范大学。

肖海涛：《铁凝作品中女性生命意识的转变》，华南师范大学。

刘伟云：《论铁凝小说审美理想的建构》，华南师范大学。

唐世美：《论铁凝小说中的"超性别意识"与男性书写》，中山大学。

2011 年

葛晓华：《铁凝与俄国文学》，湖南师范大学。

张爽：《铁凝的创作心理与女性视角的流变》，华中师范大学。

李延菲：《追忆逝去的美好——论铁凝的创作理想》，河北师范大学。

喻冉：《闪光的意象群落——铁凝小说新解》，曲阜师范大学。

万青：《论铁凝小说创作中的女性形象及女性意识》，湖南科技大学。

谢文欣：《论铁凝小说中的女性形象》，南昌大学。

王丽君：《他者的观望与追寻——铁凝乡村小说研究》，海南师范大学。

张俏：《中西文化投影下的女性创作——铁凝与严歌苓创作比较研究》，沈阳师范大学。

柳燕华：《淡妆浓抹总相宜——论铁凝小说的色彩》，延边大学。

周旖旎：《论张承志与铁凝的母性书写》，湖南师范大学。

赵汉英：《流变与坚守——铁凝小说创作论》，安徽大学。

曹静：《铁凝小说中女性人物生存境况的多维度探微》，兰州大学。

胡玲燕：《叙事的反叛者与批判者——解读90年代女性叙事语境下的〈对面〉》，华东师范大学。

王郢娜：《从"前驱"到"回望"：铁凝从〈玫瑰门〉到〈笨花〉的创作主题演进》，南开大学。

陈家堃：《"多面娇娃"的轻盈之舞：铁凝的多重身份及其小说创作》，武汉大学。

张晓红：《走进"心灵牧场"——从散文出发读铁凝》，天津师范大学。

2012年

张玉华：《日常生活的启蒙意义——铁凝小说论》，山东大学。

郑雪：《都市意象与女性人生的两种诠释——王安忆、铁凝都市小说比较论》，湖南科技大学。

刘海杰：《铁凝小说悲剧性研究》，辽宁师范大学。

李正红：《铁凝长篇历史小说中的女性叙事》，浙江大学。

张月：《香雪到笨花的飞跃——从转型看铁凝的小说创作》，黑龙江大学。

于洪晶：《铁凝乡土叙事中的人性书写》，吉林大学。

陈秀晓：《铁凝散文研究》，山东师范大学。

王岩岩：《浓重之中作淡远之想——试论铁凝小说对"荷花淀"派的精神师承》，兰州大学。

谭慧娟：《轻盈的舞蹈，沉着的站立——论铁凝小说中女性形象的生成》，广西民族大学。

杜渐：《铁凝小说中女性形象"审丑化"变迁的美学探析》，东北师范大学。

Anzhelika Nesterova：《灵魂的拯救——陀思妥耶夫斯基与铁凝小说比较分析》，河南大学。

朱云霞：《寻找理想与现实的和谐——铁凝小说创作论》，南昌大学。

李冉冉：《存在主义视域下〈夜色温柔〉与〈永远有多远〉的对比研究》，曲阜师范大学。

2013 年

付林婷：《论铁凝小说的性别意识与叙事策略》，云南大学。

周睿：《铁凝小说女性形象的审美建构》，齐齐哈尔大学。

黄璐超：《论铁凝小说中的女性他者》，内蒙古大学。

马会欣：《铁凝小说创作中的中国审美元素——以长篇小说〈笨花〉为中心》，河北师范大学。

贾润光：《铁凝与夏洛蒂·勃朗特的小说创作比较》，辽宁大学。

刘敬：《心灵与精神的终生修炼——铁凝散文研究》，河北师范大学。

李珊珊：《视觉文化视野下的文本世界——论铁凝小说中的"窥视"》，河北师范大学。

李国玉：《论铁凝小说审美品格的演变》，湖南师范大学。

谢韵：《〈哦，香雪〉阅读研究》，福建师范大学。

刘珊珊：《自我救赎之路——〈宠儿〉与〈玫瑰门〉中女性意识的比较探究》，哈尔滨师范大学。

李婧：《建构真善美融合的艺术世界——铁凝小说论》，云南大学。

2014 年

罗燕兰：《铁凝中短篇小说的荒诞叙事》，西南大学。

李洁：《张爱玲、铁凝小说变态心理书写的异同》，湖南师范大学。

高巧缇：《承载情感的意象之舟——铁凝小说中的意象探析》，渤海大学。

邢倩倩：《论铁凝小说中的窥视情结》，吉林大学。

韩丽艳：《论铁凝小说的影视改编》，河北大学。

韦春妹：《论铁凝小说中乡土书写的两歧性》，华中师范大学。

张婧曌：《含笑的悲歌——论铁凝小说的悲悯意识》，沈阳师范大学。

范群婷：《铁凝城乡小说论》，江西师范大学。

张曦文：《论铁凝小说的人物形象》，辽宁师范大学。

张苗苗：《三十年城乡叙事的嬗变——以铁凝小说为中心》，天津师范大学。

张菲菲：《男权"苍穹"下女性的生存困境——论铁凝笔下的女性人物形象》，青岛大学。

胡雅婷：《文学中的城市想象——以王安忆、池莉、铁凝小说为个案研究》，中国矿业大学。

陈梅芬：《论铁凝小说的女性书写》，南昌大学。

邱慧婷：《论北京文化与铁凝小说中城市女性的塑造》，广西师范大学。

王广东：《中国女性作家作品翻译法研究：〈对面〉（节选）（铁凝著/汉译法）》，云南大学。

张忞悦：《当代中国女性作家作品中的现代革命历史建构——以〈无字〉、〈笨花〉为例》，上海社会科学院。

阮明山（Nguyen Minhson）：《越南对中国当代女性文学的接受（从 2000 年至今）》，华东师范大学。

2015 年

阴晓云：《论铁凝的女性成长小说》，陕西师范大学。

王晓娜：《走向经典——铁凝作品传播与接受研究》，河南大学。

蒋艳：《政治·女性——铁凝小说创作的双重透视》，广西师范大学。

马晓琼：《铁凝笔下男性形象研究》，新疆师范大学。

王鑫：《铁凝创作与中国传统文化》，延安大学。

赵欢欢：《蛹和蝶——论铁凝〈玫瑰门〉的成长主题》，河北师范大学。

胡星红：《论铁凝小说的叙事艺术》，扬州大学。

邱晓燕：《意象营造与城乡书写——论铁凝小说的现代性叙事及其反思》，华东师范大学。

周娜：《铁凝小说叙事伦理研究》，沈阳师范大学。

孔祥泽：《铁凝小说中的病态人物研究》，东北师范大学。

奚慧敏：《铁凝小说中的"权力文化"研究》，扬州大学。

韩兆君：《探寻存在状态的"和谐"——论铁凝小说中的两性关系》，华中科技大学。

李玺瑞：《论铁凝与王安忆的女性写作——以"三垛一门"、"三恋一歌"为例》，安庆师范学院。

周飞燕：《论铁凝小说的寓言性》，西北大学。

郭楠：《〈没有钮扣的红衬衫〉（节选）翻译报告》，河南大学。

2016 年

彭晓娅：《铁凝小说女性叙事研究》，重庆师范大学。

何小芬：《铁凝 1980 年代小说创作风格流变论》，重庆大学。

王丝倩：《论铁凝小说中的"另类"女性形象》，辽宁师范大学。

赵亚倩：《铁凝都市小说论》，河北大学。

邵颖：《三重视角下的铁凝小说创作探究》，聊城大学。

王菊：《论铁凝小说的母性书写》，陕西理工学院。

乔露：《觉醒与半觉醒：铁凝小说的女性解放意识探析——以〈玫瑰门〉〈大浴女〉为例》，西北大学。

韦坤秀：《铁凝与樋口一叶作品中女性形象之比较》，辽宁大学。

王豆：《论铁凝小说在性视镜中对女性生命情态的透视》，淮北师范大学。

葛冉冉：《铁凝小说中女性"出走"母题探究》，温州大学。

戴学慧：《精神暴力下的女性书写——论〈金锁记〉和〈玫瑰门〉的人物命运》，广东技术师范学院。

2017 年

雷梓燊：《俄苏影响与铁凝文学创作》，湖南师范大学。

赵倩：《论铁凝小说的乡村观照》，河北大学。

孙紫桐：《铁凝小说中的人性异化》，吉林大学。

李晶：《铁凝小说中的乡土叙事和性别意识试探》，贵州师范大学。

李勤玲：《性别诗学视域下铁凝的两性书写》，长沙理工大学。

曹祎婷：《论铁凝小说的城乡书写》，西北师范大学。

许松君：《铁凝作品接受研究》，安徽师范大学。

南易：《论铁凝小说审美风格的流变》，山东师范大学。

李莎莎：《饱含怜悯与沉思的理性言说——论铁凝小说创作中的母性书写》，南京师范大学。

骆丹：《伊莱娜·内米洛夫斯基与铁凝小说中"审母"主题比较研究》，辽宁大学。

李奕然：《林中小红帽——铁凝、徐坤和林白小说中的女性叙事》，苏州大学。

2018 年

陈双双：《论铁凝的早期小说创作》，河北师范大学。

方晓静：《〈哦，香雪〉的文本解读与教学价值探究》，上海师范大学。

赵丹蕾：《历史视野下的人性万象——铁凝小说论》，青岛大学。

张利娟：《论铁凝小说创作风格的流变》，云南大学。

孙宇涵：《铁凝与大江健三郎小说的东方式存在主义比较研究》，辽宁大学。

袁琴萍：《家族叙事的新篇章——20 世纪 90 年代家族小说的"母系史"书写研究》，扬州大学。

史佳利：《论铁凝小说的日常生活叙事》，辽宁师范大学。

刘佳佳：《新时期以来女作家的审母意识研究》，河北大学。

蒋杨：《新时期小说中"恶女"形象研究》，天津师范大学。

2019 年

王静：《铁凝作品在美国的传播与接受》，北京外国语大学。

孙媛：《铁凝小说的叙事策略研究》，曲阜师范大学。

余楠：《俄罗斯文学对铁凝创作的影响》，辽宁大学。

宋晨方：《论铁凝小说中的植物书写》，南开大学。

姜诗萌：《铁凝与孔枝泳 90 年代女性主义小说研究——以〈大浴女〉和〈像犀牛独角一样只身前行〉为中心》，黑龙江大学。

朱汶娟：《论铁凝小说中的困境书写》，湖南大学。

周水灵：《地域文化视野中的铁凝小说研究》，湖南科技大学。

高阳：《论铁凝小说的身体叙事》，沈阳师范大学。

参考文献

一 作品类

铁凝：《玫瑰门》《大浴女》《无雨之城》《永远有多远》《午后悬崖》《有客来兮》《巧克力手印》《会走路的梦》《像剪纸一样美艳明净》，人民文学出版社 2006 年版。

铁凝：《青草垛》《埋人》《六月的话题》《玫瑰门》《女人的白夜》，江苏文艺出版社 1996 年版。

铁凝：《笨花》，人民文学出版社 2006 年版。

铁凝：《从梦想出发：铁凝散文随笔集》，湖南文艺出版社 2007 年版。

铁凝：《心灵的牧场：铁凝经典散文》，山东文艺出版社 2017 年版。

TieNing, *Haystacks*, Chinese Literature Press, 1990.

TieNing, *Haystacks*, Foreign Languages Press, 1990.

二 著述类

陈映实：《铁凝及其小说艺术》，河北人民出版社 1990 年版。

贺绍俊：《铁凝评传》，郑州大学出版社 2005 年版。

吴义勤主编：《铁凝研究资料》，山东文艺出版社 2009 年版。

阎纯德主编：《20 世纪中国著名女作家传》（下册），中国文联出版公司 1995 年版。

张光芒、王冬梅:《铁凝文学年谱》,复旦大学出版社2014年版。

张柠、张健、张闳、张清华、蒋元伦、赵勇、王金诚、袁勇麟等主编:《中国当代文学编年史》第1—10卷,山东文艺出版社2012年版。

周雪花:《永远的瞬间:铁凝小说叙事研究》,北京出版社2010年版。